MARIVAUX

MORALISTE

DIJON, IMPRIMERIE DARANTIERE, RUE CHABOT-CHARNY

MARIVAUX
MORALISTE

ÉTUDE CRITIQUE

SUIVIE D'UN CHOIX
DE MORCEAUX TIRÉS DE SES OUVRAGES

PAR

ÉMILE GOSSOT

PROFESSEUR AU LYCÉE LOUIS-LE-GRAND
LAURÉAT DE L'ACADÉMIE FRANÇAISE

PARIS
LIBRAIRIE ACADÉMIQUE
DIDIER ET Ce, LIBRAIRES-ÉDITEURS
QUAI DES GRANDS-AUGUSTINS, 35
1881

Tous droits réservés.

A

MONSIEUR DROUYN DE LHUYS

ANCIEN AMBASSADEUR
ANCIEN MINISTRE DES AFFAIRES ÉTRANGÈRES
MEMBRE DE L'INSTITUT
(ACADÉMIE DES SCIENCES MORALES ET POLITIQUES)

———

MONSIEUR,

Je n'aurais pas sollicité l'honneur d'inscrire votre nom, respecté de tous, en tête de ce modeste travail, si je ne m'y étais proposé que la tâche, devenue commune, d'étudier dans Marivaux le littérateur brillant, qui eut parfois trop d'esprit pour en avoir assez; je dis plus : je ne l'aurais pas entreprise. Mais ce qui m'a séduit dans son œuvre, c'est le moraliste; c'est l'écrivain, maître de son cœur et de sa plume, qui sut défendre l'un contre la licence des mœurs de son temps, et faire servir l'autre à la flétrir ; c'est l'honnête homme enfin, qui fut, autant que pouvait l'être ce génie charmant, l'ennemi de tous ces gens de bien à outrance, faux-monnayeurs en dévotion, selon l'énergique expression de Molière, qui couvrent leurs friponneries d'une charité sophistiquée. C'est là le côté sérieux et solide de Marivaux, celui qui résistera le mieux à l'oublieuse postérité.

C'est à ce titre, Monsieur, que l'hommage de mon commentaire, ajouté à tant d'autres commentaires, ne m'a point paru trop indigne de vous être offert. Je ne l'adresse pas seulement à l'homme d'Etat illustre qui, dans les plus hautes dignités, n'a jamais cherché que les intérêts de son pays et la gloire de les servir ; au grand citoyen, dont les conseils auraient conjuré tous nos désastres, s'ils eussent été écoutés ; c'est encore et surtout à l'homme excellent, au sage, qui consacre ses derniers jours à des études dont il fut l'honneur, et à des œuvres patriotiques qu'il aime, parce qu'elles font beaucoup de bien et peu de bruit.

Pour moi, Monsieur, si vous trouvez quelque plaisir à parcourir ces pages qui m'ont délassé d'occupations incessantes et souvent ingrates ; si j'ai pu contribuer à faire mieux connaître un écrivain qui sentit toute l'amertume des malveillantes appréciations de ses contemporains, je ne demanderai rien de plus, et j'aurai fait tout ce que j'ai désiré.

Veuillez agréer, Monsieur, la nouvelle assurance de mon respectueux et inaltérable attachement.

Em. Gossot.

11 novembre 1880

UNE
SOIRÉE CHEZ ARAMINTE

Circum præcordia ludit.
Perse, sat. 1, V. 122.

Le 17 mars 1737, le lendemain de la première représentation des *Fausses Confidences*, il y avait soirée chez Araminte, pour la signature de son contrat avec Dorante. Son hôtel, triste depuis longtemps comme une jeune veuve qui rêve un nouveau mari, avait pris un air de fête inaccoutumé. La vie et le mouvement y étaient rentrés avec le nouvel époux qu'elle s'était choisi. Les antichambres retentissaient des éclats de rire et des lazzi des valets qui retrouvaient leur esprit et leur gaieté. Marton et Lépine se regardaient du coin de l'œil, et se disaient des paroles doucereuses; Frontin et Lisette faisaient les renchéris, et même Frontin se trouvait tant de mérite qu'il en avait peur. C'est, lui disait Lisette, ce qui s'appelle avoir peur de son ombre. Arlequin se débattait de son mieux contre les agaceries de Colombine, petite espiègle qui voulait absolument être aimée de lui. On se délassait ainsi des fatigues des jours précédents, pour mettre la maison dans un état digne de sa belle propriétaire.

Le salon où elle se tenait avait été orné avec ce goût follement recherché qui distinguait la riche bourgeoisie sous le règne de Louis XV. Les tentures, en damas de soie rose et argent, projetaient leurs ramages en mille fantaisies sur le splendide ameublement que la mollesse du siècle avait inventé. Les panneaux et les dessus de portes faisaient penser à l'élégante coquetterie de Watteau, et au plafond, étaient peintes avec toute la mignardise de Boucher, quelques histoires galantes de la mythologie. Des girandoles et des milliers de bougies inondaient de lumière les moindres détails : dans des cassolettes d'or brûlaient des parfums subtils et délicieux ; enfin les fleurs les plus rares achevaient la magie de ce tableau.

Araminte, mollement étendue dans un grand fauteuil et noyée dans des flots de dentelles, paraissait heureuse ; debout auprès d'elle, rayonnant de bonheur, Dorante se penchait de temps en temps pour lui murmurer à l'oreille quelques mots qui la faisaient sourire.

A une petite distance de sa fille, on voyait Madame Argante, qui n'avait pas pu refuser sa présence à cette fête, mais qui s'en vengeait, en gardant un air grondeur et irrité. La bonne Madame de Miran avec son fils Valville, essayait de la calmer à force de douceur et de raison. Dorante, lui disait-elle, est un jeune homme de mérite, bien fait, de bonne mine et homme d'honneur. — « C'est possible, mais il n'a ni fortune, ni naissance. » — « De la fortune? mais votre fille en a pour deux; quant à la naissance, le mérite la vaut bien. » — « Mais songez donc, ma chère, que ma fille pouvait être comtesse! » — « J'en conviens, mais en eût-elle été plus heureuse? Voyez plutôt à quel parti je me suis arrêtée pour mon fils Valville. Il aime Marianne, pauvre orpheline sans fortune et sans parents. Croyez-vous que j'irai m'opposer à leur inclination? J'aime bien mieux être leur mère que leur tyran. »

La conversation fut interrompue par l'apparition de M. Remy, l'oncle de Dorante, qui ne pouvait venir plus à propos pour rendre à Madame Argante toute sa roideur et toute sa morgue. Il était triomphant, avec un air légèrement railleur en face de cette femme qui l'avait appelé la veille, bonhomme, petit praticien et enfin radoteur.

Mais les invités arrivaient en foule : les femmes pour médire des toilettes et pour montrer la leur ; les hommes, pour se conter leurs bonnes fortunes. C'était la grosse Madame de Fécour, qui cherchait d'un œil lascif M. de la Vallée, *son gros brunet* ; la prude marquise de Ferval, dissimulant sous des airs dévots la passion qui dévorait ses cinquante ans ; la pieuse de Sainte-Hermières, suivie d'un petit abbé qui passait pour son amant ; Dorimène, qui avait juré de se faire épouser par Rosimond, dont le cœur était à la sage Hortense ; Sylvia, la belle et gracieuse Sylvia, qui attirait tous les regards et captivait tous les cœurs. Puis de jeunes étourdis, des petits-maîtres, tout fiers de leur fortune et de leurs vingt ans. Parmi eux, se faisait remarquer par sa distinction, le jeune comte de Dorsan, accompagné de son sauveur et son ami, Jacob, ou plutôt M. de la Vallée, un peu gauche et qui paraissait rêver stupidement à tout ce qu'il voyait.

Des groupes s'étaient formés partout, et celui des petits-maîtres n'était pas le moins animé.

« Bonjour, chevalier, disait l'un d'eux à son voisin. As-tu vu la marquise ? Je viens de l'apercevoir avec Lelio ; ils semblaient les meilleurs amis du monde. Je crois, en vérité, qu'elle l'a réconcilié avec l'amour. — Ah ! petit fripon, vous ne venez plus chez la duchesse ; c'est mal, mais du dernier mal. — Voilà nos gens courus, fêtés ; vous allez cent fois à leur porte ; toujours en l'air ! — Sais-tu quelle pièce on donne ? Qu'en dit-on ? — Pour moi, je soupai hier en excellente compagnie. La comtesse de... en était. Ah ! nous avions du vin exquis, et l'on en but... Le vieux comte s'enivra rapidement. Tu juges que sa femme n'en fut pas fâchée ; elle est bonne personne... Où soupes-tu ce soir ? Ah ! tu fais le mystérieux ! Eh ! fi donc à ton âge ! (1) »

Du côté des femmes, la conversation, comme on le pense bien, ne languissait pas non plus. Il y avait surtout une certaine marquise, fort coquette, sans le vouloir paraître, et folle, disait-elle, de sincérité, qu'on se plaisait à laisser parler, tant elle mettait d'esprit et de malice dans ses réflexions. Ce soir-là c'était au prochain qu'elle en avait. Il

(1) Emprunté en partie au *Paysan parvenu* (Sixième partie, p. 378 ; édit. Garnier).

fallait entendre de quel ton dédaigneux et mordant elle drapait ceux qui l'étaient venus voir la veille, et qui n'avaient pas su lui plaire ! « J'ai le cœur, disait-elle, tout affadi de leurs sots discours. Que l'humanité est ridicule ! Que de vanité ! que de duperies, que de petitesse ! et tout cela, faute de sincérité de part et d'autre. » — Eh bien, dit Dorimène, faites-nous donc connaître quelques-uns de vos originaux. Quelle sorte de gens était-ce ? » — « Ah ! les sottes gens ! L'un était un jeune homme de vingt-huit à trente ans, un fat, toujours agité du plaisir de se sentir fait comme il est. Il semblait dire à tout venant : Voyez mon enveloppe ; voilà l'attrait de tous les cœurs ; voilà la terreur des maris et des amants ; voilà l'écueil de toutes les sagesses. A côté de lui était une nouvelle mariée, d'environ trente ans, de ces visages d'un blanc fade, et qui font une physionomie longue et sotte, un visage qui, à dix ans, était antique. Elle prenait des airs enfantins ; elle paraissait tout étonnée de la nouveauté de son état et toute confuse de son aventure. Elle me traitait comme une mère, moi qui suis plus jeune qu'elle. » — « Elle est à peu près votre aînée de deux ans, lui dit Madame Dorville. » — De près de trois, s'il vous plaît. Vis-à-vis de la petite fille de trente ans était une assez grosse et grande femme de cinquante à cinquante-cinq ans, qui nous étalait glorieusement son embonpoint, et qui prenait l'épaisseur de ses charmes pour de la beauté. Mais comme elle est veuve et fort riche, elle avait auprès d'elle un jeune homme, un cadet qui n'a rien, et qui s'épuisait en platitudes pour lui faire sa cour. (1) »

La marquise eût encore continué la piquante revue de ses amis, si l'on ne fut venu prier les invités d'assister à la signature du contrat. Cette grave affaire fut suivie d'un brillant petit souper, qui n'était que le prélude des fêtes du lendemain.

I.

Telle était la société qui accueillit les premiers essais de Marivaux. C'est dans ce milieu tout imprégné de petites grâces et d'innocente raillerie que sa pensée a pris sa forme, qu'elle s'est développée et nourrie, qu'elle a puisé ses inspirations.

Avec un esprit très délié et très fin dans une

---

(1) Emprunté, pour la plus grande partie, à la comédie des *Sincères*. (Scène IV).

âme droite et ferme ; avec le parti pris de n'imiter ni les Anciens ni les Modernes et l'horreur du lieu commun, il se créa cette sorte d'originalité travaillée, tantôt naturelle et tantôt voulue qu'on a cru flétrir en la désignant d'un mot qui fut longtemps pris en mauvaise part, et dont on commence à revenir aujourd'hui. On a dit de tous ceux qui écrivent avec plus de grâce que de force, plus de finesse que de fermeté : c'est du *Marivaudage*. On n'a pas réfléchi qu'en créant un nom pour caractériser ce genre de style, on accordait à l'auteur qu'on voulait déprécier un honneur bien rare et réservé seulement aux plus grands.

N'est pas original qui veut ; et sans aucune intention de rapprochement avec les écrivains de génie, créateurs d'une langue « qu'eux seuls ont parlée, » on peut dire aussi que Marivaux a écrit dans une langue qui n'est qu'à lui, et que pour l'imiter, il faut beaucoup d'esprit, d'imagination et de grâce.

Faisons-nous donc, pour un moment, son contemporain ; vivons avec lui dans ce monde qu'il a voulu peindre et où il a pris ses modèles, et si ses tableaux sont exacts, si sa copie est animée et fidèle, si nous y trouvons bien figurés, les caractères, les mœurs, le langage des personnages qui ont posé devant lui, ne lui en demandons pas davantage ; car il aura mis dans ses peintures ce qu'il y a de plus précieux dans les produits de la pensée, je veux dire, le mouvement, la couleur et la vie.

C'est à ce point de vue que nous voudrions nous placer pour juger Marivaux qui, sans être grand, fut pourtant un écrivain unique, un homme à part dans ses ouvrages comme dans sa vie. Une étude du XVIIIe siècle d'où il serait absent, ne serait pas complète. Il y a des aspects que lui seul a bien vus, pour lui avoir été familiers, et qui ont échappé même à Voltaire, soit qu'il ne les ait pas connus, soit plutôt qu'il les ait trouvés de trop mince importance pour être décrits.

A ce titre, Marivaux va seul, il se distingue entre beaucoup d'écrivains de talent, aujourd'hui oubliés, et il sera nommé quand on ne répétera plus que quelques noms de cette époque où tant d'hommes furent célèbres. C'est que le jugement de la postérité abrège singulièrement l'histoire littéraire. Il ne laisse des auteurs que la parcelle d'immortalité qui se mêle à leurs écrits. Ceux de Marivaux se réduisent aujourd'hui à un petit nombre de jolies comédies; deux romans inachevés et quelques pages éloquentes tombées dans un oubli immérité.

Ce qui fera vivre ces rares épaves d'une œuvre considérable et leur assure un rang distingué dans les lettres, c'est qu'elles ont été écrites sous la dictée du monde, et sont comme un calque brillant et fidèle de l'intérieur des salons du dix-huitième siècle.

Si nous suivons Marivaux dans ce milieu tout parfumé d'un esprit charmant, tout animé d'une fine ironie, nous comprendrons sans peine ce qu'il y eut d'attrait pour sa pensée. Nous le comprendrons mieux encore, si nous étudions l'auteur lui-même, tel que la vie l'a fait, avant que la renommée commençât pour lui ; si nous considérons cette âme hésitante et mobile, égarée dans une voie qui n'est pas la sienne, mais qui la cherche avec une indomptable opiniâtreté et qui la trouve enfin, après bien des essais malheureux.

Rien n'est plus instructif que les débuts d'un écrivain original, et quand il s'agit d'un homme comme Marivaux, parvenu à force de volonté à l'honneur de créer une école, sans avoir jamais eu de disciples dignes de lui être comparés, combien alors il devient plus intéressant de rechercher par quelle diversité de chemins, cet auteur est arrivé à se faire un genre à lui, plein de ressources et d'originalité, de bon sens et même d'émotion !

Marivaux entre dans la vie presque au moment où la corruption et la licence descendaient du trône dans la nation. Le règne des croyances s'éteignait lentement avec le monarque qui les avait disciplinées et protégées ; le règne de la libre-pensée allait commencer. Cette révolution dans les mœurs, longtemps contenue par le respect du pouvoir absolu, ne pouvait manquer d'agir fortement sur un esprit neuf, doué d'une grande finesse d'observation, et qui devait prendre la société comme le meilleur des livres.

Né à Paris en 1688, c'est à Riom, où il fut emmené dès l'âge de six ans, puis à Limoges, que Marivaux dut faire ses études, études médiocres et « dont l'histoire n'est ni longue ni brillante, » si l'on en croit ses contemporains.

A l'égard de son éducation, nous en serions réduit aussi à des conjectures, si nous n'avions pour nous fixer, le témoignage de toute sa vie, qui fut celle d'un honnête homme, d'un homme sincère et ferme dans ses convictions, également éloigné de l'ostentation qui les affiche et du respect humain qui n'ose les affirmer. Ame simple, généreuse et fière, à l'épreuve d'une société railleuse qui n'épargne rien, Marivaux reste, par la pureté de ses mœurs, un exemple, par la sagesse de ses principes, une autorité, par l'indépendance de son caractère, une force. Attaché par les souvenirs d'une libre et heureuse enfance, à tout ce qu'un siècle sceptique attaquait, il ne craint pas de se montrer fidèle à ses croyances en face de cet esprit philosophique tout puissant et redoutable qui aspire à détruire presque autant qu'à plaire. Et si nous voulions la preuve de cette fermeté si rare dans un siècle corrompu, nous la trouverions dans ces paroles de d'Alembert, qu'on ne peut guère accuser de partialité en pareille matière.

« Quoique très éloigné de la dévotion, Marivaux l'était encore plus de l'incrédulité. Sa philosophie, pour ainsi dire, littéraire, était très subtile ; sa philosophie religieuse était très simple. On lui demandait un jour ce que c'était que l'âme : « Je sais, répondit-il, qu'elle est spirituelle et immortelle, et n'en sais rien de plus. » — Il faudra le demander, lui dit-on, à M. de Fontenelle.. » — « Il a trop d'esprit, répliquat-il, pour en savoir là-dessus plus que moi. »

Nul n'est à soi-même son principe et son initiateur. Il faut que l'exemple d'une morale sévère, vivant dans la famille, touche l'âme qui s'ignore; et qu'il s'y grave si profondément, que la trace en soit ineffaçable. Ce n'est que dans le cœur du jeune homme que peuvent s'asseoir solidement ces principes d'honnêteté, qui sont la sauvegarde de l'âge mûr, et celui qui en a senti une fois l'inestimable bienfait, y sera sans cesse ramené par l'attrait de la vertu autant que par le charme du souvenir.

On aime à se représenter ainsi les premières années de Marivaux, passées au milieu des bons exemples et de ces douceurs de la maison paternelle qui disposent l'enfant aux sentiments élevés et lui mettent sur les lèvres un sourire qui ne s'efface plus. Education bénie, toute morale et sans contrainte qui règle les dons de la nature, en les développant, qui hâte la maturité de l'esprit, sans la devancer, mais sans éteindre non plus cette énergie heureuse, or de la jeunesse, qui prépare, par l'accomplissement du devoir, à toutes les luttes de la vie.

Plus que tout autre, Marivaux était fait pour

goûter les avantages de cette bienfaisante éducation et pour en profiter. Avec des instincts droits et une intelligence précoce dans une âme extrêmement mobile, il avait, dans ses propres forces une confiance qu'on serait tenté de lui reprocher, si l'avenir ne s'était chargé de la justifier. Recherché tout jeune par la meilleure société de Limoges, il prouva au moins que cette confiance n'était déjà plus de la témérité. On parlait un jour devant lui de la difficulté de composer une comédie, et comme il était le seul à trouver l'œuvre aisée, il fut mis au défi d'en faire une. Huit jours après, il apportait *le Père prudent et équitable ou Crispin l'heureux fourbe*, et il avait fait cette comédie en vers, comme pour se créer une difficulté de plus. Elle ne fut jouée que dans l'intimité, l'auteur « ne voulant pas perdre en public le pari qu'il avait gagné en secret. »

Sachons lui gré d'avoir été assez sage pour ne pas risquer l'épreuve d'une représentation publique. La pièce, il est vrai, est faible, pleine de réminiscences de Molière et de Regnard ; l'intrigue est commune, les situations usées et la versification défectueuse. Enfin c'est une œuvre de commençant, qui ne laisse pas encore soupçonner l'auteur du *Legs*, des *Jeux de l'amour et du Hasard* et des *Fausses Confidences*. Mais Marivaux n'avait que dix-huit ans ! Si cette première ébauche trahit, à chaque page, une grande inexpérience, elle annonce au moins une facilité assez rare pour être remarquée, et prouve que le jeune écrivain avait entrevu tout d'abord le genre qui devait faire plus tard une partie de sa gloire. C'est à ce titre que nous devons nous en souvenir.

Vers le même temps, une liaison passagère faillit le fixer par un mariage, et peut-être ainsi changer le cours de sa destinée. Il nous a raconté lui-même, dans *le Cabinet du Philosophe*, comment s'est terminée cette aventure amoureuse, dont le dénouement n'est pas celui d'un cœur bien épris.

Dès ce moment, on peut dire que cette rupture le juge, et qu'il ne cédera jamais à un premier entraînement. Mais il paraît au moins singulier qu'un homme si curieux de la simplicité et des grâces naturelles, n'en ait pas mis davantage dans son style et surtout dans sa pensée. On retrouvera plus d'une fois, dans ses œuvres, le souvenir des petites coquetteries qui l'avaient choqué et désabusé, et l'expérience qu'il en fit lui servira plus tard pour en tracer un tableau accompli.

Il est vraisemblable de penser qu'après cette déception presque voulue, qui dut faire éclat dans la paisible ville de Limoges, le père de Marivaux, voyant les dispositions précoces de son fils, prit sur lui de l'envoyer à Paris pour y achever des études un peu écourtées et incomplètes. Mais il ne paraît pas que le jeune homme s'y soit beaucoup prêté, car ceux de ses contemporains qui l'ont le mieux connu, affirment qu'il était peu instruit, et tous s'accordent à dire qu'il ne savait pas le grec. Ce n'est pas nous qui lui en ferons un crime. L'érudition encore plus que le goût, manquait au dix-huitième siècle, et Voltaire lui-même, qui en était l'âme et la vie, n'a pas toujours vu ce qu'il y a de grand et de simple dans le génie des Anciens.

Mais est-il bien à regretter que Marivaux n'ait pas fait des études plus complètes, et qu'il n'ait pas eu de l'antiquité une connaissance plus nette, plus approfondie ? Plus versé dans les lettres grecques et latines, eût-il été mieux préparé pour recevoir l'empreinte des mœurs de son temps ? Son instruction même, en disciplinant les allures capricieuses et primesautières de son esprit, n'aurait-elle pas nui à ce qu'il y a d'original et d'imprévu dans sa manière de sentir et de penser ? Sa vie à Paris, vie de plaisirs et de libres études, coupée d'incidents romanesques, avivait bien autrement son imagination que des cours réguliers et le régime austère d'un collège. Au moins peut-on dire que son mérite d'écrivain ne paraît pas avoir beaucoup souffert de cette ignorance qu'on lui reproche, et dont on dit même qu'il était fier.

N'est-ce pas quelque chose que d'avoir osé le premier, rompre franchement avec la tradition classique, jusque-là acceptée de tous ? Marivaux a été actuel, comme on dit de nos jours. Son œuvre n'embrasse pas de vastes horizons, mais elle réfléchit comme un miroir magique tout ce monde brillant et frivole qui régna longtemps sur le dix-huitième siècle.

Etant donnée cette tendance prédominante à « ne parler que d'après lui, bien ou mal, et non d'après les autres, « il est donc bien probable que l'étude des Grecs et des Latins ne lui aurait rien appris. On sait d'ailleurs qu'il ne voulait pas « qu'en se mettant à écrire, un jeune homme imitât personne, » les Anciens pas plus que les Modernes, car, « les Anciens avaient, pour ainsi

dire, un tout autre univers que nous... Ils avaient mêmes vices, mêmes passions, mêmes ridicules, même fonds d'orgueil ou d'élévation ; mais tout cela était moins déployé ou l'était différemment. ».
« Quant aux Modernes, il ne faut pas qu'un jeune écrivain les imite davantage, car l'imitation littérale ne fera de lui qu'un singe, et l'obligera vraiment de courir après l'esprit. »

Aussi dans son ardeur d'originalité, disait-il, avec un sentiment qui n'est pas précisément celui de la modestie : « J'aime mieux être assis sur le dernier banc de la petite troupe des auteurs originaux qu'orgueilleusement placé à la première ligne dans le nombreux bétail des singes littéraires. »

On peut s'étonner qu'un homme si jaloux de sa personnalité d'écrivain, ait marqué ses débuts par quelques parodies dont on voudrait oublier même le nom. On s'explique encore que par humeur contre la gloire d'Homère et aussi pour plaire à La Motte, il ait porté ses rimes burlesques sur l'Iliade, qu'il n'avait lue sans doute que dans la traduction défigurée de son ami ; mais qu'il ait osé toucher au Télémaque, c'est ce qu'on lui pardonne moins aisément, et ses amis eux-mêmes l'en ont blâmé.

Quant à la parodie du chef-d'œuvre de Cervantes, Don Quichotte, il est peut-être plus facile de l'en justifier. Marivaux a-t-il bien eu le dessein de travestir ce livre immortel, « la seule parodie sublime qu'on ait jamais faite ? » Nous ne le pensons pas. *Pharsamon ou les aventures romanesques*, est une imitation très affaiblie, très lointaine assurément de Don Quichotte, mais ce n'est qu'une imitation ; c'est l'essai d'un jeune homme qui a besoin d'être porté par les idées des autres avant d'écrire d'après les siennes. Une parodie supposerait de la part de l'auteur l'intention de tourner ce chef-d'œuvre en ridicule, et telle n'a pu être la pensée de Marivaux qui, d'ailleurs, n'avait aucune raison pour en vouloir à l'écrivain espagnol. Son but était de se moquer de ces romans langoureux, interminables surtout, comme ceux de La Calprenède et de Mlle de Scudéry, et la forme du Don Quichotte s'est présentée à lui comme la mieux appropriée à son sujet.

Enfin ce qu'on peut dire encore pour écarter toute intention de parodie, c'est que le *Pharsamon*, écrit en 1712, ne parut qu'en 1737, sous le titre de *Don Quichotte moderne*, titre destiné sans doute, dans la pensée de l'éditeur, à piquer la curiosité du public, sans que l'auteur y eût d'autre part que de l'avoir laissé passer.

Déjà, pour la même raison sans doute, ses premiers articles publiés dans le Mercure sur *les Bourgeois, les Marchands et la Populace de Paris*, avaient paru signés *le Théophraste moderne*, et cela, à l'insu de Marivaux, qui s'en défendit dans une lettre, où il rend pleine justice aux Anciens : « Ils ont, dit-il, moissonné dans l'esprit des hommes toute l'estime qu'ils peuvent donner ; il ne nous reste plus qu'à y glaner. »

Mais quand on parcourt le Pharsamon, œuvre fort médiocre dont l'auteur aurait pu tirer meilleur parti, on se prend à regretter qu'il n'ait eu, dans ces années d'initiation littéraire, d'autres censeurs que ses dangereux amis, Fontenelle et La Motte. Combien alors un conseiller d'un goût sûr lui aurait été nécessaire !

Qu'on se le représente, en effet, dans un ordre social supérieur, avec des maîtres comme Molière et Boileau. Etant données la portée morale de ses œuvres et la fécondité de son facile génie, Marivaux eût réuni dans son talent les mérites de La Bruyère et de Lesage, avec l'originalité cherchée du premier et les grâces naturelles du second ; et aussi bien qu'eux, il aurait su parler à son siècle la langue qu'il aimait. Mais livré tout entier aux beaux esprits de son temps, ses modèles et ses amis, c'est leur influence qu'il subit, tout en se croyant inventeur, et c'est elle qui, par un malheur assez ordinaire à la jeunesse, le jette d'un excès dans un autre, du genre burlesque dans le genre tragique.

Fontenelle avait fait sa triste tragédie d'*Aspar*, La Motte, *Œdipe* et *Romulus*; Marivaux nous donnera la *Mort d'Annibal*, pièce digne de ses parodies, et dont la chute l'avertit enfin qu'il n'était fait ni pour le grotesque ni pour le sublime, mais pour être un intelligent observateur des petites grâces de la société, et pour les reproduire avec beaucoup de charme, de style et d'esprit.

Ainsi, ce n'est qu'après bien des tâtonnements que lui vint cette prétention, justifiée d'ailleurs, et soutenue, à l'originalité ; et quand il conseille à un jeune écrivain de n'imiter personne, c'est qu'il avait fait lui-même une assez triste expérience de cette disposition; c'est qu'il se souvenait de ses débuts malheureux qui le tinrent trop longtemps éloigné de la voie où il devait se montrer créateur.

Mais si dans ces premiers mécomptes, dans ces efforts opiniâtres d'un génie qui s'ignore, il est difficile de retrouver les promesses qu'a tenues sa maturité, on aurait tort de croire cependant que tant d'essais, perdus pour la renommée, aient été perdus pour l'éducation littéraire de Marivaux. Chaque épreuve avait apporté sa leçon, chaque déception avait laissé sa trace, et si les chutes avaient été rudes, on peut dire aussi qu'elles n'avaient pas été stériles, car, en affermissant sa raison, elles avaient servi à développer, à aiguiser encore cet esprit d'observation qu'il possédait déjà à un si rare degré. Elles eurent même un autre avantage qui décida peut-être de sa destinée d'écrivain : elles lui ouvrirent les portes de ces salons à la mode, où ses maîtres régnaient sans partage.

La société de Mesdames de Lambert, de Tencin et Geoffrin devint la sienne, et l'on sait si ce milieu répondait à ses secrètes dispositions. C'est aussi vers ce temps-là (1717), qu'il devint un des rédacteurs du Mercure, le quartier général du parti des Modernes, et ses articles, que nous avons rappelés plus haut, le désignèrent bientôt comme un auxiliaire précieux et qu'il fallait ménager.

Tout commençait donc à lui sourire, puisqu'il

était admis dans ce monde brillant où l'esprit donnait droit de cité, où le talent procurait des amis. Aujourd'hui que cette polémique ardente contre les Anciens nous laisse à peu près indifférents, nous avons peine à nous figurer qu'à cette époque, c'était déjà un titre de gloire de les attaquer; et Marivaux ne pouvait manquer de s'y faire applaudir et admirer, lui qui avait osé mettre Homère en vers burlesques pour venger La Motte des dures vérités de Madame Dacier.

Avec une impertinence toute juvénile et une rare fertilité d'idées, il apportait dans la querelle un tour imprévu et piquant qui lui était particulier. Là, dans cette société railleuse et frivole, on condamnait, sans hésiter, toute l'antiquité, tout le dix-septième siècle, et Voltaire lui-même que Marivaux appelait *un bel-esprit fieffé*, ou bien encore, *la perfection des idées communes*. Molière n'y était pas plus épargné : on allait jusqu'à trouver qu'il avait fait parler à la Comédie un trop beau langage; que *le Tartufe*, *le Misanthrope* et *les Femmes savantes* n'étaient point des comédies.

Toutefois, il n'était pas dans le caractère mobile de Marivaux de s'arrêter longtemps à ces joûtes, il est vrai, assez inoffensives, où les plus belles réputations étaient sacrifiées à un bon mot. Il n'y voyait guère qu'un agréable délassement, qu'une occasion d'exercer sa verve d'aimable et spirituel causeur. Ce n'était pas assez pour lui. La physionomie intime des salons l'attire bien davantage.

Les entretiens galants, la coquetterie des femmes, les intrigues amoureuses, offrent à son genre d'esprit une matière bien plus riche et bien plus abondante pour l'observation. « J'ai guetté dans le cœur humain, dit-il, toutes les niches différentes où peut se cacher l'amour, lorsqu'il craint de se montrer, et chacune de mes comédies a pour objet de le faire sortir d'une de ces niches. »

Voilà ce qui, dès cette époque, occupait sa pensée, bien plus que ces discussions vaines à propos des Anciens et des Modernes, où il apporta toujours plus d'esprit que de conviction. Il crut trouver là un terrain vierge, ouvert à tous les caprices de son imagination, et il ne se trompait pas. Il lui sembla qu'il y avait une place à prendre au théâtre, à la suite de Molière et de Lesage. Après eux, en effet, il ne fallait plus songer à la haute comédie. Les caractères s'étaient amoindris avec les croyances, et l'esprit d'analyse qui sévissait alors ne comportait plus ces fortes conceptions.

Ce n'est que soixante ans plus tard, quand la société sera travaillée par les idées de liberté, que nous en retrouverons la trace, moins noble, sans doute, et moins pure, dans le *Figaro* de Beaumarchais. Mais la partie élégante et ostensible des mœurs attendait encore son interprète, et personne n'était mieux fait pour l'être que Marivaux. Subtilité des sentiments, grâces maniérées, langage précieux et raffiné, petits tracas du cœur, nés de l'amour-propre piqué ou d'un simple malentendu, tel est la matière et la forme de ce théâtre, dont l'amour ne cesse pas d'être le sujet, le mobile, et je dirais presque le *deus ex machina*.

S'il est vrai que la Comédie doit être la peinture de la vie réelle, jamais il n'en fut de plus exacte que celle de Marivaux. Ne lui reprochons donc pas trop durement de s'être éloigné de la simplicité de la nature; il ne s'en est éloigné que pour se mettre d'accord avec ses impressions et ses souvenirs, que pour parler le langage des salons, qui n'est pas ordinairement celui des livres. D'ailleurs il se justifie parfaitement de ce reproche, dans son avertissement *des Serments* indiscrets, quand il nous dit : « J'ai tâché de saisir le langage des conversations et la tournure des idées familières et variées qui y viennent, mais je ne me flatte pas d'y être parvenu ... Tout ce qu'un auteur pourrait faire pour les imiter n'approchera jamais du feu et de la naïveté fine et subite que les gens d'esprit y mettent. »

Ainsi nous sommes désormais fixés sur l'intention de Marivaux, sans pour cela prétendre l'absoudre de ce qu'il y a de naturellement précieux dans son style, de raffiné dans sa pensée et d'excessif dans ses raisonnements. Qu'il ait *tâché de saisir le langage des conversations et la tournure des idées familières et variées qui y viennent*, rien de mieux. C'est un effort très louable, et s'il y est parvenu, un mérite dont l'histoire des mœurs lui tiendra compte. Mais l'art a le droit de s'en plaindre, et tout l'esprit de notre auteur ne pourra le sauver des justes critiques que lui fait l'impartiale postérité.

En pensant être naturel, il n'a été trop souvent, que prétentieux et affecté, parce qu'il a pris la nature où elle n'était pas, dans ce monde amoureux de grâces factices, de sentiments fardés et d'une politesse de convention. Mais aussitôt qu'il en sort et qu'il s'empare d'un sentiment vrai, son âme s'éveille, la passion l'échauffe et la remue;

et le style, qui ne vaut que par la pensée, devient ferme, élevé et presque viril. C'est là qu'il se montre écrivain d'une réelle valeur. On doit amèrement regretter que des dons si rares, une intelligence si active et si riche, un talent si avide d'originalité, ne se soient pas arrêtés sur des productions moins nombreuses, et partant, plus solides, qui lui eussent assuré un rang très distingué dans les écrivains du xviiie siècle.

Mais nous trouvons dans Marivaux un mérite qui n'a peut-être pas été assez remarqué et mis en lumière, c'est que, tout en reproduisant les travers et les vices de son temps, avec une grande vivacité d'expression, il s'est soigneusement gardé de ce style licencieux qui infectait alors la littérature. La pureté de ses mœurs et l'honnêteté de sa vie ont passé dans ses écrits, et son théâtre, comme ses romans, accuse une véritable intention morale qui ne se dément jamais. C'est là, à nos yeux, un des principaux caractères de son originalité.

Il a pu, observateur judicieux de tous ces écarts, les décrire et les juger, sans permettre que sa plume pas plus que son âme en fût atteinte. Et ce n'est jamais la notion abstraite du devoir qu'il oppose à la morale relâchée de son temps;

il ne demande pas à des théories impraticables la démonstration des grandes vérités qu'on repousse autour de lui ; il aime au contraire à la faire jaillir des faits ordinaires, à invoquer contre les aberrations de ses contemporains, les droits de la conscience, la voix de la raison. C'est même une justice que Voltaire s'est plu à lui rendre dans une heure d'impartialité, inspirée peut-être par l'intérêt personnel : « A l'égard de M. de Marivaux, écrit-il à M. Berger, je serais très fâché de compter parmi nos ennemis, un homme de son caractère et dont j'estime l'esprit et la probité. Il y a surtout dans ses ouvrages, un caractère de philosophie, d'humanité et d'indépendance dans lequel j'ai trouvé avec plaisir mes propres sentiments. »

Voltaire aurait bien pu louer sans arrière-pensée, les qualités de caractère qui éclatent dans les œuvres de Marivaux. Assurément ce n'est pas un de ces moralistes profonds qui mettent à nu toutes les passions humaines. Son ambition ne va pas jusque là. Ce qu'il étudie surtout, c'est la femme du monde dans ce qu'elle a de changeant et de frivole. Rien de la coquetterie féminine n'échappe à son impitoyable sagacité ; il en sonde les mouvements cachés avec une opiniâtreté qui le rend même quelquefois injuste, en voulant être vrai. Ainsi, peut-on lire, sans faire ses réserves, cette pensée de l'*Indigent philosophe :* « Si on regardait bien fixement les femmes d'un certain côté, elles paraîtraient trop risibles pour avoir rien à démêler avec notre cœur : elles cesseraient d'être aimables, et ne seraient que nécessaires. »

Après une pareille boutade, on se demande s'il se souvient encore de l'aventure de Limoges qui l'avait vraisemblablement amené à Paris. Mais non, « il était trop bon, pour avoir tant de mémoire. » Lui-même, quelques années auparavant, n'avait-il pas épousé une femme charmante, qui lui donna un bonheur trop tôt brisé par la mort ? Perte à jamais regrettable pour l'homme et pour l'écrivain, qui aurait trouvé dans la société d'une compagne distinguée, des motifs plus sérieux d'inspiration, avec des sentiments plus naturels, moins étroits et par conséquent plus vrais. Il aurait vu la femme encore ailleurs que dans les salons ; il l'eût étudiée dans ce milieu qui lui est assigné par la Providence, dans la famille, comme mère et comme épouse, vouée tout entière à l'éducation de ses enfants, et pleine d'un tendre attachement pour un mari qui aurait fait sa joie et sa gloire. Il y aurait eu là aussi pour son esprit si délié, si délicat et si fin, une source nouvelle d'observation, avec des conseils, un guide, un appui. Mais il n'a connu que la femme du monde, être charmant et factice, qui sacrifie au désir de plaire, les plus nobles attributs de son sexe.

Veuf à trente-cinq ans, après deux ans de mariage, père d'une fille qui devint religieuse, grâce aux libéralités du duc d'Orléans, et de plus, ruiné dans les spéculations du système Law, où ses amis l'avaient entraîné, Marivaux dut se résigner à écrire d'abord pour vivre. Les libraires qui voyaient dans sa candeur une proie facile, le harcelaient et ne lui donnaient ni repos ni trêve. Porté d'ailleurs par la mobilité de son humeur et la diversité de ses aptitudes, à promener son esprit sur tous les sujets, il laissa tomber de sa plume bien des œuvres imparfaites, fruits hâtifs d'une imagination trop libre, trop peu réglée pour être constamment féconde. De là des publications où l'or se fait trop chercher dans les scories; où le style, en voulant être naturel, n'arrive qu'à être ingénieux, travaillé, subtil comme la pensée, et dépare des pages parfois remplies d'une véritable éloquence.

Essayons cependant de rendre à Marivaux la place qu'il mérite, celle que lui ont refusée ses contemporains, adversaires déclarés comme Grimm, ou comme d'Alembert, panégyristes qui mettent trop de malice dans leurs éloges pour être exempts de partialité.

Comme auteur de comédies et comme romancier, Marivaux semble avoir des titres à peu près égaux à l'estime de la postérité, bien qu'à cet égard les esprits soient partagés. Aux défauts qu'on reproche à son théâtre, on ajoute celui de n'être pas écrit en vers. Mais la forme poétique s'impose-t-elle bien nécessairement au genre comique?

Si la comédie est la peinture de la vie ordinaire; si, comme nous le pensons, elle ne doit vivre que de réalité, il faut avouer que la prose lui convient au moins autant que les vers. Et même, ne semble-t-il pas que la prose donne aux situations et aux personnages un plus grand air de naturel et de vérité? N'avons-nous pas d'ailleurs l'exemple de Molière lui-même, qui s'affranchit de la difficulté des vers, toutes les fois qu'il ne met en scène qu'une manie, un ridicule, ou bien un caractère simplement comique? Tel est *l'Avare, le Médecin* malgré lui, le *Malade imaginaire*. Qui sait si la forme adoptée par l'auteur des *Fausses Confidences* n'a pas contribué à faire vivre ses meilleures comédies, alors que beaucoup d'autres écrites en vers, sont tombées dans l'oubli ?

Les légers croquis de Marivaux voulaient l'aisance, l'imprévu, la libre allure de la conversation : « *C'est le ton qu'il a tâché de prendre.* » Ils eussent été gênés et guindés dans la forme poétique. Et puis, pourquoi le dissimuler ? Marivaux avait peu de goût pour les vers, et l'on sait qu'à l'exemple de La Motte, il eût écrit sa tragédie en prose s'il eût osé ! Il était trop enclin à raisonner, à subtiliser les sentiments, pour enfermer sa pensée dans un langage mesuré, et qui demande d'ailleurs une certaine chaleur qu'il n'avait pas ?

Mais c'est trop s'arrêter à une critique qu'on ne songe plus à lui faire aujourd'hui, que son théâtre est jugé, qu'il a subi la sanction du temps. Attachons-nous plutôt aux qualités solides que Marivaux a portées dans ses œuvres et qui sont la condition de durée de quelques-unes.

Quand on lit son théâtre avec toute l'attention que mérite cet estimable écrivain, on ne tarde pas à s'apercevoir qu'il s'est proposé autre chose que d'amuser ses contemporains. Il avait une ambition plus haute, plus digne d'un esprit comme le sien.

« On ne doit parler, on ne doit écrire que pour l'instruction, a dit La Bruyère, et s'il arrive que l'on plaise, il ne faut pas néanmoins s'en repentir, si cela sert à insinuer et à faire recevoir les vérités qui doivent instruire. »

Que serait-ce, en effet, qu'une œuvre qui n'aurait pas en vue un but utile, une intention morale ? Elle aurait la destinée éphémère de ces livres dont on s'amuse un instant et qu'on oublie. Ce que Marivaux semble avoir voulu, même dans ses moindres comédies, c'est de réhabiliter l'amour dans le mariage.

Personne n'ignore que pendant tout le cours du dix-huitième siècle, l'usage du beau monde veut qu'on s'affranchisse publiquement des devoirs qu'impose le mariage. On l'accepte encore comme loi ; mais il n'est pas du bel air d'aimer sa femme : c'est un ridicule qu'il faut laisser à la populace de témoigner sa tendresse à celle qui y a tous les droits :

« C'est aux petites gens à nourrir de tels feux » nous dit Campistron, dans *le Jaloux désabusé*, la première comédie où soit franchement attaqué ce bizarre et singulier préjugé. Ne dites pas aux hommes du grand monde que leur femme est belle et charmante, et qu'ils sont bien fous de ne pas l'aimer. Ils l'aimeraient, si elle était la femme d'un autre ; mais la leur ! la mode le défend. Comment résister à la mode ? La femme, de son côté, n'a pas non plus le droit d'aimer son mari. Il faut bien aussi qu'elle se conforme à cette mode révoltante d'immoralité qui autorise l'adultère et l'élève presque à la hauteur d'un principe.

On croit rêver, quand on songe à cet étrange égarement d'esprit qui suppose une raison malade et beaucoup de dépravation dans les mœurs. Aussi devons-nous tenir grand compte à Marivaux de n'avoir jamais cessé de combattre ce préjugé. Il n'est presque pas une de ses comédies qui ne l'ait attaqué. Son but principal, unique, semble être dans toutes ses pièces, d'amener deux jeunes gens destinés l'un à l'autre, à s'aimer d'abord pour s'épouser ensuite. En sorte que la moralité de tout son théâtre pourrait se définir ainsi : le triomphe de l'amour dans le mariage.

Mais la comédie où se montre avec le plus d'évidence cette intention morale ; celle où il prend le plus directement à partie le préjugé à la mode, où il le sape avec toutes les armes de l'ironie et du ridicule, c'est *le Petit-Maître corrigé*, œuvre spirituelle et charmante, qui a longtemps partagé, avec beaucoup d'autres du même auteur, le malheur d'être à peu près oubliée.

Rosimond, le Petit-Maître, s'est épris d'Hortense, dès qu'il a pu la voir ; mais il croit indigne de lui de paraître l'aimer. On n'en agit pas ainsi dans le monde comme il faut. Et c'est à le faire rougir de cette vanité puérile que l'aimable Hortense emploie tout ce qu'elle a de grâces naïves et de raison. Elle se sent bien un secret penchant pour Rosimond, mais elle veut « qu'on lui demande son cœur comme une grâce qu'on sera heureux d'obtenir. »

On ne saurait trop admirer avec quel art Marivaux fait passer son petit-maître par tous les degrés de l'impertinence et de la fatuité, jusqu'à ce qu'il nous le livre enfin, convaincu de mensonge, honteux de lui-même et *corrigé*. C'est à ce moment que l'amour, reprenant sur son cœur l'empire que la mode lui disputait, arrache à Rosimond cet aveu qui lui a tant coûté.

Le personnage d'Hortense est certainement une des plus heureuses créations du théâtre de Marivaux. Simple, franche, naturelle, elle a autant de raison que son amant en a peu; elle est aussi sensée qu'il est sot et ridicule. C'est la critique piquante et animée de la mode absurde que l'auteur veut combattre.

Mais le préjugé contre le mariage n'est pas le seul qui soit attaqué dans ses vivantes et ingénieuses peintures. Il y en avait un bien autrement enraciné et puissant que la grande tragédie de 1793 n'a pas même détruit complétement : c'est le préjugé de la naissance.

Au sein de l'égalité où nous vivons tous plongés, il nous est difficile, à plus d'un siècle de distance, de nous faire une idée exacte de ce qu'était la noblesse, et surtout d'évoquer en nous-mêmes les images et les impressions que le prestige du rang devait éveiller dans les esprits. Tous les avantages de la société, la fortune, la considération, les honneurs, paraissaient rassemblés sur les gens titrés pour accabler ceux qui ne l'étaient pas. L'influence de la richesse patrimoniale, l'ascendant et l'éclat d'une longue série d'ancêtres, la tranquille jouissance de toutes les dignités pesaient alors de tout leur poids sur ceux qui n'avaient pas leur part de ces avantages, devenus si précaires et si minces, depuis qu'ils sont dispersés dans la société tout entière.

Bien avant Marivaux, Molière avait senti la vanité du préjugé de la naissance, et il l'avait attaqué avec les armes qu'on lui connaît. L'éloquente apostrophe de Dom Louis à son indigne fils Don Juan, s'adressait bien moins au jeune débauché qu'à ces marquis présomptueux et ridicules auxquels il a fait jouer parfois de si tristes personnages.

Mais ce n'est pas ainsi que procède Marivaux. Ses armes, moins fortement trempées que celles de Molière, ne lui permettaient pas de si grands effets. Chez lui, l'idée morale est toujours servie par l'amour. Il semble que dans son théâtre, ce soit l'instituteur autorisé, le grand artisan de l'éducation. L'amour, qui est dans la société un agent de corruption des plus actifs et des plus dangereux, devient sous sa plume, un précepteur aimable, plein d'esprit et de raison, qui fléchit les caractères, maîtrise la morgue du rang, fait disparaître les différences de fortune et de naissance, et ne le cède qu'au mérite, en s'aidant d'une passion vraie, honnête, légitime. Tel est le Dorante du *Préjugé vaincu* et celui des *Fausses Confidences*.

Le premier est riche, et il ne manque pas d'avantages, extérieurs ; mais ce n'est qu'un bourgeois et Angélique, malgré son inclination pour lui, ne peut se décider à l'épouser : ce serait se mésallier, car elle est d'origine noble. Heureusement qu'elle trouve dans son cœur une raison qui triomphe de ses scrupules : Dorante, à la vérité, n'est qu'un bourgeois, « mais il est riche, et il n'a pas fait sa fortune ; il l'a reçue toute faite. » Et ce qui serait, à nos yeux aujourd'hui, un mérite de moins pour l'homme, devient pour la jeune fille un titre à l'honneur de sa main.

Dans *les Fausses Confidences*, la pensée de Marivaux est encore plus nettement indiquée. Dorante est pauvre, sa naissance est vulgaire, et sa condition chez Araminte n'est guère plus que celle d'un valet. Il a même contre lui la mère de celle qu'il aime, bourgeoise entichée des grandes alliances, et qui voit, dans le jeune intendant, un obstacle à l'union qu'elle rêve pour sa fille. Araminte, pour faire acte d'autorité et se montrer maîtresse chez elle, prend d'abord le parti de Dorante ; puis peu à peu, et à son insu, son amour-propre piqué cède la place à l'amour, qui bientôt l'emporte sur tous ses scrupules de fortune et de naissance, et c'est elle-même qui annonce son mariage avec Dorante.

Cette comédie, qui passe à bon droit, pour une des meilleures de Marivaux, réunit en effet, presque toutes les qualités de l'auteur. Elle est toute de situation ; mais comme les incidents y sont habilement ménagés pour produire le résultat final ! Un abîme sépare Dorante d'Araminte, et la moindre maladresse pourrait tout compromettre, tout perdre. L'intrigue ne tient qu'à un fil, et Marton la suivante, qui en dispose, sans le savoir, l'aurait bientôt rompu, si elle venait à se douter qu'elle n'est qu'un instrument dans les mains de Dorante. Mais, dès le début, l'oncle Remy l'a mise naïvement dans les intérêts de son neveu en le lui promettant pour époux. Séduite par cette promesse, Marton prend pour elle tous les hommages qui ne s'adressent réellement qu'à sa maîtresse, et fait de son mieux pour appeler sur Dorante la bienveillance et l'estime d'Araminte, efforts qui ne lui réussissent que trop bien.

Ainsi, dans cette jolie comédie, conduite avec un art si savant et si fin, chacun joue son rôle et apporte, sans le savoir, sa part d'action pour amener un dénouement qui est le triomphe d'une inclination naturelle sur les lois aveugles de l'étiquette. Enfin, le vif sentiment de l'égalité empreint dans ces comédies, ce caractère de bienveillance et de bonté à l'égard des serviteurs, et en même temps ces ménagements des maîtres pour eux, ne sont-ils pas dignes de l'auteur *de l'Ile des Esclaves*, c'est-à-dire, du moraliste conciliant, qui signale les abus sans maudire, et chez qui le désir ardent d'un avenir meilleur ne devient jamais la haine inconsidérée du présent ?

Marivaux donnait là dans cette œuvre, sinon un gage de son talent, du moins l'expression fidèle de ses dispositions intimes et de ses idées. *L'Ile des Esclaves*, en effet, n'est guère qu'une des nombreuses fantaisies de son inépuisable génie d'invention. Mais ne semble-t-elle pas déjà un rêve anticipé de ce mélange des classes qui devait s'accomplir soixante ans plus tard dans des conditions si différentes ? Ce sont les Saturnales de l'âge d'or. On croit, comme l'a dit énergiquement un romancier, « entendre le bruit des sabots qui arrivent et celui des bottes vernies qui s'en vont.»

Mais n'y est-on pas déjà préparé par l'attitude des valets et des soubrettes du théâtre de Marivaux ? Qu'y a-t-il de commun entre eux et les

Mascarille ou les Scapin, gens de la pire espèce, qui mettent souvent toute leur intelligence au service des plus vilains emplois ? Avec autant d'esprit, les valets, chez notre auteur, ont plus de réserve et de tenue ; ils sont hardis, sans être insolents ; ils sont plus honnêtes et plus décents ; enfin, autant par affection que par intérêt, ils ont le respect de leurs maîtres qui, à leur tour, les traitent avec égard, en font leurs confidents et les agents de leurs secrets les plus délicats, et leur laissent même une initiative dont ils abusent quelquefois.

Ainsi, dans *la seconde surprise de l'amour*, ne voit-on pas Lisette pousser la liberté jusqu'à proposer successivement la main de sa maîtresse au chevalier d'abord, puis au comte que la marquise ne peut souffrir ? Mais, en général, les serviteurs sont discrets, et se rapprochent même assez de leurs maîtres pour qu'au besoin ils en fassent les personnages sans trop d'invraisemblance. C'est ce qui arrive dans *les Jeux de l'Amour et du Hasard*, où maîtres et valets changent de costumes et de rôles. Marivaux a toujours beaucoup aimé ces travestissements qui ne manquent pas d'une certaine gaieté, quand ils ne sont pas poussés trop loin. Ici, la mesure est habilement gardée, les nuances de caractère, ménagées avec un art infini, et si Dorante et Sylvia s'éprennent d'amour l'un pour l'autre, c'est qu'ils sont vaincus par un charme secret dont ils ne peuvent se défendre.

Sylvia cependant dissimule ; elle est humiliée de se sentir de l'inclination pour Dorante, qui n'est à ses yeux qu'un valet, et dans ses emportements avec son père, on voit tout à la fois la dignité blessée et un cœur qui n'est plus libre. Lisette est comme sa maîtresse, dupe du stratagème, et s'inquiète aussi, mais à sa manière, de l'effet de ses charmes sur Arlequin qu'elle prend pour Dorante. « Jusqu'ici, elle les a laissés faire tout seuls, elle a ménagé sa tête ; mais si elle s'en mêle, elle la renverse ; il n'y aura plus de remède. »

Ainsi se déroule naturellement pour les maîtres et pour les valets cette double situation jusqu'à ce que la passion amène sans inconvenance sur les lèvres de Sylvia l'aveu désiré.

Avec Marivaux, on est toujours en présence de deux intrigues, mais si étroitement liées ensemble que l'unité d'intérêt et d'action, loin d'en souffrir, y gagne en vivacité et en gaieté. C'est le sort du maître qui règle celui du valet. Le premier n'éprouve rien, que le second ne le ressente et ne l'exprime dans les termes commandés par son rôle. Si Lélio soupire et jure de ne plus aimer, Arlequin pleure à fendre l'âme et résiste comme il sait et comme il peut aux câlineries de Colombine. Si un nuage vient à traverser le ciel des amours du maître, aussitôt celui du valet s'assombrit ; on se désole ou l'on se brouille, et alors les quolibets les plus comiques remplacent les plus chauds serments de tendresse. Il n'est pas jusqu'à la différence des conditions qui ne soit respectée par eux. Lisette, dans *le Préjugé vaincu*, épouserait volontiers Lépine ; mais son rang le lui défend : « Tout ce qui est comme vous n'est pas mon pareil, m'a dit ma maîtresse? » Voilà indiqué, dès les premiers mots, le sujet de cette spirituelle comédie où l'amour doit l'emporter sur les titres de noblesse.

Assurément, il y a bien du romanesque dans toutes ces aventures d'une vérité relative, et si les choses se passaient ainsi dans le monde de Marivaux, il faut convenir qu'on était bien loin du naturel et du simple ; mais peut-on refuser d'y voir une intention morale incessante et continue, qui échappe peut-être à une lecture superficielle, mais qu'une mise en scène habile et des acteurs intelligents faisaient saisir admirablement !

C'est en montrant toujours les maîtres bienveillants et les serviteurs, comme des conseillers officieux et des confidents, que l'auteur prépare à sa manière, l'avénement de ces idées d'égalité qui devaient sembler alors un peu prématurées, et qui sont devenues depuis la loi de nos sociétés modernes.

Sans esprit de dénigrement contre la supériorité de la fortune et du rang, il ne cache pas ses préférences pour le mérite « qui vaut bien la naissance. » Et quand Plutus dit en parlant d'Apollon : « Lui, un homme de mérite ! il n'a pas le sou, » l'ironie n'échappe à personne, et c'est aux dépens de la fortune qu'il nous fait rire.

Mais la forme légère et enjouée de ces comédies nous a peut-être dérobé ce qu'il y a dans le fond de sérieux et de solide. Il y aurait pourtant beaucoup à pardonner à un auteur qui met si agréablement en lumière les préjugés de son temps, et qui se sert précisément pour les combattre des moyens qu'il rencontre autour de lui.

Si l'amour est le ressort principal de tout son

théâtre, c'est que l'amour était le mobile à peu près unique de la société qu'il fréquentait et qu'il a voulu peindre; c'est que tout se passe dans le cœur, » comme il l'a dit lui-même, ajoutant aussitôt : « Mais ce cœur a bien des sortes de sentiments, et le portrait de l'un ne fait pas le portrait de l'autre. »

De là, sous mille formes différentes, ces tableaux épars qui se réunissent tous en un seul, aussi variable et changeant que la scène choisie par l'auteur; de là aussi ces détours et ces *sentiers* qu'il est obligé de prendre pour y arriver. Mais pour être plus longue que la *grande route*, cette voie en est-elle moins naturelle ? Et quand il suit avec tant de bonheur et de sagacité la gradation des sentiments d'Araminte, dans *les Fausses Confidences*, peut-on dire qu'il s'éloigne de la vérité ? N'est-il pas le peintre fidèle de ce qui se passe dans un cœur qui s'ouvre à l'amour, ce sentiment qui se développe sourdement, grandit et s'affirme enfin, lorsqu'il est trop tard pour le repousser ? Il y a là une ressemblance avec la vie qu'on a trop méconnue et qui se retrouve pourtant dans presque toutes les comédies de Marivaux.

Si maintenant, dans son théâtre, tout se réduit

à des proportions ordinaires, c'est qu'autour de lui, il n'y avait rien de grand, rien qui sortît des bornes de la vie commune. Son œuvre est le reflet des mœurs et des caractères de son temps. Nous n'y trouverons pas de ces natures vigoureusement trempées, opiniâtres, incorrigibles et destinées à faire rire à leurs dépens ; mais elle nous présente encore des âmes honnêtes, sensées, généreuses qui se rendent à la raison, toutes les fois que la raison sait prendre le langage du cœur. Ses personnages ne sont pas emportés par une passion violente, aveugle, qui les maîtrise et qui les domine ; mais ils sont animés de sentiments plus vrais, plus humains, plus conformes à notre commune petitesse.

Enfin Marivaux n'a pas créé des types, parce qu'il vivait dans un monde où les types étaient rares ; il n'a pas mis sa gloire à composer un caractère unique de tous les défauts qu'on ne trouverait que difficilement dans plusieurs en cherchant bien et en les exagérant un peu ; mais il a pris la société comme il l'a vue et pour ce qu'elle valait, et en essayant de lui plaire, il a tâché de la corriger.

Voilà la pensée morale qui se dégage de tout son

théâtre. Tantôt elle se trahit par un mot heureux qui nous découvre toute la bonté de l'auteur : « Va, dans ce monde, il faut être un peu trop bon pour l'être assez » *(Jeux de l'Amour et du Hasard)*; ou bien il nous dira, en parlant de la vérité, dans *la Réunion des Amours* : « Le plus grand des mortels, c'est le prince qui l'aime et qui la cherche. Je mets presque à côté de lui le sujet vertueux qui ose la lui dire. » Paroles admirables que Fénelon lui eût enviées.

Tantôt cette pensée s'affirme avec une vigueur qu'on ne s'attend pas à rencontrer dans une œuvre qui ne semble écrite que pour le plaisir du public. *La Mère Confidente* est de cet ordre-là. Angélique, trop crédule et mal conseillée par Lisette, est sur le point de succomber à son amour pour Dorante, jeune étourdi qui n'écoute que sa passion, dût-elle déshonorer celle qu'il aime. Mais Madame Argante, qui s'est dès le début, constituée l'amie et la confidente de sa fille, est par elle instruite de tout et suit les progrès de cette passion naissante avec une intelligence maternelle ; et ce n'est qu'au moment où Angélique vaincue, ne peut plus se défendre contre elle-même, que cette bonne mère fait entendre enfin aux deux amants le langage sévère de la raison. C'est alors qu'elle trouve dans son cœur des expressions de la plus vive éloquence pour confondre les projets coupables de Dorante, qui croit, dans sa bonne foi d'amoureux, qu'un mariage remet tout à sa place. « Les passions, s'écrie Madame Argante indignée, seraient bien à l'aise, si leur emportement rendait tout légitime ! »

Comme le style s'élève, comme il devient facilement simple, nerveux, pressant, quand l'auteur *abandonne son esprit à son geste naturel*, quand il renonce à cette psychologie impitoyable d'un observateur mondain et trop raffiné !

La Mère Confidente pourrait se placer à côté des plus morales et des plus charmantes conceptions de Marivaux. C'est le triomphe d'une libre et sage éducation ; c'est la contre-partie de l'Ecole des Mères, pièce bien inférieure à l'autre pour le naturel et le sentiment. Elle s'adresse aux mères qui ne cherchent, dans l'établissement de leurs filles qu'un intérêt d'argent, sans tenir compte de l'âge ni de l'inclination. Mais les remontrances de la mère ont trop d'aigreur et trop d'irritation pour être profitables.

Il semble que ces deux comédies eussent gagné

à être réunies en une seule, comme l'a fait Molière pour l'*Ecole des Femmes*, que Marivaux a prise pour modèle. On aurait eu ainsi l'exemple à côté de la leçon et l'effet cherché eût été plus immédiat et plus sûr. Mais on sait que notre auteur ne se piquait pas de travailler sur un plan conçu à l'avance. Ce qui lui est propre et essentiel, c'est d'observer à sa manière et de peindre au jour le jour les travers qui le frappent ; c'est de saisir au passage le monde d'alentour, et de l'introduire tout vif dans ses pièces, en le faisant converser avec tout son esprit et sa gaieté.

Je ne voudrais pas même affirmer qu'en se mettant à écrire, Marivaux se fût avoué à lui-même l'intention bien arrêtée d'amender son public. Il est comme un arbre qui produit naturellement des fruits plus ou moins savoureux, selon que le soleil les vivifie de ses rayons. C'est son âme qui passe dans ses comédies et qui s'y réfléchit spontanément tout entière, avec la fraîcheur et la vivacité des impressions du premier moment, et l'idée morale s'en dégage presque à son insu, grâce aux instincts honnêtes et droits dont elle ne se sépare jamais.

Avec une existence moins précaire et moins tourmentée, Marivaux aurait peut-être mis dans ses œuvres plus de suite et plus d'unité. Cette rare puissance d'analyse dont il était armé, appliquée aux mêmes sujets, mais mûris à loisir et creusés par la réflexion, lui eût permis de donner plus de force et plus de pureté à ses écrits, en arrêtant sa pensée, au moment où elle se raffine et se gâte par de trop longs développements. Mais les embarras d'argent ne lui laissaient aucun repos, et il les augmentait encore par une générosité aveugle, qui lui faisait bien souvent donner d'une main ce qu'il recevait de l'autre.

Tout pauvre qu'il était, il payait bien des dettes qui n'étaient pas les siennes. Insouciant du lendemain comme La Fontaine, dont il avait la candeur, avec une âme plus large, plus ferme, plus ouverte, il souffrait de cette détresse dans sa fierté, et s'il acceptait parfois les secours de ses amis, il entendait bien garder avec eux son indépendance et son franc-parler.

C'est ce qui lui arriva un jour avec Helvétius, qui le pensionnait comme confrère. Vivement apostrophé par Marivaux, à propos de religion, cet homme d'esprit fut assez maître de lui pour laisser passer cette boutade sans la relever. Mais à quelques jours de là, il disait à ses amis qui lui en parlaient : « Comme je lui aurais répondu, s'il n'était pas mon obligé ! » Mot spirituel et charmant qui révèle bien de la délicatesse de sentiments.

Devons-nous en conclure que Marivaux ne gardait pas la mémoire des services qu'il avait reçus ? Ce serait mal connaître cette franche et excellente nature. Mais il pensait sans doute que « l'âme est d'une condition trop haute pour rien devoir à une autre âme, et que le titre de bienfaiteur ne sied bien qu'à Dieu seul.«Nous avons tous besoin les uns des autres, dit-il encore dans *la Vie de Marianne*; nous naissons dans cette dépendance, et nous ne changerons rien à cela. »

Ne sait-on pas que pour lui l'ingratitude est le pire des vices du cœur ? Les plaintes d'un père sur l'ingratitude de son fils, dans *le Spectateur français*, suffiraient pour nous convaincre de sa sincérité, si nous ne trouvions dans une lettre à l'un de ses amis, ces admirables paroles sur les ingrats : « Il y a des ingrats de qui vous ne tirez rien ; mais en revanche, il y a de belles âmes qui vous payent pour eux, et qui regardent comme un service tout rendu la seule envie que vous auriez de leur en rendre. Ainsi, vous ne perdrez rien :

les ingrats sont punis, parce qu'ils vous perdent, pendant qu'il vous reste sur eux l'avantage de les connaître et de les laisser honteux du tort qu'ils ont avec vous ; car, ils ont beau faire, mon ami, leur conscience ne saurait être ingrate ; tout s'y retrouve. Elle a des replis où les reproches que nous méritons se conservent, où nos devoirs se plaignent de n'avoir pas été satisfaits. Oui, mon ami, des replis où se sauve la dignité de notre être, et où elle se venge contre nous de lui avoir manqué. »

Ces mâles pensées, si fièrement, si noblement exprimées, ne se trouvent pas sous la plume d'un homme qui sent mollement le prix d'un bienfait. *Ces belles âmes qui vous payent pour les ingrats, qui regardent comme un service tout rendu la seule envie que vous auriez de leur en rendre,* Marivaux les avait rencontrées autour de lui ; il vivait avec elles, et n'était-il pas de ceux dont la pauvreté arrêtait trop souvent un mouvement généreux ? Il en était mortifié dans la bonté de son cœur, et qui sait si plus d'une fois il n'accepta pas un service seulement pour être en état d'en rendre un autre ?

Ses amis, qui le connaissaient discret à recevoir

autant qu'il l'était peu à donner, s'occupaient de lui avec une véritable sollicitude. Un jour qu'il était malade, Fontenelle, qui l'aimait beaucoup, lui envoya cent louis. « Permettez, lui écrivit Marivaux, que je vous les rende de suite, et croyez-moi votre obligé. »

Et cependant, il était bien pauvre ; mais, d'une âme délicate et fière, il se gardait de son mieux, de tout ce qu'il considérait comme une humiliation. Il évitait avec soin tout abaissement inutile, et se résignait, quand il le fallait, à une dépendance nécessaire, à laquelle il n'échappait que par un travail presque surhumain, malgré un goût très vif pour une vie de loisirs et de repos.

Ce n'était pas sans se faire violence, qu'il s'imposait ce labeur incessant dont souffrait sa nature insouciante et paresseuse, et nous savons, par une lettre de lui, datée de 1740, combien il regrettait amèrement que des amis imprudents l'eussent fait sortir de son insouciance pour l'occuper de grossir son patrimoine dans une spéculation qui l'a dévoré tout entier ! « Ah ! sainte paresse, s'écrie-t-il, salutaire indolence, que n'êtes-vous restées mes gouvernantes ! »

On s'attriste pour lui de cette pauvreté que ses

goûts de luxe et ses habitudes de bien-être lui faisaient paraître si lourde. Cependant, n'est-ce pas à cette vie précaire et inquiète que nous devons tant de jolies créations? Plus tranquille sur l'avenir, plus assuré du lendemain, Marivaux se serait peut-être contenté d'être un aimable causeur, *un homme à bons mots*, fort recherché pour son esprit, la douceur de son caractère et l'innocence de ses intentions. Mais il fallait travailler pour subvenir à des besoins qui ne pouvaient attendre, et même au superflu, qui lui était devenu chose nécessaire.

Qui, dans le public, soupçonnait alors qu'il était loin d'être aussi heureux et aussi paisible que ses héros? Croyait-on que la gêne pût habiter la demeure où se composaient tant d'écrits si aimables et si gais, qui feraient aujourd'hui la fortune de l'auteur comme ils firent alors celle des libraires?

La Comédie italienne vint à propos offrir un débouché avantageux à son heureuse facilité. On sait que la troupe de ce théâtre, bannie par l'ordre de Louis XIV, en 1697, pour quelques allusions trop libres, dit-on, à l'adresse de Madame de Maintenon, fut rappelée, dès 1716, par le Régent. Mais le public, bientôt dégoûté de ces canevas informes dans une langue qu'il ne comprenait pas, commençait à se retirer, lorsqu'il y fut ramené en 1718 par une pièce française, *le Port à l'Anglais*, dont le succès encouragea les acteurs et l'auteur. Mais qui se souvient aujourd'hui d'Autreau, pas plus que de Legrand, Noisy, Delisle, Boissy, d'Allainval, et même de Saint-Foix qui ne réussirent que grâce à la nouveauté de leur répertoire?

Avec Marivaux, la Comédie italienne se corrige, se moralise, se rajeunit. Elle sort de la voie commune, de ces farces grossières, et souvent même indécentes, pour prendre une allure plus régulière, plus variée et plus honnête. Ici, tout s'anime, tout se meut, tout vit de sa vie propre, et tout participe à la vie générale. L'auteur a compris que cette vie n'est que l'éternelle jeunesse d'un monde qui se renouvelle sans vieillir. Ses personnages de femmes étudiés avec tant d'amour, dans leurs sentiments les plus secrets et les plus délicats, dans leurs mouvements les plus capricieux et les plus cachés, ne sont pas ceux de son année et de son endroit; mais bien ceux de son temps et de son pays. C'est dans cette région morale, déjà tant explorée, qu'on lui doit de nouvelles découvertes; qu'il a fait, comme on l'a dit, quelques pas de plus dans le gracieux labyrinthe de la vanité féminine.

Cette vue pénétrante du vrai, même convenu, est un des caractères les plus frappants du talent de Marivaux. L'écrivain laisse le terre à terre pour s'élever au-dessus du petit coin qu'il habite, et son imagination s'ouvre à toutes les impressions qu'elle reçoit; elle les retient, pour les faire siennes, et pour les reproduire sous une autre forme qu'on ne saurait oublier.

Ici, la morgue des gens de fortune et de naissance; là, le fat, « avec sa petite âme qui n'a qu'une fonction, celle de promener son corps comme la merveille de nos jours; » l'important, « qui ne décide que par monosyllabes : tout son esprit est dans sa perruque; » le bavard, « qui ne dit rien et qui parle toujours; » la coquette, « qui trouve que la sincérité est une triste qualité quand on a le goût faux. »

Toute cette galerie changeante, fugitive et presque insaisissable que lui offrait la société mondaine des salons, Marivaux a su la peindre avec des couleurs vraies, des allures vives et piquantes que La Bruyère lui-même n'aurait pas désavouées. C'est que des impressions successives et multiples, en avaient fixé dans son âme les traits les plus délicats ; c'est que de ces impressions partielles, il avait formé une impression générale qu'il portait en lui, et qui lui était toujours présente. Or, cette faculté de généralisation est le don le plus précieux de l'écrivain moraliste, et le partage seulement des esprits bien trempés.

Mais ce qui me ravit encore dans le talent de Marivaux, c'est cette fécondité inépuisable d'invention et l'infinie variété des incidents, enfants d'un génie qui semble se rajeunir et se fortifier par où d'autres se fatiguent et s'épuisent ; c'est la verve et le feu de ces scènes rapides où l'invraisemblance même disparaît dans la vivacité d'un dialogue presque inimitable ; c'est enfin la progression ingénieuse et soutenue, dans le développement des sentiments, dans la poursuite infatigable de tous les ressorts secrets de l'amour-propre dans l'amour, surpris et saisis avec une étonnante sagacité. Genre brillant et léger, genre qui séduit par ses défauts mêmes, et qui se rachète et se défend de ses imperfections et de ses caprices par l'esprit, la grâce et le bon sens, qualités qui feront toujours le charme et la jeunesse de Marivaux.

A tant d'aimables et spirituelles nouveautés, il

fallait des interprètes dignes du talent de l'auteur, et malheureusement parmi les acteurs de la troupe italienne, deux seulement parlaient un peu le français : Madame Riccoboni (Flaminia) femme de beaucoup d'esprit, dont nous retrouverons plus tard le nom, et madame Baletti (Sylvia) qui devint une admirable actrice, grâce aux conseils assidus de Marivaux.

C'est dans la répétition de ses pièces qu'il se prodigue, qu'il se surpasse, pour faire saisir toutes ces nuances si fines, si délicates qui, mal comprises, perdraient tout leur charme et tout leur prix. Quelquefois cependant, pour essayer les dispositions du public et aussi pour déjouer les cabales, l'auteur ne voulait pas se faire connaître avant un succès. C'est ce qu'il fit pour la *Première surprise de l'amour*.

On raconte que Sylvia, fort embarrassée de son rôle, désirait vivement être éclairée sur certaines scènes par l'auteur lui-même, et regrettait qu'il voulût rester inconnu. Instruit de ces plaintes, Marivaux se présente chez elle, sans se nommer, avec un ami commun, prend comme par hasard sa comédie qui se trouvait sur une table près de lui, et la lit, comme il savait lire ses œuvres, avec un art consommé. Dès lors, plus de doute pour l'actrice, qui s'écrie émerveillée : « Monsieur, vous êtes le diable ou l'auteur ! » Marivaux se contenta de répondre en souriant, qu'il n'était pas le diable. On s'entendit, et notre auteur dut une partie de ses succès à ce précieux auxiliaire, qui ne fut jamais autre chose pour lui qu'une amie dévouée, particularité assez rare, toute à l'avantage du théâtre et à la louange de Marivaux.

Sûr désormais d'être compris et secondé, il réserva, dans presque toutes ses comédies, un rôle approprié au talent de cette aimable artiste, qui devint bientôt les délices et l'amour de la société parisienne. Mélange de naïveté, de finesse et de grâces, elle était née pour interpréter ces rôles de femmes, si distingués, si coquets, qui demandent moins une grande sensibilité de cœur que beaucoup d'esprit, je dirais volontiers tout l'esprit de l'écrivain lui-même.

Sylvia fit donc, pendant de longues années, la fortune du théâtre de Marivaux, et Mademoiselle Lecouvreur, douée cependant d'un talent bien plus mâle, plus naturel et plus vrai, y échoua complétement.

Plus tard, il retrouva une autre Sylvia dans une

grande artiste, Mademoiselle Mars, qui semblait faite, dit M. de Sainte-Beuve, pour jouer du Marivaux, avec cette ingénuité habile, avec cet art du naturel, avec cet organe charmant, enchanteur, et cette voix sonore à travers laquelle se dessinaient les moindres intentions comme les perles dans une eau limpide. »

Quand on suit Marivaux, année par année, depuis ses débuts au théâtre jusqu'en 1740, époque où il cessa d'écrire pour la Comédie italienne, on reste frappé de sa prodigieuse fécondité. Ce n'est pas une pièce, mais souvent deux, et même trois, qu'il donne dans une année, soit au Français, où il n'éprouve guère que des échecs, préparés la plupart du temps par Voltaire; soit aux Italiens qui l'en consolent par des succès soutenus. Combien d'œuvres exquises de finesse et de grâce sont dues à ces vingt laborieuses années, et surtout, de 1730 à 1740, période où il paraît être dans toute la sève et la maturité de son talent! De cette époque, en effet, datent les *Jeux de l'Amour et du Hasard*, *les Serments indiscrets*, *l'Heureux stratagème*, *le Legs*, *les Fausses Confidences*, et beaucoup d'autres créations qui semblent jaillir d'un esprit en pleine possession de tous ses avantages.

Cependant Marivaux, avait près de cinquante ans, et il était pauvre, lorsqu'il mettait tant d'entrain et de gaieté dans ces comédies dont le charme n'a presque pas vieilli. Tout y respire la paix, le bonheur, la sécurité du lendemain. On n'y trouve rien qui trahisse les soucis dont il était dévoré.

Si, dans sa vie, il a pu jeter sur la société un regard amer et triste, c'est au moment où il était heureux et jeune ; c'est en 1722, dans quelques feuilles du *Spectateur français*, publication qui n'a de celle de l'auteur anglais Addison, que le titre et la forme. Elle suffirait à elle seule pour assurer à Marivaux un rang très distingué parmi nos écrivains moralistes. Il y a là des lettres qui sont une protestation énergique contre l'organisation vicieuse d'une société emportée par le plaisir, et qui se mourait de priviléges. Empreintes d'un caractère élevé, elles portent avec elles une vive et sincère émotion. On sent que l'auteur s'inspire moins de son esprit que de son cœur, et nous avons déjà vu combien il est touchant, lorsqu'il entre dans la voie du sentiment.

Que de douleur indignée dans cette lettre d'un père sur l'ingratitude de son fils ! N'est-ce pas un des cris les plus éloquents que l'amour paternel trompé dans sa tendresse, ait jamais arraché au cœur de l'homme ? A-t-on jamais trouvé des expressions plus naturelles et plus vraies pour peindre le vide affreux que font autour de nous des enfants ingrats ? « Il n'y a donc plus rien qui tienne à moi dans la nature ; tout s'y est donc séparé de moi ; je n'y vois plus qu'un désert ! J'y suis seul, ignoré de tout l'univers, de mon fils, que je regrette, que j'appelle à mon secours et qui m'ignore comme le reste des hommes ! »

Ces plaintes amères, qui s'échappent comme un sanglot d'un cœur blessé dans ses plus chères affections, en nous offrant une double leçon, nous remuent profondément.

La première réflexion morale que suggère l'histoire de ce père infortuné, pourrait se traduire ainsi : Restez le maître de votre bien ; *ne vous déshabillez pas avant de vous coucher.* Insensé est celui qui compte sur la reconnaissance de ses enfants. Les animaux sont en cela plus sages que nous ; ils s'acquittent envers leurs petits de tous les devoirs indiqués par la nature, et les abandonnent ensuite à la destinée commune de leurs semblables.

La seconde est une critique sévère de cet injuste coutume, pratiquée autrefois dans toutes les conditions, de sacrifier l'avenir de sa famille à celui du fils aîné, dans la pensée qu'il deviendra le protecteur et le soutien de ses frères. Voilà un homme, père de six enfants, qui se dépouille et qui les dépouille, pour créer à son fils une position honorable, sans réfléchir qu'il livre, lui et les siens, à la merci d'un jeune étourdi, dont le premier soin sera de s'affranchir du devoir importun de la reconnaissance.

Ne semble-t-il pas que dans ces douloureux mécomptes d'une tendresse aveugle, la justice se venge, par l'ingratitude du fils, d'avoir été méconnue par le père? Marivaux sentait vivement tout ce qu'il y a de révoltant dans cette coutume, et c'est dans les conséquences qui en sont comme le châtiment, qu'il veut nous les faire sentir à notre tour.

Mais on ne saurait parler du *Spectateur français*, sans rappeler cette admirable lettre sur une jeune fille, qui n'a que le choix entre la douleur de voir mourir sa mère de misère et le déshonneur.

Un soir, en rentrant chez lui, Marivaux rencontre une jeune fille tout éplorée qu'il interroge sur la cause de son chagrin. L'histoire en est lamentable et les détails déchirants. « Les secours d'un riche bourgeois, dit-elle, sauveraient la vie à ma mère et déshonoreraient éternellement la mienne. » Cruelle alternative où même la vie si précieuse d'une mère doit le céder aux exigences de l'honneur. Elle rentrera dans sa demeure désolée, mais elle y rentrera pure, apportant à sa mère cette suprême consolation. « Je lui ai donné tout ce que j'ai pu, ajoute Marivaux, et je me suis retiré presque aussi affligé qu'elle. » Son excellent cœur se montre bien là tout entier. C'est bien l'homme qui ne se laissait rien, et qui n'acceptait un service que pour secourir de plus malheureux que lui.

Quelle véhémence dans les accents que l'auteur a su tirer de cette triste et malheureusement trop commune situation ! Il s'avoue faible et même vicieux, mais ce n'est pas lui « qui pourrait vouloir d'un plaisir qui ferait la douleur d'un autre. » Et interprétant la pensée de ce bourgeois voluptueux : « Malheur à toi que la faim dévore ! Ton honneur m'échapperait, si j'étais généreux. Je l'attends de ton désespoir que ma dureté va pousser à bout. Veux-tu du pain ? deviens infâme, et je t'en accorde. »

Ici, Marivaux se montre tout à fait le digne

précurseur de Rousseau, avec le ton un peu déclamatoire de ses pages les plus éloquentes ; mais il a, sur le philosophe de Genève, l'avantage d'avoir mis toujours ses principes d'accord avec ses écrits, ce qui nous semble assez important pour l'autorité d'un moraliste.

Cependant ces sombres peintures sont bientôt suivies d'autres tableaux plus piquants et plus gais. La souplesse de son génie lui rendait tous les genres familiers, depuis le plus austère et le plus grave, jusqu'au ton enjoué et mordant de l'ironie. Qui ne se souvient de cette lettre spirituelle où il se raille si agréablement d'un homme qui n'a d'estime que pour les gros volumes, les in-folio ? Le libraire lui présente d'abord une feuille du *Spectateur Français* ; quelle plaisanterie ! on se moque de lui. Que peut renfermer de bon sens et de sagesse une feuille si mince, échappée sans doute à la vanité d'un jeune folliculaire ? Un traité de morale, pour être bon, doit être ennuyeux. « A notre âge, lui dit Marivaux, il est beau de soutenir l'ennui que peut donner une matière naturellement froide, sérieuse, sans art, et scrupuleusement conservée dans son caractère. Si l'on avait du plaisir à la lire, cela gâterait

6.

tout. Voilà une plaisante morale qui instruit agréablement ! Tout le monde peut s'instruire à ce prix-là. »

Courier, dans le Pamphlet des pamphlets, s'est souvenu de ce passage, et ce n'est ni le moins spirituel ni le moins piquant.

Mais quel est le travers, quel est le vice de son temps que Marivaux n'ait pas attaqué dans son théâtre et dans ses romans, et flétri dans ces âpres et fines esquisses, tombées de sa plume facile ? La perfidie ou la lâcheté des amis, l'insolence des riches, la tyrannie et l'hypocrisie des protecteurs, les tourments de l'avarice et de l'ambition, la fatuité de l'ignorant... rien ne trouve grâce devant cette âme honnête et courageuse. Et souvent, c'est dans ses moindres œuvres, dans ces comédies, qu'on ne joue plus et qu'on ne lit plus, que se rencontrent en foule ces portraits d'une étonnante vérité.

Il est surprenant qu'on ait fermé les yeux sur ces parties sérieuses et élevées du talent de Marivaux, pour ne voir en lui qu'un auteur amusant, ou tout au plus, « un moraliste de société. » Il nous a laissé tant de pages solides et même éloquentes, qu'une lecture réfléchie et sincère de ses écrits désarmera toujours la critique la plus obstinée. Mais trop enclins, par la mollesse de notre attention ou plutôt, par notre paresse, à recevoir d'abord les jugements tout faits, nous nous en allons, les répétant, sur la foi d'un écrivain prévenu ou mal instruit, et nous contribuons ainsi à fausser la réputation d'un auteur fort estimable, sans que la victime puisse jamais s'en relever. Mais un jour vient où notre conscience inquiète veut quelque chose de plus. Peu satisfaite des interprétations systématiques ou légères dont nous nous sommes nourris jusque-là, elle en appelle de notre bonne foi surprise à une étude plus attentive de l'auteur lui-même, et alors nous ouvrons le livre avec la résolution de le juger sans parti pris, sans nous laisser non plus dominer par l'éclat d'un grand nom, et s'il arrive que notre critique s'égare, si nous passons d'un dédain mal fondé à une admiration exagérée, nous pouvons au moins nous rendre ce témoignage que nous avons été sincères et voulu être justes.

II

L'amour, qui tient tant de place dans le théâtre de Marivaux, est loin, on le voit, de le remplir tout entier. Que nous considérions la morale comme la science des caractères ou comme l'expression des devoirs ; que le moraliste soit pour nous un simple observateur des passions humaines ou le défenseur persévérant des grands principes de la société, on reconnaîtra qu'il était difficile dans ce genre léger, de porter plus haut que Marivaux la sagacité qui devine, et parfois l'éloquence qui touche. Et cependant, nous n'avons là encore, pour ainsi parler, que la monnaie de cette disposition qui, chez lui, est avec l'esprit, l'âme et la vie de son talent. C'est dans ses romans qu'elle s'affirme avec éclat ; qu'elle prend véritablement un corps, et qu'elle se développe avec les nuances infinies que renferme le cœur de l'homme dans toutes les conditions sociales.

Dans ses comédies, il n'avait qu'un moment pour nous montrer ses personnages, pour les faire agir et se révéler. L'illusion de la scène réclamait ses droits, droits impérieux, auxquels le génie lui-même n'échappe bien souvent qu'aux dépens de la vraisemblance.

Pour intéresser au théâtre, en effet, et même pour laisser dans l'imagination la vive impression d'un caractère, l'auteur comique est inévitablement conduit à forcer un peu la nature, à faire violence à la vérité, non seulement en resserrant et en précipitant l'action, mais en donnant à ses personnages plus de relief, et à leurs actes, plus d'emportement ou plus de résolution que ne le comporte le train ordinaire de la vie. Le romancier au contraire, uniquement appliqué à serrer de près la vérité, a devant lui des années pour étudier ses modèles, pour nous les faire connaître et pour nous les faire aimer.

Aussi, avec quel soin, avec quelle abondance de détails notre auteur sait profiter de ces avantages ! Comme il est à l'aise dans ces longs récits, au milieu de ces innombrables incidents qui semblent n'avoir rien coûté à son imagination, tant ils se rattachent étroitement à l'action dont ils augmentent l'intérêt, en retardant le dénouement. Là plus rien ne l'arrête; sa plume court et s'égare librement comme sa pensée, pour peindre avec des couleurs vraies des caractères qui ne ressemblent pas seulement à tel ou tel individu, mais à l'homme en général; et surtout, à l'homme de son temps et de son pays.

C'est à cette conformité parfaite entre l'auteur, son siècle, ses personnages et ses lecteurs qu'il faut attribuer en partie le grand succès de *la Vie de Marianne* et du *Paysan parvenu*, comme de tous les romans qui ont marqué leur date et laissé leur trace dans l'esprit des contemporains. Et s'ils sont tombés peu à peu dans l'oubli, on peut dire que c'est par les motifs mêmes qui firent autrefois leur fortune et leur principal attrait. Oui, c'est pour avoir été l'écho trop fidèle, la représentation trop intime d'une société disparue, que ces œuvres n'ont plus guère pour nous qu'un intérêt historique et littéraire.

Cependant, il est juste de remarquer que les romans de Marivaux n'ont pas été frappés du même discrédit ni de la même indifférence. Bien qu'ils aient plus vieilli que son théâtre, et qu'il y ait quelques traits de caractère qui ne sont plus dans nos mœurs, ils excitent encore aujourd'hui une vive curiosité. C'est peut-être qu'ils répondent à de secrètes dispositions qui sont de tous les temps. On aimera toujours à suivre dans la vie deux jeunes gens, partis de la condition la plus humble, et qui parviennent honnêtement, après les plus rudes épreuves, à la considération et à la fortune. Cette vue tout à fait nouvelle il y a cent cinquante ans, dut plaire au public par sa nouveauté même, comme elle plaît encore aujourd'hui qu'elle a passé dans les faits.

Après l'œuvre de Le Sage, où nous voyons un jeune homme intelligent et instruit, mais peu scrupuleux sur les moyens, et qui n'arrive à rien, Marivaux, en reprenant le même sujet, peut-être avec une intention critique, prouvait que, placé dans les mêmes conditions de médiocrité et de dénuement, un jeune homme, même ignorant, peut arriver à tout, pourvu que la probité et un certain souci de sa propre estime règlent sa conduite.

Cette leçon de haute morale sociale valait bien celle qui se dégage du roman de Gil-Blas, personnage toujours flottant entre le rôle d'honnête homme et celui de fripon. Il est certain qu'en écrivant le *Paysan parvenu,* Marivaux s'est souvenu des critiques assez vives que Le Sage lui adresse indirectement dans la conversation supposée entre Nunez et Gil-Blas, au VIIe livre de ce roman.

L'auteur de *Turcaret,* comme écrivain, est supérieur sans doute, à celui des *Fausses Confidences;* mais, après avoir fait rire plusieurs générations aux dépens de tout ce qui est honnête, le roman de Gil-Blas est-il autre chose qu'une école d'immoralité à l'usage des consciences faciles ? Le héros du *Paysan parvenu* au contraire, a des principes de probité arrêtés, et, tout en restant le paysan avisé, soucieux de ses intérêts, et très habile à profiter de toutes les occasions qui peuvent les servir, on ne voit pas qu'il s'éloigne jamais de la plus rigoureuse honnêteté ! Nous sommes surpris que cette disposition morale ait échappé aux contemporains de Marivaux, plus attentifs, il est vrai, à ses défauts qu'à ses grandes et sérieuses qualités comme peintre du cœur humain et comme écrivain.

Ce qui frappe d'abord, à la lecture de *Marianne* et *du Paysan parvenu*, c'est un air de famille qui trahit leur commune origine. Avec des différences apparentes, le sujet, en effet, est toujours le même ; le modèle change de physionomie et d'attitude en gardant, sous des surfaces mobiles, un caractère qui ne change pas ou qui change peu. Mais avec quelle richesse d'invention l'auteur crée tous ces tableaux épars, ressemblants, sans être jamais monotones, qui se réunissent en un seul, pour nous offrir la scène infiniment variée du monde au dix-huitième siècle, de ce monde qui posa une fois devant Marivaux, et qui disparut avec lui ! Sous cette plume si ingénieuse, si fine, si délicate, l'esprit pétille, déborde et jette mille étincelles ; c'est un Protée qui devient tour à tour et sans efforts, imagination, raison ou passion, autre trait de ressemblance et de sympathie avec une société spirituelle et raisonneuse bien plus que passionnée.

C'est peut-être la première fois que l'esprit ait fait vivre autant que la passion un genre d'écrits qui ne se soutient ordinairement que par elle. C'est que dans les romans de Marivaux l'esprit n'est pas seul : il s'y trouve une part de vérité qui est de tous les temps et de tous les pays ; c'est que les peintures, les réflexions, les anecdotes s'y mêlent d'une façon charmante et opportune et s'appellent les unes les autres, en délassant le lecteur, comme les sites accidentés d'une belle campagne reposent agréablement les yeux. C'est que les caractères enfin, étudiés peut-être avec une recherche excessive, appartiennent bien cependant à l'humanité, et présentent comme une galerie de portraits auxquels les années n'ont presque rien enlevé de leur coloris et de leur fraîcheur. Ils sont vivants comme tout ce qui s'écrit sous la dictée du jour et l'inspiration du moment avec mille affinités personnelles entre le narrateur et le récit.

Mais ce qui ajoute encore à l'illusion et contribue assurément beaucoup à l'entretenir dans l'esprit du lecteur, c'est que l'écrivain disparaît complétement de son œuvre pour laisser parler ses personnages. Faire raconter leur histoire par les héros eux-mêmes est une conception heureuse et qui se prête merveilleusement à la ressemblance. *Marianne* et *Jacob* se montrent si réels, qu'il est difficile de n'être pas convaincu que nous lisons le récit de quelqu'un qui a véritablement joué un rôle principal dans les aventures dont il nous entretient.

Une fiction morale ainsi présentée a presque le caractère d'une confession ou, tout au moins celui d'une confidence. Telle est la forme adoptée dans *la Vie de Marianne et le Paysan parvenu,* que nous ne confondrons pas dans le même éloge, bien que ces deux romans procèdent du même point de vue, ainsi que nous l'avons dit plus haut.

Dans l'un, l'observation se revêt d'une expression spirituelle, délicate et touchante ; elle se montre dans l'autre plus vive et plus dramatique, mais avec des situations qui manquent parfois de vérité ; dans *la Vie de Marianne*, il y a beaucoup d'art, malgré les graves défauts de composition qu'on pourrait lui reprocher ; au contraire, dans *le Paysan parvenu*, c'est l'art qui se fait regretter : l'illusion n'y est pas assez ménagée, la peinture des vices et des ridicules y tient trop de place, et l'auteur, avec tout son esprit, ne réussit pas à nous faire prendre le change sur son intention. Voilà quelques-uns des motifs qui placeront toujours le *Paysan parvenu* au-dessous de *la Vie de Marianne*, la grande et belle innovation de Marivaux. Jamais cadre ne fut mieux choisi pour recevoir les confidences d'une femme du monde, parvenue à cet âge où les illusions s'envolent avec les années, où le présent se rajeunit et s'embellit de tous les charmes du souvenir.

Ce n'est pas dans la foule et comme au hasard que l'auteur a pris son héroïne ; il a bien soin, au contraire, et dès le début, de ne pas la présenter comme une enfant ordinaire. Il en fait un idéal de raison prématurée, d'esprit, de distinction et de beauté, et le mystère qui pèse sur sa naissance, en rendant plus vraisemblable tous les avantages qu'il lui prête, augmente encore l'intérêt qu'elle inspire.

Jusqu'à quinze ans, « elle a plus appris ses pertes qu'elle ne les a senties. » Sa vie s'écoule paisible et heureuse chez un bon curé qui l'a recueillie, et dont la sœur l'élève comme si elle était son enfant. Rien encore ne fait pressentir les épreuves que l'avenir lui réserve ; mais la bonne fille, personne pleine d'expérience et de vertu, les pressent pour sa pupille, en qui elle ne voit pas sans inquiétude, se développer tant d'esprit, de grâces et de douceur, « avec un visage qui promettait une belle physionomie. » Aussi voyons-nous cette simple et généreuse femme multiplier autour de l'orpheline tous les soins éclairés que sa prévoyante bonté lui suggérait. Elle est bien loin de rêver pour elle la condition élevée à laquelle sa naissance l'avait peut-être destinée ; ce qu'elle veut faire d'elle, c'est une bonne ménagère et une femme chrétienne, sage précaution dont Marianne recueillera plus tard tous les fruits.

Cette éducation un peu rustique, mais intelligente et fortifiée chaque jour par les graves leçons du pieux curé, nous semble heureusement placée à l'entrée de notre héroïne dans la vie, pour la prémunir contre les dangers qu'elle ne manquera pas d'y rencontrer.

Tous ces détails, qui sont d'ailleurs dans la vérité de la situation, nous aident aussi à connaître le principal personnage de cette histoire, en nous le montrant dans ses traits essentiels : c'est un mélange de franchise, de fierté et de raison, où domine déjà un sentiment de coquetterie, qui ne sent ni la recherche ni l'effort, et tout à fait particulier aux femmes de Marivaux. On pourrait aussi reprocher à Marianne de montrer, à certains moments, un peu d'indifférence et même de dédain pour ses bienfaiteurs, et surtout quand elle parle du respectable vieillard qui l'a élevée et qui l'aime comme sa fille.

Et cependant serait-il juste d'accuser l'auteur d'avoir manqué d'âme, lui qui en a tant mis dans la scène touchante des adieux, dans les paroles si sages, si tendrement paternelles du bon vieux curé qui ne la reverra plus ? Non, mais il aurait pu, dans cette circonstance, en donner un peu plus à son héroïne, sans changer le caractère de cette aimable personne que nous trouverons ailleurs susceptible de la plus tendre reconnaissance.

Ce qu'on peut dire, pour excuser Marivaux, c'est que Marianne est une grande dame, lorsqu'elle fait le récit de ses impressions de jeunesse.

Les années ont bien pu en éteindre la vivacité, et mettre dans son langage un peu de cette indifférence qu'on rapporte de l'habitude du bonheur. On la justifierait de même de toutes ces remarques, ces réflexions, ces fines analyses de sentiment qu'elle mêle à son histoire, et qui nous paraîtraient avec raison refroidir la passion, si nous pouvions supposer qu'elles se sont rencontrées sous la plume d'une ingénue.

Enfin, pour porter sur Marianne un jugement équitable, il ne faut voir en elle que ce que l'auteur lui-même a voulu faire, la plus exacte personnification de la femme du monde, au dix-huitième siècle, avec une raison mûrie par le malheur, et une qualité alors assez rare, le respect de son sexe, qui vient en aide à sa vertu bientôt exposée aux plus redoutables séductions.

On dirait que Marivaux s'est plu à les multiplier autour d'elle, pour lui ménager l'honneur d'y échapper. Elle avait retrouvé une mère dans la respectable sœur du curé ; la mort l'en prive presque subitement à Paris, où elles sont venues ensemble pour recueillir l'héritage d'un parent qui n'a laissé que des dettes, et la pauvre femme n'a que le temps, avant d'expirer, de recommander sa chère pupille à un bon religieux. On lira toujours avec émotion les suprêmes conseils de la mourante, qui voit désormais cette malheureuse enfant, seule au monde, sans autres ressources que sa jeunesse et sa beauté, avantages pleins de dangers dans une ville où tout est à craindre.

C'est ici que commence véritablement pour notre héroïne cette série d'épreuves que l'auteur est si habile à faire naître des circonstances mêmes qui devraient nous rassurer. Mais Marianne est prête pour cette lutte laborieuse où elle va rencontrer tant de piéges tendus à sa vertu, et son caractère, tout en restant ce que nous le connaissons déjà, semblera grandir avec le péril.

Il y a certainement dans la destinée de Marianne, des situations très émouvantes, très dramatiques, et qui font beaucoup d'honneur à l'imagination de Marivaux. Cette auberge mal hantée, où elle reste sans défense et brusquement privée de son unique appui; ses instances si pressantes et si désolées auprès de l'honnête religieux pour sortir de ce repaire, où elle a déjà été volée, où elle craint pour son honneur et même pour sa vie ; les hésitations du Père Saint-Vincent, en se voyant chargé de la pauvre orpheline ; le choix qu'il fait, pour la protéger, de ce M. de Climal, qu'il croit, dans sa candeur, un homme pieux et charitable, et qui n'est qu'un vieux libertin, sous le masque d'un dévot ; son installation chez la Dutour, femme qui songe plus à ses intérêts qu'à la vertu de sa pensionnaire ; sa rencontre à l'église, du noble Valville qui conçoit pour elle une vive passion bientôt partagée, et qui fera le tourment et le charme de sa vie ; enfin, cette scène chez la Dutour, où Valville surprend son oncle aux pieds de Marianne ; le mépris hautain et non justifié de Valville pour celle qu'il a crue digne de son amour ; le désespoir de celle-ci, qui se voit, bien qu'innocente, compromise aux yeux de son amant... que d'événements faits pour troubler et égarer une jeune fille brusquement transplantée d'un village ignoré dans cette grande capitale où « elle n'est attendue nulle part, où personne ne s'apercevra qu'elle lui manque. »

Dans cette suite d'aventures rapides, inattendues, qui naissent si naturellement d'autres aventures, il y a des beautés du premier ordre, des scènes du plus haut comique, si la réputation de la pauvre Marianne n'en devait pas souffrir ; des caractères fermes, soutenus, bien accusés, qui rappellent Molière, sans le faire oublier, mais qui sont tout ce qu'ils pouvaient être dans une société décolorée, amoindrie, où les physionomies manquent de relief, où les ridicules mêmes perdent de leur saillie et de leur carrure. On sent que le temps est passé de

« . . . . ces haines vigoureuses
« Que doit donner le vice aux âmes vertueuses. »

M. de Climal, qui est certainement un personnage bien dessiné et étudié, n'est pas un de ces caractères qu'on puisse opposer au Tartufe, quoi que en ait pensé Marivaux. L'hypocrite de Molière est d'une conception plus profonde, d'un jet plus nerveux et plus large : c'est un scélérat qui ne recule pas devant les plus noires trahisons, pourvu qu'il en paraisse innocent ; qui poursuit, à l'ombre de la dévotion, les plus infernales machinations, et qui n'a dans le cœur, à l'avortement de ses desseins, qu'un seul sentiment, celui de la rage impuissante.

Marivaux, qui a pour lui le temps et l'espace, entre plus lentement dans l'intérieur de son personnage, et encore, n'en montre-t-il qu'un côté. C'est à peine si M. de Climal peut être appelé un faux dévot : il ne l'est que par accident, par le choix que le Père Saint-Vincent a fait de lui pour protéger Marianne ; c'est sa passion pour elle qui l'égare, qui l'entraîne dans l'oubli de tous ses devoirs, à l'âge où la passion nous rend encore plus ridicules que coupables. Mais qui de nous oserait lui jeter la première pierre ? Retirons cette circonstance de sa vie ; qu'il n'ait pas été chargé de ce rôle dangereux auprès de la belle orpheline, et il restera ce qu'il est réellement, un homme faible, en qui le vice n'a pas plus de racines que la vertu, capable de repentir et de retour, un de ces dévots enfin pour qui Voltaire semble avoir fait ces vers faciles :

« Tel un dévot infatigable
« Dans l'étroit sentier du salut,
« Est cent fois tenté par le diable,
« Avant d'arriver à son but. »

Mais si l'hypocrite de Marivaux est inférieur à celui de Molière, en revanche, il peut hardiment se comparer à celui que La Bruyère a composé avec l'intention évidente de mettre en lumière toutes les fautes contre la vraisemblance dont le Tartufe peut être accusé.

Il est certain que M. de Climal est tout aussi

près qu'Onuphre de la réalité. Il nous était connu bien avant que Marivaux nous l'eût montré, et nous l'avons souvent rencontré dans le monde. Il a même de plus sur le personnage de La Bruyère, l'avantage de parler et d'agir. C'est un acteur qui remplit très habilement son rôle, qui marche à sa conquête avec un art infini, mettant en œuvre les sophismes les plus spécieux et les mieux trouvés pour surprendre l'inexpérience et la bonne foi de celle dont il veut faire sa maîtresse.

Avec Onuphre, nous n'avons qu'un ensemble d'observations, recueillies à loisir, et présentées, il est vrai, avec beaucoup d'esprit et d'originalité ; mais il y manque l'action et la vie, qui demandent bien autrement de puissance d'invention qu'un simple portrait, si ingénieux qu'on le suppose.

Ce n'est pas sans raison que Marivaux a été si souvent comparé à l'immortel auteur des *Caractères*. Avec un style moins pur et moins châtié, moins travaillé peut-être, mais à coup sûr plus facile et tout aussi original, il a jeté dans ses œuvres des créations étincelantes d'esprit et de grâce, et qu'on reconnaît tout d'abord pour être échappées à la libéralité d'un prodigue et charmant génie.

La langue de La Bruyère est plus correcte, plus

sévère, même dans ses plus grands écarts. Elle se sent d'une époque où la solennité entre un peu partout, même dans les choses qui en sont le moins susceptibles ; mais elle n'est ni plus souple, ni plus riche, ni plus féconde que celle de Marivaux.

Avec quelle audace heureuse notre auteur s'empare des tours de phrases, des locutions de la populace, et avec quel art il les prête à ses personnages ! Quel écrivain, depuis Molière, a mieux fait parler le peuple, personnifié dans la Dutour et le cocher de fiacre ? Quelle vivacité dans ce dialogue ! Que d'images neuves et hardies ! Quel feu de métaphores heureuses, d'épithètes triviales, et tout ensemble, quel mélange habile de réflexions justes, de sentiments vulgaires, d'idées communes dans le langage de la lingère, dans cette jactance d'une verve éblouissante qui veut être de l'humanité, et qui n'est que l'expression mal dissimulée de l'intérêt personnel !

Comme Marivaux n'écrit que pour peindre, ses récits peuvent être longs et minutieux, sans cesser de nous intéresser. En moraliste pratique, il ne s'arrête pas à des abstractions : tout s'anime, tout respire dans son œuvre ; les réflexions mêmes de son héroïne éclairent l'action, sans l'interrompre, et ne sont qu'un stimulant de plus pour la curiosité. S'il décrit, selon son principe, un personnage dans ses moindres traits, il ne manque pas de le placer dans le cadre qui convient à son caractère et à sa condition ; il le montre à tous les moments de sa vie, dans ses paroles et dans ses actes, conforme à ce que nous savons.

En vain, comme dans les portraits de Madame de Miran et de Madame Dorsin, la description se prolonge et descend à une multitude de détails, elle ne peut languir un seul instant parce qu'une pensée constante la soutient, et qu'on veut savoir jusqu'où s'étendront la bonté et la raison de ces deux admirables femmes, placées comme deux anges tutélaires à côté de l'infortunée Marianne. Car, en multipliant les dangers autour de son héroïne, Marivaux n'entend pas la livrer sans défense à toutes les séductions qui l'assiègent. La piété profonde de la jeune fille, sa fierté naturelle, son amour pur et élevé pour M. de Valville ; enfin la protection si généreuse et si entière de ses deux bienfaitrices, sont comme autant de sentinelles avancées qui la défendent contre le découragement et les surprises de son propre cœur.

Peut-on lire, sans être ému, ce touchant tableau de la bonté si parfaitement personnifiée dans Madame de Miran, la mère de Valville, qui consent au mariage de son fils avec Marianne, sans égards pour des préjugés alors tout puissants ? Marianne ignore de qui elle est née ; elle a perdu ses parents, avant de les connaître ; elle n'a ni biens, ni famille, et Madame de Miran tient un rang considérable par sa fortune et par son nom. Un abîme, aux yeux de la société, sépare donc les deux jeunes gens, et Marianne ne néglige rien pour en montrer toute la profondeur, dans cet entretien d'un sentiment si noble, si loyal, si propre à lui faire pardonner les quelques mouvements de coquetterie qu'on pourrait lui reprocher.

On ne suit pas avec moins d'intérêt le combat qui se livre dans l'excellent cœur de Madame de Miran, partagée entre les exigences du monde et sa tendresse maternelle. Mais chez cette femme généreuse, la bonté devait l'emporter sur tous les scrupules : elle ne se sent plus le courage de résister à une inclination que les grandes qualités de Marianne semblent légitimer. Elle ne veut pas être le tyran de deux êtres qu'elle chérit également ; elle aime mieux être leur mère.

Dans cette concession faite au mérite, aux dépens de la fortune et de la naissance, ne retrouve-t-on pas la grande et constante pensée que Marivaux a mise tant de fois en action dans son théâtre, au point d'en faire l'âme et le fond de son œuvre, pensée libérale, s'il en fût jamais, qui place bien au-dessus des convenances sociales l'attrait invincible qui rapproche deux âmes honnêtes, séparées d'abord par leur condition ?

Cependant, comme si Madame de Miran se fût défiée de la fermeté de ses résolutions ; comme si elle eût craint de céder aux remontrances de sa famille, et aux conseils de ses amis, elle a soin de mettre dans ses intérêts, une femme qui joint à toutes les qualités d'un grand cœur, une âme forte, courageuse et résolue, Madame Dorsin, « une de ces âmes supérieures à tout événement, dont la hauteur et la dignité ne plient sous aucun accident humain, qui retrouvent toutes leurs ressources où les autres les perdent ; qui peuvent être affligées, jamais abattues ; qu'on admire dans leurs afflictions plus qu'on ne songe à les plaindre ; qui ont une tristesse froide et muette dans les plus grands chagrins, une gaieté toujours décente dans les plus grands sujets de joie. »

Telle était la femme que Madame de Miran associait à ses projets et l'amie véritable qu'elle donnait à Marianne, au moment où son courage allait être mis à de nouvelles épreuves, où les plus douloureux mécomptes allaient bouleverser les rêves d'un bonheur qui paraissait assuré.

Marivaux est admirable dans l'art de créer des contrastes et d'amener des situations imprévues qui changent de face le sort de ses personnages. Ils touchaient à une félicité inespérée, après avoir triomphé d'obstacles qu'on pouvait croire insurmontables, quand tout à coup un incident inattendu les plonge dans un abîme d'inquiétudes. Les causes nous en semblent d'abord toutes fortuites et inoffensives : ce n'est qu'un faible point noir qu'on aperçoit à peine et qu'on regarde sans appréhension ; puis, ce point noir grossit peu à peu et finit par prendre les proportions d'une tempête qui laisse l'âme anéantie et désolée.

Rappelons-nous la détresse de Marianne au moment où la mort vient de lui enlever la vénérable sœur du curé ; la protection intéressée de M. de Climal, qui bientôt expose sa vertu aux plus grands dangers ; son refus indigné d'avantages si chèrement payés ; son extrême dénuement après sa résistance ; son désespoir, quand, n'en pouvant plus de la vie, elle demande à la prière de nouvelles forces contre les rigueurs de sa destinée ; enfin le secours providentiel qui s'offre à elle sous la figure d'une dame inconnue, qui sera Madame de Miran, désormais sa bienfaitrice, son ange consolateur, la mère qu'elle a deux fois perdue..... Quelle suite de déceptions, que d'amères et poignantes péripéties, dans une existence qui ne fait que commencer !

Et c'est quand le malheur semble fatigué de poursuivre la pauvre orpheline; quand un avenir fortuné lui est promis; qu'un mois à peine la sépare d'une union honorable et tant désirée, qu'elle est coup sur coup frappée dans sa liberté, dans ses espérances et dans son amour !

Mais ne passons pas, sans l'admirer, sur la merveilleuse souplesse d'esprit de Marivaux. On le croyait fait seulement pour peindre les petites misères de la galanterie, et le voilà qui s'élève à des conceptions vraiment dramatiques, à des situations où le cœur tout entier est engagé.

Que reste-t-il à Marianne, secrètement enlevée de son couvent par ses persécuteurs et obligée par eux ou de renoncer éternellement au monde ou de s'unir à un homme pour qui elle ne se sent que du mépris ? Il est difficile d'imaginer une plus cruelle alternative, lorsqu'enfin survient inopinément Madame de Miran avec son fils.

Le roman s'arrêterait là, à cette alliance si ardemment voulue, et enfin consentie par ceux mêmes qui ont tout fait pour l'empêcher, si par un de ces revirements de fortune que Marivaux tient toujours en réserve, et qui sont d'ailleurs dans la nature, la pauvre Marianne n'allait être atteinte dans son amour pour son cher Valville, qu'elle ne retrouve que pour le perdre une seconde fois. En vain elle nous conjure avec la certitude du fait accompli, de ne pas nous hâter de juger son amant : « Il ne m'a pas laissée pour toujours, dit-elle ; il n'est seulement qu'un peu rassasié du plaisir de m'aimer, pour en avoir trop pris d'abord, mais le goût lui en reviendra. »

Il semble qu'on devrait fermer le livre, après cette prédiction rétrospective, qui n'est, il est vrai, qu'un artifice de l'auteur, pour donner à son œuvre un plus grand air de vérité. Cependant son héroïne ne cesse pas d'exciter en nous le plus vif intérêt. Nous ne voulons voir en elle qu'une infortunée, l'enfant que nous avons suivie dans toutes ses épreuves, jusqu'au moment où le bonheur lui échappe encore une fois, et non cette Marianne devenue grande dame, et racontant son histoire avec l'expérience de l'âge et dans la sécurité d'une vie heureuse.

Enfin l'infidélité de Valville nous intéresse encore à un autre point de vue : nous voulons savoir comment ce cœur, d'abord si vivement épris, passe tout à coup à la plus froide indifférence, et comment se fera le retour sur ce chemin si peu connu des amants ingrats. Mais ici encore, Marianne prend soin de nous rassurer, bien qu'alors elle ne le fût guère plus que le lecteur. « Je ne sais, dit-elle, comment je résistai. »

Il faut que Marivaux soit bien sûr de son art pour ne pas craindre de diminuer notre sympathie en faveur du personnage principal, quand il nous annonce d'avance l'heureux dénouement de toutes ces aventures qui nous ont tant émus. C'est que, grâce à son merveilleux talent de conteur, à cette sensibilité pénétrante qu'on lui a trop refusée, il s'établit entre son héroïne et nous, une sorte de parenté du malheur.

Marianne n'est plus pour nous une étrangère ; c'est une de nos proches dont les infortunes nous touchent autant que si nous les tenions de la bouche d'une mère ou d'une aïeule. Arrivée au port, après bien des naufrages, elle ne craint pas que le bonheur dont elle jouit nous fasse oublier qu'elle a été malheureuse, parce qu'elle sait que rien de sa vie passée ne nous est indifférent.

C'est de là que naît le véritable intérêt du roman, dans ce sentiment d'une compassion presque filiale que l'auteur a su nous inspirer pour Marianne. Comment dès lors ne point espérer ou craindre, aimer ou haïr avec elle ? Comment ne pas admirer ces belles âmes qui la consolent, qui l'encouragent et qui la sauvent, ou détester les traîtres qui conspirent contre son bonheur ?

Je ne sais s'il est arrivé à Marivaux d'être abusé par son art ; mais est-il un seul de ses lecteurs qui n'ait été frappé de la vérité de ses tableaux ; qui n'ait pris ses fictions pour la réalité ? Il anime toutes ses figures ; il excelle à leur prêter l'apparence de la vie. Il lui suffit de toucher à un personnage, pour qu'aussitôt nous ayons pour lui l'estime ou le mépris que l'auteur veut nous inspirer. Voyez l'officier, cette loyale figure de soldat, qui vient offrir son nom et sa fortune à Marianne, au moment où elle se croit pour toujours abandonnée de son amant. Il ne fait que traverser l'action, et cependant il y a tant de franchise et de sincérité dans son langage, qu'on ne peut se défendre de l'aimer, dès qu'il a parlé. Marianne elle-même, séduite par ce noble désintéressement, ne paraît pas éloignée d'oublier l'infidèle dans un mariage de raison. Mais sa tendresse pour Madame de Miran l'arrête : elle ne peut supporter la pensée d'en être séparée, et c'est par la reconnaissance qu'elle est sans cesse ramenée à son premier amour.

Jamais Marivaux n'a trouvé des accents plus naturels, des couleurs plus fortes et plus vives pour peindre les tourments de la passion dans un cœur blessé ! Quelle vérité de sentiment dans les entretiens de Marianne avec la Warthon, que l'auteur nous a si vite rendue odieuse ! Quelle tristesse résignée dans ces paroles de la pauvre délaissée à sa rivale : « Ne vous affligez pas, Mademoiselle ; vous serez bientôt libres de vous aimer tous deux. Je ne vivrai pas longtemps ; voilà du moins le dernier de tous mes malheurs. »

A ce moment, son amour trompé, ses illusions perdues, ont seuls le pouvoir de la toucher ; elle ne se rappelle même plus qu'elle a retrouvé dans

Madame de Miran, la mère la plus affectueuse et la plus dévouée, et sa douleur la rend ingrate, en s'augmentant du souvenir de toutes ses infortunes passées.

Ce sont ces traits d'un sentiment si profond et si vrai qui feront toujours l'éternelle jeunesse de l'œuvre de Marivaux. Ils seront admirés aussi longtemps qu'il y aura des âmes tendres pour les sentir et pour les goûter.

Cependant une amie véritable vient au secours de la malheureuse jeune fille plongée dans un découragement inexprimable; et cette amie, nous la connaissons, c'est la religieuse, que nous aimons déjà comme la confidente discrète et sympathique de toutes les peines de Marianne.

L'auteur a compris que dans une situation aussi critique, les conseils de Mesdames de Miran et Dorsin seraient impuissants à calmer ce cœur désolé ! Aussi, tout en annonçant depuis longtemps l'histoire de la religieuse, a-t-il attendu jusqu'à la neuvième partie du roman pour la donner, alors qu'elle vient à propos pour distraire de ses chagrins l'amante délaissée, et même pour reculer le retour de Valville qui ne pouvait se faire brusquement.

On a reproché, peut-être avec raison, à Marivaux la longueur de cette histoire qui est, en effet, assez intéressante pour nous faire perdre de vue le sujet principal, au moment où l'on désirerait un dénouement. Mais elle est si heureusement placée ; les aventures de Mademoiselle de Tervire, bien qu'essentiellement différentes, répondent si bien aux dispositions de cœur de notre héroïne qu'on oublie vite qu'elles forment presque un roman dans un autre roman, pour admirer cette inépuisable facilité de l'auteur à créer des situations nouvelles, des personnages pour ces situations, enfin des événements qu'on croirait réels, tant ils sont vraisemblables.

Ce ne sont pas des consolations banales que la religieuse apporte à son amie ; elle ne lui prêche pas cette sorte de résignation qui nous ôte la force avec la volonté de lutter contre la destinée. C'est par le récit de sa vie qu'elle l'encourage à faire un meilleur emploi de la sienne. Elle aussi a été malheureuse, mais elle l'a été autrement que sa jeune amie.

Marianne fait remonter la cause de tous ses malheurs à celui de n'avoir pas connu sa mère ; Mademoiselle de Tervire lui répond qu'il y en a un peut-être plus grand, c'est d'avoir eu pour mère une marâtre. Et, dans un tableau d'une vérité saisissante, elle lui fait le portrait de cette mère dénaturée, qui livre l'éducation de sa fille à la domesticité, pour avoir plus de temps à donner à sa toilette et à ses plaisirs.

Mais l'heure de l'expiation arrive pour cette femme qui a méconnu le plus sacré de tous ses devoirs. C'est là, dans ces pages émues, que se retrouve l'auteur de *la lettre d'un père sur un fils ingrat*. Que d'enseignements dans ce récit où l'art disparaît dans l'éloquence des faits ! La fortune a parfois des retours bien amers, et Madame de Tervire est cruellement punie de l'avoir oublié.

La prospérité l'avait égarée ; maintenant, mais trop tard, la disgrâce l'éclaire, et la nature, outragée dans ses droits les plus respectables, demande sa vengeance à cette enfant si froidement reniée et sacrifiée. C'est elle, c'est Mademoiselle de Tervire, qui portera à sa mère les dernières consolations, non pas dans cet hôtel somptueux si longtemps témoin de son bonheur, mais dans une misérable mansarde meublée, où elle se meurt de douleur, abandonnée par un fils pour qui elle s'est dépouillée.

Cette situation lamentable d'une mère secourue par sa fille qu'elle a si durement traitée, et au contraire, dédaignée par un fils qui eut toute sa tendresse, n'est qu'un épisode de cette émouvante histoire. Bien d'autres touchants tableaux, qui ont fait le charme des contemporains, nous captivent encore aujourd'hui, et tous les éloges qu'on pourrait leur donner, n'en feraient jamais sentir toute la grâce et l'inexplicable attrait.

Pourquoi faut-il que l'auteur se soit brusquement arrêté sur ce chemin que son aimable génie avait tant embelli ? Pourquoi avons-nous à regretter qu'il n'ait pas mis la dernière main à son œuvre ? On sait que la douzième partie de ce roman est tout entière de Madame Riccoboni, qui entra avec infiniment de talent dans la manière et le plan de l'auteur, bien que de temps en temps se fasse sentir l'absence de cette plume délicate et légère à laquelle on doit de si ravissantes choses.

Mais, on l'a vu, il n'était pas dans le caractère de Marivaux de mettre beaucoup de suite dans ses écrits. Il écoutait surtout son démon familier qui lui dictait avec une prodigieuse facilité, des comédies, des drames, des romans, des articles de critique et de morale, et même un traité politique et historique du gouvernement français, qui n'a pas été réuni à ses œuvres. Qu'y a-t-il d'étonnant que dans le pêle-mêle de tant de travaux différents, il ait voulu renvoyer à des heures plus reposées un dénouement, d'ailleurs prévu et que Madame Riccoboni n'a donné qu'avec l'assentiment de l'auteur?

Ce qui doit plus nous surprendre, c'est qu'avec sa mobilité d'humeur, il ait pu travailler pendant seize ans à la composition de *la vie de Marianne*. Aussi, malgré les quelques taches qui le déparent, ce roman est-il son œuvre la plus considérable, la plus achevée, et peut-être son titre le plus durable à la postérité.

Qu'importaient au public, qui l'avait accueilli avec la plus grande faveur, les critiques quelquefois justes, mais souvent empreintes d'animosité contre Marivaux? Il trouvait dans ce livre des sentiments élevés, des caractères honnêtes et un charme qu'il ne rencontrait pas dans la plupart des romans de cette époque.

La Harpe a placé la vie de Marianne au rang des meilleurs romans français, et il a eu raison. Notre auteur a répandu dans son œuvre une sensibilité, une douceur, qui rappelle les pages les plus émouvantes de Clarisse et de Paméla. Aussi sommes-nous loin d'accepter le jugement malveillant de Grimm, qui prétend que « si les romans de Marivaux ont été les modèles de Richardson et de Fielding, on peut dire que c'est la première fois qu'un mauvais original a fait faire des copies admirables. » Les Anglais en jugèrent autrement, eux qui firent un accueil enthousiaste à *la vie de Marianne* dès l'apparition de la première partie, en 1731.

Nous n'accepterons pas davantage cette boutade plus spirituelle que juste de Voltaire, le grand dispensateur de la gloire et du ridicule au xvIII^e siècle : « Marivaux, dit-il, passe sa vie à peser des riens dans des balances de toile d'araignée. »

Critique supérieur, quand il n'était pas aveuglé par la passion, l'auteur du *Temple du Goût* avait, par surcroît, le don de saisir admirablement les côtés vulnérables d'un écrivain et de les mettre en relief dans un de ces jugements qui restent, tout incomplets qu'ils soient, parce qu'ils expriment, dans une forme vive et piquante, ce que d'autres ont pensé. Ainsi s'accréditent beaucoup de malignes appréciations qui, grâce à notre légèreté, se font une place dans l'opinion et qui la gardent sans retour.

Mais en dépit de ces arrêts injustes, Marivaux a reconquis, dans notre littérature, le rang et l'estime que lui refusaient ses détracteurs, qui n'ont voulu voir en lui que ce qui lui a manqué pour être véritablement un grand écrivain. Nous ne ferons pas difficulté d'avouer qu'à côté des qualités d'un très remarquable talent, la patience, l'intention pénétrante et profonde, et surtout la faculté de donner la vie à tout ce qu'il touche, il manque souvent de goût, de proportion, de mesure, de naturel; il n'a pas toujours l'art de s'arrêter à ce moment précis, unique, décisif, où les caractères s'amoindrissent à vouloir en fouiller tous les replis, où les situations se gâtent en se prolongeant.

Parfois sa passion pour les détails l'entraîne et lui fait négliger les grandes lignes et les grands effets. Tout différent de l'artiste qui conçoit ses figures pour être vues de loin, il compose les siennes pour être vues de près; mais elles n'en sont pas moins animées et ressemblantes, faites pour vivre et pour durer.

Marivaux avait donné, avec le roman de Marianne, la mesure de son génie dans ce genre d'écrits ; il ne devait pas s'élever plus haut. Il y a là dix années d'une activité surhumaine et presque toujours heureuse. Les chefs-d'œuvre tombent de sa plume comme des fruits savoureux, mûris au soleil d'un brillant été. Nulle défaillance ne se fait sentir dans cet esprit infatigable, qui se délasse d'un roman, en écrivant un autre roman, *le Paysan parvenu,* et quinze comédies, dont trois surtout font encore le charme des juges délicats.

Comme la vie de Marianne, *le Paysan parvenu* est l'œuvre d'une âme généreuse, en qui l'amour du bien et le sentiment moral ne sont mêlés d'aucune amertume. Jacob est un Gil-Blas honnête homme, né comme l'autre, dans la condition la plus humble, mais prudent, avisé, ferme dans ses desseins, autant que l'est peu le héros de Lesage.

La nature lui a donné un extérieur séduisant et un cœur droit, et la part qu'elle lui a faite de ce côté est si belle, qu'elle s'est crue dispensée d'y ajouter d'autres dons. Ignorant et pauvre, il est pourtant tourmenté du désir de faire fortune et de se créer une position dans le monde ; mais il ne veut tenir ces avantages que de son intelligence et d'une conduite irréprochable.

Peut-être lui voudrait-on, avec cette ambition, plus de fierté, plus d'élévation de sentiments. C'est un caractère un peu abaissé, un peu trop asservi aux calculs de ses intérêts personnels, et son rôle auprès de Mademoiselle Habert, dont il épouse surtout les quatre mille livres de rente, n'est pas de nature à le relever à nos yeux. Et puis, sa bonne mine, sa jolie figure et sa jeunesse, entrent pour une trop grande part dans son avancement. On aimerait mieux qu'il ne le dût qu'à son mérite et à ses efforts.

Nous nous faisons de l'homme qui devient l'artisan de sa fortune et l'enfant de ses œuvres, une idée plus haute, plus noble et plus digne. On se le représente, en effet, mécontent de lui-même, déclassé partout, hors de pair et supérieur à ses égaux, jusqu'à ce qu'il approche du terme de son ambition et de ses rêves, jusqu'à ce qu'il ait trouvé sa place, bien loin de ceux qui ont suivi ses premiers pas.

Ces réflexions qui nous viennent, à la lecture du *Paysan parvenu* et qui diminuent un peu pour lui notre sympathie, notre estime, Marivaux a dû se les faire avant nous. Mais, dès le moment que son héros entre dans la vie avec une occupation servile; qu'il peut accepter l'humiliante dépendance de la domesticité, l'auteur n'est plus le maître d'en faire un modèle de délicatesse et de dignité. Il doit conserver à son caractère quelques traits qui rappellent son ancien métier, sous peine de s'éloigner de la vérité. Ainsi le personnage de Jacob est bien conçu tel qu'il doit être pour un valet qui veut s'enrichir, et toutes les critiques qu'on peut diriger contre cette conception, s'adressent surtout au choix de l'auteur.

Sans doute Jacob serait pour nous bien plus intéressant, si Marivaux en eût fait un jeune ouvrier, pauvre et fier, une espèce de Cléanthe, travaillant le jour pour vivre, et la nuit pour s'instruire, luttant avec un courage héroïque contre les rigueurs d'une condition ingrate, imposant silence à ses passions, et dévoré seulement de celle de s'élever, de faire souche, de laisser à ses enfants une fortune et un nom qui ne doivent rien qu'à de généreux sacrifices.

Mais cette donnée, du temps de Marivaux, aurait peut-être paru hardie et même entachée d'utopie. Aujourd'hui, elle ne serait qu'empruntée à la plus ordinaire réalité. C'est l'histoire qui se recommence tous les jours et partout en France, au plus bas de l'échelle sociale. A force d'être fréquente et commune, elle est devenue banale. Pouvait-on d'ailleurs s'attendre à plus, d'un auteur qui, dans son théâtre, a constamment placé les valets si près de leurs maîtres?

Tel qu'il est cependant, le roman *du Paysan parvenu* n'est pas l'œuvre d'un médiocre écrivain. Il fourmille de pages excellentes, de scènes pleines d'entrain et de verve, de portraits dessinés avec cet art ingénieux qui sait fixer les nuances les plus fugitives.

Quel tableau que l'intérieur de ce Turcaret livré à la débauche la plus effrénée, pendant que sa femme s'en console sans mystère avec ses amants, dont elle laisse traîner partout les billets doux! Notre jeune rustre heureusement ne fait que traverser cette école de scandale; mais il y reste assez pour nous montrer que la contagion du vice pourra bien l'ébranler, mais non l'entraîner.

Les cajoleries de Geneviève, l'or qu'elle veut partager avec lui, après l'avoir honteusement gagné avec son maître, enfin les belles promesses de celui-ci, s'il veut consentir à épouser la jolie soubrette, le jettent dans la plus grande perplexité. « L'honneur, dit-il, plaidait sa cause dans mon âme embarrassée, pendant que ma cupidité plaidait la sienne. »

Dans ce dialogue intérieur, où Jacob se laisse aller à ses réflexions, l'honneur prend peu à peu un accent grave, austère, qui s'impose à sa raison, qui la captive et qui prépare la défaite de la cupidité. C'est toujours le langage simple et naïf d'un paysan, mais d'un paysan qui, dans sa bonhomie et sa rude franchise, s'élève jusqu'à l'éloquence : « Tu verras ton infamie connue de tout le monde ; tu auras ta maison en horreur, et vous ferez tous deux, ta femme et toi, un ménage du diable. Tout ira en désarroi ; son amant la vengera de tes mépris. »

Marivaux a saisi avec beaucoup d'art les nuances qui doivent séparer les remontrances des deux interlocuteurs ; le langage de l'honneur a surtout un caractère moral ; il ne laisse au jeune paysan aucune illusion sur les promesses trompeuses de la fortune qui le séduit : le bonheur n'habite pas dans un ménage où les époux ne peuvent s'estimer. La cupidité, au contraire, s'adresse à ses mauvaises passions ; elle fait appel à ses instincts bas et grossiers. Pour elle, l'honneur n'est qu'une chimère, à l'usage des gens riches, mais qui conduit un pauvre diable tout droit à l'hôpital.

Enfin, rien n'est oublié dans cette petite scène pour fasciner l'honnête Jacob, pas même le sac d'écus, posé devant lui, et qui sera le sien, s'il veut épouser la maîtresse du financier. Voilà qui met sa fragilité à une terrible épreuve. Cependant il résiste, et finit par dire, avec une simplicité un peu crue, toute sa pensée au Turcaret, qui le chasse, en le menaçant de la prison. Mais la mort inattendue de son tyran se charge de mettre Jacob hors de toute inquiétude.

C'est ici qu'on pourrait reprocher à l'auteur d'avoir trop souvent recours à ces sortes d'expédients d'une invention facile et qui n'ont rien à démêler avec l'art de l'écrivain. Nulle part il n'en a tant abusé que dans *le Paysan parvenu*.

Il me semble que la situation critique de son héros pouvait bien se dénouer autrement, et Marivaux n'y a-t-il pas songé, lorsqu'il nous montre la femme du financier disposée à intervenir en faveur de son domestique, déjà l'objet d'une attention particulière de la part de sa maîtresse? Mais le châtiment aurait manqué à cette vie de désordres, et l'auteur a mieux aimé mettre en œuvre un ressort usé que de laisser la débauche éhontée sans expiation.

La mort du maître est le signal d'une ruine totale. Aux courtisans de la fortune succèdent d'impitoyables créanciers, qui s'abattent comme des oiseaux de proie sur cette maison, hier encore livrée à tous les raffinements du plaisir et de la dépense. Ramenée à son devoir par un coup si brusque, Madame renvoie tous ses domestiques, même Jacob, qui lui offre généreusement ses services, et elle se retire dans un couvent.

Tel est le premier épisode de la vie de notre Paysan à Paris. Il suffit pour le montrer dans les traits principaux qu'il gardera jusqu'à la fin du roman. Avec Marivaux, on ne marche jamais au hasard. Il nous initie vite à la connaissance de ses personnages, parce qu'il établit leur caractère par des actions et non par des paroles. Il ne présente pas en aphorismes verbeux les principes qu'il leur prête; il fait mieux : il les met en pratique.

Dès à présent, on sait à quoi s'en tenir avec Jacob, qui doit être l'âme de toute cette histoire. C'est un garçon encore simple et naïf, un enfant de la nature, qui n'a que le gros bon sens de son village, et l'exprime d'une manière qui ne manque ni de franchise, ni d'esprit, ni même d'une certaine sagacité. Mais il est plein du désir de parvenir et de faire tourner au profit de sa propre expérience toutes les fautes qu'il verra commettre.

Si parfois nous le voyons hésiter entre deux partis qui lui semblent également avantageux, ne lui faisons pas un crime de ses hésitations; il n'en est que plus vrai. Rien de plus naturel que la raison et la passion se disputent un cœur de vingt ans, heureux seulement quand la raison l'emporte. C'est dans cette lutte que les caractères s'habituent à se maîtriser, à se vaincre, « à se redresser pour être grands, » selon la belle expression de Marivaux.

Sans doute, Jacob, tout paysan qu'il est, ne perd pas de vue le soin de son avenir, et il est décidé à ne manquer aucune occasion de l'assurer. Il est de ces gens qui se prêtent aux autres, comme dit Montaigne, et qui ne se donnent qu'à eux-mêmes. Cependant, le cas échéant, il sera susceptible de générosité et de dévouement, et il arrivera même qu'un mouvement de son bon cœur servira mieux son ambition que toutes les inspirations de l'égoïsme.

Après le désastre qui l'a jeté sur le pavé de Paris, un heureux hasard l'amène sur le Pont-Neuf, où il aperçoit une dame prise d'un étourdissement. Il s'empresse de la secourir, lui offre son bras et la reconduit chez elle. Cette rencontre assurément n'a rien d'extraordinaire que ses conséquences, puisqu'elle devient l'origine de sa fortune.

Voilà Jacob installé chez les demoiselles Habert, deux sages personnes sur le retour et confites en dévotion. Il entre dans cette pieuse maison en qualité de domestique et il en sortira bientôt comme époux futur de la plus jeune des deux sœurs, celle qu'il a secourue.

Quoi de plus spirituel, de plus piquant et de mieux étudié que le tableau de cet intérieur, où tout se fait en vue de l'amour de Dieu, où les pratiques de piété se mêlent si agréablement aux soins d'une vie confortable et délicate ? On croit entendre ces deux dévotes qui ne se trouvent jamais assez d'appétit, qui font la petite bouche et finalement qui dévorent tout ce qui paraît sur la table, excepté le bouilli, charitablement mis en réserve pour les pauvres ; après un succulent petit dîner, c'est la prière faite en commun « avec des tons que le sentiment de leur bien-être rend extrêmement pathétique. »

Comme elles s'entendent bien, enfoncées dans de moëlleux fauteuils, pour dénigrer le prochain au profit de leur vanité, et faire l'application du sermon de la veille à Madame une telle, qui porte à l'église toujours le même air de coquetterie ; à Mademoiselle *** dont la mise indécente les a scandalisées. C'est effroyable. L'aînée en a eu une distraction qui l'a empêchée de dire ses prières ; elle en demande pardon à Dieu.

Je ne crois pas qu'on puisse porter plus loin l'ironie familière et mordante, l'expression vive et colorée de tous les détails de la vie ordinaire. Mais ce tableau serait incomplet si, à côté de cette dévotion étroite, intolérante et bornée, l'auteur ne nous présentait, dans le personnage de la gouvernante Catherine, cette espèce de dévote qui n'a de la religion que le jargon, qui règle ses discours et ses pratiques sur ses intérêts, et nourrit au fond de son âme des passions d'autant plus ardentes qu'elles ont été longtemps contenues.

Voyez comme elles se trahissent dans cette conversation vraiment comique qui s'établit à la cuisine entre Catherine et Jacob. Le pauvre garçon, qui ne s'est jamais vu à pareille fête, ne tarit pas d'éloges sur la cuisine et la cuisinière : « Ah ! le bon pain ! Il n'y a qu'une main dévote qui peut l'avoir pétri. » Et ainsi de tous les mets qui disparaissent comme par enchantement devant son féroce appétit. « Mangez, lui dit Catherine ; Dieu veut qu'on vive. » Et Jacob lui répond avec une bonhomie charmante : « Il y a là de quoi faire sa volonté. »

Entre valets, la franchise ne se fait pas attendre ; et la gouvernante, qui voit bien vite tout le parti qu'elle pourrait tirer d'un garçon de si bonne mine, trouve qu'il ressemble « comme deux gouttes d'eau », à défunt Baptiste qu'elle aimait bien et qu'elle a pensé épouser. « Mais Dieu nous l'a ôté, dit-elle avec componction ; il est le maître ; il n'y a pas à le contrôler. »

Ainsi s'entremêlent dans une véritable déclaration, les formules banales d'une résignation hypocrite. Jacob s'y prête de son mieux, parce que son estomac y trouve son compte, et, pendant qu'il achève son repas, Catherine toute fière du chemin qu'elle croit avoir fait dans le cœur de son nouveau compagnon de cuisine, va savoir ce que pensent de lui les demoiselles Habert et travailler à le fixer dans la maison.

On trouvera sans doute que cette scène rappelle assez bien l'une des plus spirituelles comédies de Marivaux, *les Fausses Confidences*, où la soubrette joue si complétement le rôle de dupe auprès d'Araminte. De même que Marton, Catherine, avec la meilleure foi du monde, fait auprès de la cadette des deux sœurs le jeu de Jacob, qu'elle espère épouser. Celui-ci, qui porte déjà ses vues plus haut, n'a pourtant pas une idée bien nette de ce qui doit suivre, quand survient le directeur des demoiselles Habert, qui se charge, en irritant l'aînée contre le nouveau valet, de précipiter les événements.

Encore un de ces personnages à placer dans la galerie que l'auteur a réservée aux faux dévots. C'est bien là le directeur jaloux de son autorité, qui couvre des dehors de la religion l'omnipotence de ses conseils. Doucin est son nom, et le caractère a de quoi le justifier.

Marivaux avait réellement beaucoup d'humeur contre les faux dévots. Il en étudie tous les masques; il les montre sous tous les aspects, dans toutes les conditions, et avec une étonnante finesse de détails et d'aperçus. C'est surtout leur physionomie extérieure qui l'attire ; leur marche dans le monde, leurs rapports avec les accidents de la vie et avec l'ordre de la société. Pour lui, tout ce qui n'est pas piété éclairée, tolérante, généreuse, est fausse dévotion, et il en poursuit les effets avec toutes les armes de l'ironie et du ridicule, quelquefois avec la véhémente indignation d'une âme honnête que l'hypocrisie révolte.

Combien il sait nous rendre odieuse par les actes la belle-sœur de Jacob, cette femme d'une dévotion exaltée et maladive, qui oublie, dans les discussions théologiques, ses devoirs d'épouse et de mère, qui passe une partie de sa vie dans son lit et l'autre au sermon ; qui appelle son directeur *son ange*, et n'a que du mépris pour son mari ; indifférente enfin à ses plus chers intérêts, et bientôt la cause de la ruine de sa maison ! Quelle vérité dans ce douloureux tableau et quelle leçon !

Mais si Marivaux se montre dur à l'égard de ceux qui « *n'ont de dévotes que les lèvres*, qui ne vont à l'église que pour se montrer, pour y jouir superbement d'une posture de méditatifs, » il est plein de respect pour « les vrais serviteurs de Dieu, pour les gens pieux qui édifient le monde. » Il pense avec Molière, auquel ici il est digne d'être comparé, que

« Les bons et vrais dévots qu'on doit suivre à la trace,
« Ne sont pas ceux aussi qui font tant de grimace. »

Comment les détracteurs de Marivaux n'ont-ils pas été frappés de cette souplesse de génie qui se prête si merveilleusement à toutes les exigences du sujet, qui sait descendre, quand il le faut, aux formes du langage le plus vulgaire, ou prendre le ton de la véritable éloquence ?

Faisons aussi large qu'on voudra, la part de ses défauts, dont on a peut-être trop parlé ; reconnaissons avec M. Sainte-Beuve, « qu'en usant à bon droit de sa manière de sentir pour s'exprimer avec une singularité souvent piquante, il dépasse, sans s'en douter, la mesure, tombe insensiblement dans le raffiné, et devient maniéré le plus naturellement du monde ; que, même dans ses grotesques et ses masques, il y a un certain glacis, un certain vernis qui trahit la coquetterie de l'imitation... » Toutes ces critiques sont justes, pourvu qu'elles ne nous fassent pas oublier les beautés durables des romans de Marivaux ; ce progrès constant d'intérêt ; cette présence, ou plutôt, cette action continuelle du héros toujours en scène sous les yeux du lecteur ; cette habile distribution d'une vie entière, aux prises avec les événements les plus divers, et dont pas un n'est inutile à la marche du roman, au développement des caractères ; enfin cet esprit si ingénieux et si varié dans sa fécondité, qui anime et vivifie toutes les parties de l'œuvre, sans efforts, sans fatigue, toujours inépuisable dans ses inventions.

Ces éminentes qualités, il est vrai, ne se retrouvent pas toutes au même degré dans *le Paysan parvenu*. Ainsi Jacob devient peut-être trop vite un homme comme il faut ; le changement est trop rapide et demanderait à être mieux ménagé. On croirait que Marivaux s'est laissé dominer par ses habitudes d'auteur comique, tant les faits s'accumulent, se pressent, se précipitent ! Quelques jours suffisent à son héros pour acquérir une expérience que des années passées dans le monde donneraient à peine à l'homme le mieux préparé pour en profiter.

Ce brusque développement, qui serait tout à fait invraisemblable dans des circonstances ordinaires, peut cependant s'expliquer jusqu'à un certain point par les heureuses dispositions de Jacob, son vif désir de se former aux belles manières, et surtout par les conditions si différentes où l'auteur a eu l'art de le placer. Passer d'une école de mœurs très relâchées à celle d'une dévotion outrée et ridicule, et en sortir honnête, également éloigné du libertinage qui déprave et de l'hypocrisie qui avilit, prouve au moins une fermeté de principes assez rare dans un jeune homme de vingt ans, et d'un présage favorable pour l'avenir.

Qu'importe, après tout, qu'il se dépouille vite de ses allures campagnardes, s'il demeure fidèle au caractère que nous lui connaissons, s'il garde jusqu'au bout les sentiments d'honnête homme qu'il a montrés jusqu'ici ; enfin si ce concours d'incidents où il s'est trouvé n'a fait que l'affermir dans la bonne voie, que l'éclairer sur ses véritables intérêts, au lieu de l'égarer ? Ne nous a-t-il pas prévenus d'ailleurs qu'il est né observateur et moraliste ; que le talent de lire dans l'esprit des gens et de débrouiller leurs sentiments secrets est un don qu'il a toujours eu, et qui l'a quelquefois bien servi ?

Nous ne voudrions pourtant pas absoudre complétement l'auteur de ce défaut de composition ;

mais il peut au moins se défendre, sinon se justifier. Où Marivaux nous semble donner prise à des objections plus graves, et auxquelles il serait difficile de répondre, c'est quand il crée un peu au hasard de sa fantaisie des situations dont le moindre inconvénient est de diminuer son héros dans l'estime du lecteur.

Est-ce qu'avec un plan conçu à l'avance il aurait jamais engagé Jacob dans ce ridicule mariage dont il ne pourra l'affranchir que par un moyen vulgaire ? Il est vrai que Mademoiselle Habert devient pour notre paysan la première cause de sa fortune ; mais en cherchant un peu, l'auteur en eût facilement trouvé une autre qui n'imposât pas à un garçon de vingt ans, l'humiliation d'être le mari d'une femme de cinquante.

Marivaux n'était jamais à court de ces sortes d'expédients, et, ce qui le prouve, c'est que quand il reconnaîtra qu'il a fait fausse route, et que ce mariage ne peut mener son héros bien loin, il saura bien imaginer cette rencontre assez peu vraisemblable où Jacob fait preuve d'une adresse à l'épée et d'un courage qu'on ne lui connaissait pas, et dont il use pour sauver la vie au jeune comte de Dorsan, qui devient son protecteur et son ami.

Mais c'est alors qu'il sent plus que jamais la gêne de l'union imprudente qu'il a contractée. Le comte est animé pour lui des meilleures intentions. Neveu du premier ministre, il pourrait le faire arriver à tout, et un riche mariage lui créerait bien vite une position dans le monde ; mais il n'est pas libre ; il est marié, et dans des conditions qui annoncent des sentiments peu délicats.

Si Marivaux a voulu montrer les fâcheuses conséquences d'une union disproportionnée, il a pleinement réussi ; mais alors il ne fallait pas nous donner cette leçon aux dépens du personnage qui ne doit pas cesser d'être pour nous estimable et sympathique.

Qui pourra désormais s'intéresser à un homme qui n'a pas craint de livrer sa jeunesse et sa liberté en échange de quelques mille livres de rente ? Un superbe parti se présente pour lui : une riche et belle veuve, Madame de Vambures, se sent de l'attrait pour Jacob et veut bien lui accorder sa main, aussitôt qu'il aura obtenu la grande position qu'elle sollicite pour lui. La situation est des plus difficiles ; la moindre indiscrétion peut tout perdre.

Voilà donc notre héros réduit à jouer le plus

triste personnage, obligé de laisser ignorer à Madame de Vambures qu'il ne peut pas l'épouser, tout en ayant l'air d'y aspirer passionnément. On ne saurait concevoir une position plus fausse, plus contraire même au caractère honnête et loyal de notre paysan.

On ne comprend pas non plus que le comte de Dorsan, si dévoué qu'il soit aux intérêts de celui qui lui a sauvé la vie, se prête à des démarches qui ne peuvent aboutir que par la mort de Madame de la Vallée, nom que Jacob avait pris en épousant Mademoiselle Habert. Sur quoi compte-t-il donc pour les faire réussir ? Etait-il dans le secret de l'auteur ? Quel homme voudrait poursuivre pour son ami, pour son frère, ou même pour son fils, un mariage qu'il saurait d'avance impossible ? Marivaux s'en tire par le seul moyen qui s'offrait à lui, moyen misérable et peu digne de son esprit, en faisant mourir pleine de vie la femme qui gênait l'avancement de son héros.

Mais ne poussons pas plus loin cette critique. Nous regretterions infiniment d'abuser du petit avantage que nous donne sur lui un écrivain qui a su répandre dans une œuvre même défectueuse tant de charme, de vie et de vérité. Si le personnage de Jacob présente quelques taches, quelques signes de défaillance, combien d'autres situations le rachètent et le relèvent à nos yeux !

Qu'on se rappelle seulement son attitude modeste et franche chez le Président, scène qui n'a que le tort de faire penser à Marianne chez le Ministre ; le fier refus qu'il oppose à M. de Fécour, qui fera sa fortune, s'il veut le servir dans ses visées amoureuses ; ses démarches pleines de délicatesse, en faveur de Madame Dorville, dont le mari mourant occupe une place qui lui est offerte et dont il ne veut pas le dépouiller ; enfin la bonté de Jacob pour toute sa famille, pour son frère, qu'il place dans une situation heureuse, après l'avoir mis à l'abri des tracasseries de cette femme acariâtre et dévote dont nous avons parlé ; pour ses neveux, qu'il comble de bienfaits, et même pour le neveu de son premier maître, Beausson, dont il devient le protecteur, après l'avoir servi comme valet.

Son âme s'est raffinée dans le commerce du monde, mais elle ne s'est point gâtée. Pauvre, il était bon ; riche, il est la providence de tous les siens, et une fois devenu l'heureux époux de Madame de Vambures, grand seigneur, propriétaire du domaine que son père avait cultivé comme fermier, il sera le conseil, le génie tutélaire de toute la contrée ; il sera le *Parvenu* généreux et bienfaisant.

Rien, dans le développement de ce caractère, ne nous étonne, parce que l'auteur a eu soin de lui conserver ses qualités natives, même au sein d'une société corrompue et des incroyables tentations qu'il ne lui a pas épargnées. Jacob succomberait peut-être aux agaceries de Madame de Ferval et de Madame de Fécour ; et c'est par là qu'il reste bien plus vrai pour nous qu'avec l'austérité d'un Caton. Mais Marivaux n'a pas voulu que son héros fût atteint par ce libertinage dégradant qui déshonore certains romans de cette époque, comme ceux de Crébillon fils, dont il a mis d'ailleurs une critique très sensée et très judicieuse dans la bouche d'un vieil officier.

On pourrait désirer plus de variété et d'invention dans les moyens qu'il emploie pour sauver Jacob des séductions qu'il lui suscite ; mais, enfin, notre parvenu en sort à son honneur, et s'il a un reproche à se faire, c'est d'avoir mis la fidélité conjugale à de pareilles épreuves.

Je ne sais s'il faut prendre l'auteur au mot de

tous les désordres qu'il prête à la haute société de son temps. Ne l'a-t-il pas un peu trop étudiée à travers la licence des salons qu'il fréquentait le plus, de celui de Madame de Tencin surtout, cette prostituée du cardinal Dubois, cette femme qui sut pratiquer avec tant de succès « le grand art d'arriver à la considération sans estime? » Les familières de cette grande dame ne pouvaient guère être que ces marquises et ces duchesses dont les petits-maîtres parlent avec tant d'impertinence à la Comédie, où Jacob fut si fier d'être conduit par M. de Dorsan. Quelle fatuité dans le dialogue où ces jeunes étourdis font un étalage si ridicule de leurs prétendues bonnes fortunes ! Il y a même dans leur langage des expressions fort déplacées pour des gens bien élevés, et je ne serais pas éloigné de croire que l'auteur a dû charger un peu le tableau.

Marivaux me semble bien plus près de la vérité quand il décrit les mœurs de la petite bourgeoisie et des financiers. C'est là qu'il se retrouve tout entier, avec cette verve de bonne humeur, cette finesse d'observation, de temps en temps mêlée d'une certaine malice, de traits piquants, de mots heureux, quelquefois profonds. On n'a pas oublié

Madame d'Alain, la veuve du procureur et sa fille Agathe ; l'une avec son bavardage indiscret qui dit tout, *article par article*, en voulant tout cacher ; qui blesse les gens dans leur amour-propre, sans méchanceté, de la meilleure foi du monde, entraînée seulement par une intempérance de langage que rien n'arrête, pas même le soin de sa propre réputation, mais bonne commère au fond, et « dont on pouvait mener le cœur bien loin » ; l'autre, Agathe, qui, « à vue de pays, avait du penchant à l'amour ; on lui sentait plus de disposition à être amoureuse que tendre, plus d'hypocrisie que de mœurs, plus d'attention pour ce qu'on dirait d'elle que pour ce qu'elle serait dans le fond ; c'était, dit Jacob, la plus intrépide menteuse que j'aie connue. »

Le portrait n'est pas flatté, et il faut même remarquer qu'en général, dans ce roman, les femmes y sont assez maltraitées. Mais Marivaux ne s'est jamais élevé plus haut dans la peinture d'un caractère. Il lui arrive parfois de s'oublier dans une foule de détails et de réflexions qui font perdre de vue les traits principaux et affaiblissent l'énergie du dessin. Ici, c'est la personne morale qu'il décrit et qu'il rend avec des couleurs fortes et pleines de vérité. La touche est large, vigoureuse, rapide et comme empreinte de la chaleur d'une impression récente.

L'auteur a dû en rencontrer le modèle dans le monde, pour avoir saisi avec tant de bonheur et de vivacité d'expressions cette physionomie composée des vices les plus contraires à l'idée que nous nous formons ordinairement d'une jeune fille. Ce type heureusement est rare ; mais il est dans la nature, et Molière ne l'eût pas tracé d'une main plus savante et plus ferme.

Marivaux ne traite pas avec plus de ménagements les financiers, dont il semble faire une race à part et vouée fatalement, dans sa pensée, au mépris des honnêtes gens. Il se souvenait sans doute qu'il avait laissé toute sa fortune dans leurs folles spéculations. Un seul cependant trouve grâce devant sa mauvaise humeur et se présente sous des traits avantageux, c'est l'homme qu'il appelle *Bono*, le bourru bienfaisant, qui n'est peut-être là que pour faire contraste à ce M. de Fécour, âme dure et corrompue, qui règle ses bienfaits sur la somme de plaisirs qu'ils peuvent lui rapporter.

Avec quelle hauteur il accueille cette pauvre jeune femme, qui vient en suppliante lui demander de maintenir dans son emploi son mari mourant! « Il n'y a plus moyen, Madame, j'ai disposé de l'emploi pour ce jeune homme que voilà. » Ce jeune homme, c'est Jacob, qui refuse noblement cette triste dépouille, ce qui lui gagne la protection décidée de l'honnête Bono. Cependant Fécour réfléchit que Madame Dorville n'a que 20 ans, qu'elle est belle, et à la veille d'être veuve, considérations bien faites pour tenter la passion d'un homme habitué à spéculer sur le malheur d'autrui. On a vu comment Jacob, si maladroitement choisi pour négocier ce honteux marché, repousse fièrement les promesses séduisantes du financier.

Ainsi, en faisant la part de ce qu'il y a de défectueux dans le *Paysan parvenu*, des quelques indélicatesses qui choquent dans le personnage principal, mais qui s'expliquent surtout par son ancienne condition de valet, et qui se font oublier d'ailleurs par des actes pleins de noblesse et de générosité, ce roman reste encore une œuvre considérable, et qui n'aurait pas dû être exposé aux railleries de Voltaire. Nous ne pensons pas non plus que Marivaux ait besoin d'être justifié du reproche de l'avoir laissé inachevé. Que pouvait-il y ajouter pour grandir l'intérêt, qui doit toujours aller croissant ? Jacob est parvenu de la plus humble condition à un rang élevé dans l'Etat ; il est bon et il est riche, mais la fortune n'a pas gâté ses heureuses qualités. Il est donc aisé d'en conclure qu'il fera de ses grands biens un noble et utile emploi. Il nous semble que pour aller au-delà, il faudrait créer d'autres situations et d'autres personnages, c'est-à-dire recommencer un autre roman.

Tout en publiant son *Paysan parvenu*, Marivaux continuait à écrire pour le théâtre. Les applaudissements qu'il y trouvait et son état de pauvreté le ramenaient sans cesse à ces travaux favoris de sa jeunesse, qui avaient commencé sa réputation et qui l'avaient fait vivre, en le consolant des tristesses d'une vie laborieuse et précaire.

Ces comédies n'ont pas toutes la valeur des *Fausses Confidences*, publiées en 1736, et son dernier chef-d'œuvre. Cependant la petite pièce des *Sincères* (1739) est une des plus agréables et des plus piquantes de l'auteur. La scène IV surtout, entre la marquise et Ergaste, rappelle assez bien l'admirable scène des *portraits* dans le deuxième acte du *Misanthrope*. C'est aussi une série de portraits esquissés avec tout l'esprit et la fine malice d'une coquette.

VII. — DERNIERS ÉCRITS

L'*Epreuve* (1740) n'est guère qu'une spirituelle mystification dont s'amuse un amant, Lucidor, aux dépens de celle qu'il aime, Angélique, et dont il veut éprouver l'amour avant de l'épouser. C'est exactement la donnée des *Jeux de l'amour et du hasard*, avec des situations différentes. Frontin est bien de la famille des valets de Marivaux, qui peuvent toujours jouer le rôle de leurs maîtres et en porter l'habit sans trop d'invraisemblance.

On croirait que l'auteur a voulu, dans ces transpositions, montrer qu'entre le maître et le valet, la fortune fait seule la différence. Blaise est le paysan normand, madré, rapace, d'une naïveté calculée, chez qui la cupidité fait taire tous les autres sentiments. Et remarquons à ce propos que Marivaux, élevé en Auvergne, n'a pourtant jamais emprunté ses personnages à cette province. Tous ses paysans parlent un mauvais patois normand, et ils en ont plus ou moins le caractère. Mais on sait que l'auteur était originaire de la Normandie. C'est sans doute un souvenir de sa toute première jeunesse que nous retrouvons dans ses œuvres.

Enfin, le personnage sérieux et sensé de l'*Epreuve*, c'est Angélique, l'amante persécutée, qui semble faire la critique de la pièce lorsqu'elle dit : « Je sais bien que si jamais je viens à aimer quelqu'un, ce ne sera pas moi qui lui chercherai des filles en mariage ; je le laisserai plutôt mourir garçon. »

En parlant ainsi, Angélique exprime un sentiment vrai, naturel. Elle ne comprend pas qu'un amant bien épris ose risquer son repos dans une expérience, au bout de laquelle peut très bien se trouver une déception. Les manières et les promesses de Frontin, qui ont surpris la bonne foi de la mère, Madame Argante, pouvaient tout aussi bien séduire le cœur de sa fille.

Voilà ce que se dit la véritable passion. Aussi, quand Lucidor, satisfait de cette humiliante épreuve, se décide à déclarer son amour, Angélique n'en croit rien, malgré les protestations les plus tendres. Elle ne se laisse convaincre que par la demande formelle de sa main.

Ces quelques défauts qui nous frappent aujourd'hui n'empêchèrent point l'*Epreuve* d'être reçue avec beaucoup de faveur à la Comédie italienne où depuis vingt ans, Marivaux ne comptait que des succès. Cependant, c'est à partir de ce moment qu'il cessa d'écrire pour cette scène qui avait porté bonheur à son talent. Peut-être eut-il lieu de le regretter, car, si l'on excepte le *Préjugé vaincu* (1746), qui est resté au Répertoire, il ne fit plus rien dans ce genre qui mérite d'être signalé. Sa verve, qui semble s'éteindre dans certaines lettres d'une moralité et d'un goût douteux, ne se ranime plus par intervalles, que pour produire de petits drames fort touchants, comme la *Femme fidèle*, destinés au comte de Clermont.

C'est sans doute à ce propos que Voltaire écrivait au marquis de Villette : « Il n'y a plus que les drames bourgeois du néologue Marivaux où l'on puisse aller pleurer en toute sûreté de conscience, » boutade qui convenait moins à l'auteur des *Fausses Confidences* qu'à La Chaussée, l'inventeur du drame larmoyant.

Cependant, malgré la malignité évidente de ce jugement, il y a certainement un grand fond de vérité. En vieillissant, en effet, Marivaux inclinait de plus en plus vers le genre sentimental, comme la société dont il était depuis si longtemps la vivante expression. Elle lui avait communiqué, la nature et la volonté aidant, ce style ingénieux et travaillé qui lui vaut de la part de Voltaire l'épithète de *néologue*; elle trouva encore en lui cette émotion sincère, ce don des larmes, qui faisait partie de son talent, quand elle fut gagnée à cette sensibilité en paroles, d'autant plus prononcée chez un peuple, que la chose devient plus rare.

Là, comme ailleurs, Marivaux est affecté le plus naturellement du monde; il a sa manière de sentir et de s'exprimer, qui ne saurait être du goût de Voltaire; mais cette manière a encore bien du charme et de la grâce, et l'effet, pour être cherché, n'en est pas moins trouvé, et souvent nous laisse émus.

Mais pour juger Marivaux avec équité, n'essayons pas de le soumettre à une rigoureuse esthétique littéraire; il est de tous les écrivains celui qui en a le moins de souci. Il a voulu être lui, et pas autre chose. Ennemi des voies connues, des sentiers battus, il cherche et trouve le sien où personne n'a passé avant lui, et où personne ne passera peut-être après; il l'orne comme son domaine; il l'embellit avec amour de toutes les fleurs qu'il cueille autour de lui, et dont plusieurs, après plus d'un siècle, ont conservé presque toute leur fraîcheur et tout leur parfum.

Telle est, croyons-nous, la part de Marivaux dans la littérature du xviiie siècle; elle est modeste, sans doute, mais elle est bien la sienne, et personne jusqu'ici ne s'est présenté pour la lui disputer.

Néologue ? oui vraiment, il l'est plus que tout autre, et il a voulu l'être. Si ce mot sous la plume de Voltaire est une critique, prenons-le, nous, plutôt comme un éloge ; car Marivaux n'a pas été néologue sans le savoir ; il a consacré toutes les ressources de son esprit à le devenir : c'est un de ses meilleurs titres de gloire. En cherchant à le mériter, il lui arrive de s'éloigner du droit chemin ; mais alors même que ses vues ne sont pas toujours d'accord avec la raison, elles ont au moins l'avantage de nous y ramener et de nous faire penser.

Le Cabinet du Philosophe en est un exemple frappant. Le style précieux, qu'il défend avec une incontestable abondance d'idées, est d'abord l'objet de ses théories paradoxales qui sont comme l'orthodoxie de son talent. Mais quand il porte son attention sur d'autres sujets ; quand il nous parle de *la religion, de l'insouciance de l'homme sur l'avenir de son âme, de la pauvreté*, etc., que de pensées justes, élevées, empreintes du plus pénétrant, du plus pur sentiment moral ! Il y a des leçons de la plus haute portée sociale, données sans prétentions au dogmatisme, et qui ne pouvaient germer que dans une âme honnête et convaincue. « Sa philosophie, libre et indépendante, ne fait grâce à aucun des travers qu'elle rencontre sur son chemin ; mais elle abaisse sa fierté devant les barrières qu'un devoir impérieux lui oppose. »

Tant d'œuvres aimables et de pages sérieuses, où l'agrément du style semble naître de la sérénité de l'âme, avaient marqué sa place dans un rang très honorable parmi les auteurs contemporains ; mais il manquait à sa renommée la sanction que tout écrivain ambitionne comme le couronnement de sa carrière littéraire : il n'était pas de l'Académie française.

Ses amis, Fontenelle en tête, qui appréciaient son caractère autant que son talent, y songeaient pour lui, depuis quelques années, et ce fut même d'après leurs conseils, qu'en 1740, Marivaux s'était décidé à renoncer tout à fait à la Comédie italienne, voulant se présenter avec plus de gravité devant l'illustre Compagnie. Il y fut admis le 4 février 1743, à l'unanimité. Il avait cinquante-cinq ans ; et il y en avait plus de trente qu'il n'avait point passé un seul jour sans écrire.

Il dut lui paraître doux de recevoir, dans ce sanctuaire de la gloire et du génie, la consécration des travaux de sa laborieuse existence. Il en exprimait sa joie d'une manière délicate dans son discours de réception, regrettant que le public ne pût être témoin qu'une fois de l'expression de sa reconnaissance : « Mais mon cœur, ajoutait-il, s'en dédommagera, en vous la conservant toujours. »

On connaît les circonstances singulières de cette réception. Un archevêque, Languet de Gergy, chargé de répondre à un auteur de comédies et de romans, c'était alors un spectacle assez nouveau pour piquer vivement la curiosité. Mais le prélat sut tout concilier, en déclarant que son ministère lui avait interdit à peu près la lecture des ouvrages de Marivaux, et qu'il n'en pouvait guère parler que par ouï-dire.

Peut-être ne fut-ce qu'une adroite réserve pour n'avoir pas à porter un jugement personnel sur des matières aussi délicates. On serait tenté de le croire, lorsqu'on lit ce discours, où l'auteur mêle fort habilement à la critique des œuvres, l'éloge du caractère et de l'esprit du récipiendaire. L'impression d'une lecture récente ne lui aurait pas fourni des réflexions plus justes, des remarques plus judicieuses, quand elles ne sont pas empreintes d'une certaine âpreté qui se déguise mal sous la politesse du langage.

Cette critique, qui devait se renouveler si souvent de notre temps, dans les discours académiques, était alors une nouveauté. Jusque-là, on n'était guère sorti des limites de l'éloge, comme l'a fait Marivaux pour l'académicien qu'il remplaçait. Cette séance eut donc un double attrait dont l'archevêque fit tous les frais. Évidemment son discours n'est pas d'un homme franc du collier. Il a une marche oblique et des allures sournoises qui gâtent les meilleurs endroits. L'auteur a beau dire au nouvel élu que le célèbre La Bruyère paraît, *dit-on*, ressusciter en lui, on sent qu'il ne le couvre de fleurs que pour mieux l'immoler, car, à la page suivante, se faisant l'interprète de ses confrères ou de l'impersonnel *on dit que,* il critiquera de la façon la plus amère le côté moral des œuvres de l'honnête Marivaux.

Oui, il y a dans les écrits de notre auteur, quelque chose de sensuel, de voluptueux, qui n'est point d'ailleurs particulier à lui seul au xviiie siècle. Les meilleurs n'y ont point échappé, et dans Rousseau, c'est le sentiment qui respire partout, qui en fait l'intérêt et la vie. Mais ce reproche pouvait être présenté avec plus de ménagements, et surtout plus de franchise : un discours académique n'est point un sermon.

Cette critique fut d'autant plus sensible à Marivaux qu'il n'y était nullement préparé. On s'était souvent raillé du précieux de son style, de la finesse recherchée de ses pensées, et il s'était défendu de son mieux, soit par des bons mots, soit par de petites dissertations fort ingénieuses et très bien déduites. Mais c'était la première fois qu'on l'attaquait dans la moralité de ses écrits, et lancée du haut de la tribune de l'Académie française, cette attaque lui parut être le jugement définitif de la postérité.

Il n'est guère probable cependant que Marivaux ait été sur le point d'interpeller publiquement, comme on l'a dit, l'archevêque de Sens, et de demander justice à l'Académie. Il était trop avisé pour se donner ce ridicule, qui aurait mis les rieurs contre lui. Mais il en garda un fond de tristesse qui dut influer sur son talent.

Il semble en effet, qu'à cette époque il soit à la recherche d'un genre qui n'expose plus ses ouvrages au reproche d'immoralité. Ainsi, il publie, dans le Mercure, ce qu'il appelle *le Miroir*, espèce d'épître très sensée, très réfléchie, pleine d'idées neuves et originales, où l'homme se voit dans toutes les variétés et les développements successifs de sa pensée depuis l'antiquité. Marivaux n'admet pas que la nature soit sur son déclin, comme beaucoup se plaisent à le proclamer; « la force de nos passions, de nos folies, et la médiocrité de nos connaissances, malgré les progrès qu'elles ont faits, devraient nous faire soupçonner que cette nature est encore bien jeune en nous. »

Il n'admet pas davantage que le Moyen-Age soit une époque de stérilité. « Dans ces siècles réputés barbares, dit-il, il y avait de grands esprits, et qui se sont alors montrés comme tels. S'ils n'ont point produit des ouvrages plus durables et qui soient de nature à nous plaire encore, prenez-vous en aux siècles barbares où ces grands esprits arrivèrent et à la détestable éducation qu'ils reçurent, en fait d'ouvrages d'esprit. »

Toutes ces réflexions, qui sont d'une vérité frappante, pouvaient s'éclairer encore d'un développement de plus, qui a sans doute échappé à Marivaux, peu versé, on le sait, dans la connaissance de ces temps reculés. Ce qui manquait aux grandes individualités du Moyen-Age, ce n'était pas précisément « *les ouvrages d'esprit* » puisque c'est du Moyen-Age que nous tenons tout ce que nous savons de l'antiquité, mais bien l'instrument même de la pensée, la langue, sans laquelle

« . . . . l'auteur le plus divin
« Est toujours, quoi qu'il fasse, un méchant écrivain.

Réduit, pour être entendu, tantôt à un idiome ingrat, tantôt à un latin dégénéré, leur génie, fait pour l'espace, la lumière et les sommets, était comme un aigle captif dans ces régions basses et ténébreuses. Ils en subirent, à leur insu, la pernicieuse influence, comme plus tard, Marivaux lui-même subit celle de son temps, à laquelle déjà ne le préparait que trop la nature de son esprit.

Malgré cette réserve, *le Miroir* n'en est pas moins un des meilleurs et des plus substantiels écrits échappés à sa plume. S'il fût resté fidèle à ce genre à la fois sérieux et léger, qui lui était familier, il se serait épargné bien des déceptions ; il n'aurait pas eu le chagrin de se survivre. Mais il eut le malheur de vouloir « forcer son talent, » et il se trouva que le burin de l'histoire était trop lourd pour cette main habituée à tenir le pinceau de Téniers et de Watteau.

Il s'en aperçut le jour où lisant, dans une séance publique de l'Académie française, ses *Réflexions sur les Hommes et sur les Romains,* il ne rencontra qu'un public distrait et peu disposé à l'écouter. Il en sortit blessé dans son amour-propre, découragé et peut-être aussi, convaincu qu'il avait fait fausse route. Mais il était trop tard pour rentrer dans celle où il n'avait eu que des applaudissements, car il avait soixante-trois ans; c'était en 1751.

Cet homme aimable et d'un commerce si charmant n'eut pas une vieillesse heureuse. Lorsqu'il sentit que son heure de succès était passée, et que la faveur du public se retirait de lui, il en conçut une profonde tristesse, et devint, à l'excès, susceptible et méfiant. On n'osait plus, dit-on, se parler bas devant lui, sans qu'il crût que ce fût à son préjudice.

Collet prétend même qu'il fallait le louer et le caresser continuellement comme une jolie femme. Enfin Grimm, dans sa *Correspondance littéraire,* se montre encore plus dur à son égard. Nous ne rapporterons pas ce jugement, qui nous paraît d'autant plus malveillant qu'il fut écrit au moment de la mort de Marivaux : il est d'un ennemi plutôt que d'un critique équitable.

Il est certain que, sur la fin de sa vie, il eut beaucoup à souffrir dans son amour-propre, qui avait toujours été très chatouilleux. Il n'en avait pas sondé toutes les subtilités et tous les détours, sans les avoir longuement observés dans son propre cœur.

Il nous semble cependant que Marivaux en vieillissant, fut plus heureux que d'autres écrivains plus grands que lui. Il se survécut, et il fut le témoin découragé de son déclin ; mais au moins il ne connut pas, de tous les mécomptes, le plus triste et le plus amer pour l'orgueil d'un auteur : ses derniers jours ne furent pas importunés par l'éclat naissant d'une gloire rivale ; cette douleur lui fut épargnée.

Il eut des détracteurs ; il eut même de faibles imitateurs ; mais il n'eut pas de rivaux, et il était bien difficile qu'il en eût. C'est l'opinion de Palissot, qui le juge avec assez d'impartialité. « Marivaux, dit-il, avait un tour d'esprit qui ne sera donné à personne. » Et plus loin : « Il sera toujours cité parmi les peintres de la nature, mais il ne faut pas même songer à imiter sa manière. »

Où est, en effet, le successeur de Marivaux, qui ait mis tant de réserve et d'originalité dans la peinture des mœurs les plus corrompues ; qui ait réuni, au même degré dans un genre léger, tant d'esprit, de bon sens et de gaieté, sans sortir des limites d'une liberté permise ? Quel écrivain, au XVIIIe siècle, a fait jouer plus habilement tous les ressorts de la vanité féminine, après l'avoir surprise dans ses replis les plus cachés ? Inimitable dans ses défauts mêmes, il l'est surtout dans l'étonnante variété de ses qualités, en apparence, les plus opposées, et qui sont toutes dues à la prodigieuse souplesse de son esprit, comme à la sincérité de son talent.

Ce n'est pas sans raison que, dans sa réponse, l'archevêque de Sens associa l'honnêteté de l'homme au mérite de l'auteur, pour lui en faire un double titre aux suffrages de l'Académie. La loyauté de caractère de Marivaux, l'innocence de ses mœurs et la bonté de son cœur faisaient partie de la valeur de l'écrivain, et, en l'admettant dans son sein, l'illustre Compagnie voulait honorer un confrère qui avait donné le rare exemple d'une vie conforme à la sagesse de sa morale ; qui avait le droit de stigmatiser la dureté des riches, parce que pauvre, il était généreux et bienfaisant ; de démasquer les trahisons des grands, parce qu'il était fidèle et sûr dans ses amitiés ; de flétrir les faux-dévots, parce qu'il était sincère sans ostentation dans ses croyances. Les vertus qu'il exalte dans ses écrits, il les met en pratique dans sa conduite. Si sa haine profonde de l'hypocrisie et de l'ingratitude lui a inspiré les fortes peintures qui nous rendent ces vices odieux, c'est à sa passion pour tout ce qui est honnête que nous devons ces portraits achevés qui font revivre avec tant de charme les aimables et précieuses qualités qu'ils personnifient.

Heureux l'homme que le contact d'une société railleuse et frivole n'a point atteint dans l'intégrité de ses principes ! Marivaux a souffert dans la paix de sa vie et dans le repos de sa vieillesse, des injustes critiques de ses ennemis, et jamais un mouvement de vengeance ne s'est rencontré sous sa plume ni dans son cœur. C'était une bonne et généreuse nature, fermée à tout sentiment de haine, sensible seulement aux douceurs de l'amitié.

Comme elle l'avait soutenu autrefois et fortifié dans toutes ses épreuves, elle fut encore la consolation et la ressource de ses vieux jours. Pauvre, après une existence des plus laborieuses et des plus remplies, il eut été humilié dans sa fierté, d'accepter les secours de cette charité brutale, « qui commence par écraser l'amour-propre du malheureux avant que de le soulager. » Mais il avait pour lui des âmes bienfaisantes, et il trouva surtout dans le dévouement d'une vieille amie, Mademoiselle de St-Jean, ces soins ingénieux, ces prévenances délicates, qui lui laissèrent jusqu'au dernier moment l'illusion d'une vie aisée.

Ainsi s'éteignit à soixante-quinze ans cet homme de tant d'esprit, auquel il ne manqua qu'un peu plus de mesure et de goût pour mériter une place parmi les grands écrivains du XVIIIe siècle.

MARIVAUX MORALISTE

MORCEAUX CHOISIS

EXTRAITS DU SPECTATEUR FRANÇAIS

LE SOLLICITEUR

Je viens de voir un homme qui attendait un grand seigneur dans son salon ; je l'examinais, parce que je lui trouvais un air de probité, mêlé d'une tristesse timide ; sa physionomie et les chagrins que je lui supposais m'intéressaient en sa faveur. Hélas ! disais-je en moi-même, l'honnête homme est presque toujours triste, presque toujours sans biens, presque toujours humilié ; il n'a point d'amis, parce que son amitié n'est bonne à rien ; on dit de lui, c'est un honnête homme ; mais ceux qui le disent le fuient, le dédaignent, le méprisent, rougissent même de se trouver avec lui ; et pourquoi ? c'est qu'il n'est qu'estimable.

En faisant cette réflexion, je voyais dans la même salle des hommes d'une physionomie libre et hardie, d'une démarche ferme, d'un regard brusque et aisé ; je leur devinais un cœur dur, à travers l'air tranquille et satisfait de leur visage ; il n'y avait pas jusqu'à leur embonpoint qui ne me choquât. Celui-ci, disais-je, est vêtu simplement, mais dans un goût de simplicité garant de son opulence, et l'on voit bien à son habit que son équipage et ses valets l'attendent à la porte. L'or et l'argent brillent sur les habits de cet autre. Ne rougit-il pas d'étaler sur lui plus de biens que je n'ai de revenu? Non, disais-je, il n'en rougit point. Je fais le philosophe ici ; mais si j'avais à faire à lui, je verrais s'il a tort de s'habiller ainsi, et si ses habits superbes ne reprendraient pas sur mon imagination les droits que ma morale leur dispute.

C'était donc dans de pareilles pensées que je m'amusais avec moi-même, quand le grand seigneur entra dans la salle. L'homme pour qui je m'intéressais ne se présenta à lui que le dernier. Sa discrétion n'était pas sans mystère ; c'est que son visage indigent n'était pas de mise avec celui de tant de gens heureux. Enfin, il s'avança ; mais le grand seigneur sortait déjà de la salle, quand il l'aborda. Il le suivit donc du mieux qu'il put, car l'autre marchait à grands pas ; je voyais mon homme essoufflé tâcher de vaincre, à force de poitrine, la difficulté de s'exprimer en marchant trop vite ; mais il avait beau faire, il articulait fort mal. Quand on demande des grâces aux puissants de ce monde, et qu'on a le cœur bien placé, on a toujours l'haleine courte. J'entendis le grand seigneur lui répondre, mais sans regarder, et prêt à monter en carrosse ; la moitié de sa réponse se perdit dans le mouvement qu'il fit pour y monter. Un laquais de six pieds vint fermer la portière, et le carrosse avait déjà fait plus de vingt pas, que mon homme avait encore le cou tendu pour entendre ce que le seigneur lui avait dit.

Supposons à présent que cet homme ait de l'esprit. Croyez-vous en vérité que ce qu'il sentit en se retirant, ne valût pas bien ce que l'auteur le plus subtil pourrait imaginer dans son cabinet en pareil cas? Allez l'interroger, demandez-lui ce qu'il pense de ce grand seigneur. Il vient d'en essuyer cette distraction hautaine que donne à la plupart des grands le sentiment gigantesque qu'ils ont d'eux-mêmes ; ce seigneur, par un ton de voix indiscret et sans miséricorde, vient d'instruire toute la salle que cet honnête homme est sans fortune. Quel est encore une fois l'auteur dont les idées ne soient de pures rêveries, en comparaison des sentiments qui vont saisir notre infortuné ?

Grands de ce monde, si les portraits qu'on a faits de vous dans tant de livres, étaient aussi parlants que l'est le tableau sous lequel il vous envisage (1), vous frémiriez de l'injure dont votre orgueil contriste, étonne et désespère la généreuse fierté de l'honnête homme qui a besoin de vous. Ces pres-

(1) *Le tableau sous lequel il vous envisage.* Il faudrait : *les traits sous lesquels*, etc. On n'envisage pas une personne sous un *tableau*.

tiges de vanité qui vous font oublier qui vous êtes, ces prestiges se dissiperaient, et la nature soulevée, en dépit de toutes vos chimères, vous ferait sentir qu'un homme, quel qu'il soit, est votre semblable. Vous vous amusez, dans un auteur, des traits ingénieux qu'il emploie pour vous peindre. Le langage de l'homme en question vous corrigerait ; son cœur, par ses gémissements, trouverait la clef du vôtre ; il y aurait dans ses sentiments une convenance infaillible avec les sentiments d'humanité dont vous êtes encore capables, et que font taire vos illusions.

LA PASSION EST SANS PITIÉ

Je viens de rencontrer, ce soir, dans le détour d'une rue, une jeune fille qui m'a demandé l'aumône ; elle pleurait à chaudes larmes ; son affliction m'a touché. Je l'ai regardée avec attention ; je lui ai trouvé de la douceur et des grâces dans la physionomie, beaucoup d'abattement, avec un air confus et embarrassé. Son habit, quoique mauvais, marquait une condition honnête. Pourquoi pleurez-vous ? lui ai-je dit. Hélas ! monsieur, c'est que je suis dans un état affreux, m'a-t-elle répondu, mais d'un ton qui m'a saisi, et qui marquait une désolation profonde. Là-dessus j'ai été tenté de la laisser, sans lui en demander davantage, pour me sauver de l'intérêt douloureux qu'elle

commençait à m'inspirer pour elle ; mais je n'ai
pu me débarrasser de la pitié qu'elle m'avait fait
éprouver ; il aurait fallu prendre trop sur moi,
et ce ménagement pour moi-même m'aurait mis
plus mal à mon aise que la plus triste sensibilité
pour ses malheurs.

Je l'ai donc tirée à quartier et dans un endroit
où je pouvais l'écouter paisiblement.... Mademoiselle, vous me paraissez dans une grande peine,
lui ai-je dit, en lui donnant quelque argent ; que
vous est-il arrivé ?.... Elle ne m'a répondu d'a-
bord que par des sanglots ; ses larmes ont coulé
avec plus d'abondance ; enfin, s'étant un peu re-
mise :

« Puisque vous avez la bonté de prendre part à
« mon affliction, m'a-t-elle dit, je vais vous en
« instruire. Je suis une fille de famille ; mon père
« avait une charge assez considérable en province.
« Il mourut il y a trois ans ; le jeu avait dérangé
« ses affaires, et ma mère est restée veuve, char-
« gée de trois filles, dont je suis l'aînée. Nous
« sommes venues à Paris, ma mère et moi, après
« avoir vendu tout ce qui nous restait, pour hâter
« la décision d'un procès dont le gain nous réta-
« blirait. Il y a dix-huit mois que nous sommes
« ici. Notre partie, qui est puissante, et qui pré-
« voit qu'un arrêt ne lui peut être favorable, a eu
« assez de crédit pour le reculer ; ces longueurs
« ont consommé ce que nous avions. Dans cette

« extrémité, nous avons tenté de nous jeter aux
« pieds de nos juges, pour implorer leur justice ;
« mais au palais, nous les avons toujours trouvés
« entourés de clients, parmi lesquels nous n'osions
« nous mêler, mal vêtues comme nous sommes ;
« et chez eux, soit que notre figure ne s'attirât pas
« l'attention de leurs domestiques, ou que nous
« vinssions à de mauvaises heures, on nous a tou-
« jours dit que ces messieurs étaient absents ou
« occupés, de sorte que nous n'avons nul appui.
« On néglige de travailler pour nous, parce que
« nous n'avons point de quoi payer. Enfin, mon-
« sieur, la misère où nous sommes tombées, le
« chagrin, le mauvais air et l'obscurité du lieu où
« nous logeons, la douleur de me voir souffrir
« moi-même, et le grand âge, ont entièrement
« abattu ma mère. Elle est malade, et tout lui
« manque ; et moi, qui suis au désespoir de la
« voir dans cet état, il faut, monsieur, que je
« combatte encore mon amour et ma compassion
« pour elle. Si je les écoute, je suis perdue ; un
« riche bourgeois m'offre tous les secours pos-
« sibles. Mais quels secours, monsieur ! ils sau-
« veraient la vie à celle qui m'est chère, ils désho-
« noreraient éternellement la mienne ; voilà mon
« état, en est-il de plus terrible ? J'aime ma
« mère, j'en suis aimée ; elle meurt, cela me fait
« trembler pour nous deux. Dans mon affliction,
« je lui ai dit les offres de l'homme dont je vous

« parle. A mon récit, j'ai cru qu'elle allait expirer
« entre mes bras ; elle m'a baignée de ses larmes,
« elle a jeté sur moi des yeux tout égarés, et
« s'est retournée de l'autre côté, sans me dire
« une seule parole. Je ne sais pourquoi je ne l'ai
« point pressée de me parler ; il semble que cette
« femme vertueuse ait perdu tout courage, et
« succombe sous notre malheur ; et moi, je vou-
« drais mourir pour être délivrée du péril de la
« voir. »

Tout honnête homme sentira combien les discours de cette fille ont dû me toucher. Je lui ai donné ce que j'ai pu ; j'ai joint à cela des conseils que j'ai crus les plus convenables, et me suis retiré chez moi presque aussi affligé qu'elle.

Qu'il est triste de voir souffrir quelqu'un, quand on n'est point en état de le secourir, et qu'on a reçu de la nature une âme sensible qui pénètre toute l'affliction des malheureux, qui l'approfondit involontairement, pour qui c'est comme une nécessité de la comprendre et de ne rien perdre de la douleur qui en peut rejaillir sur elle-même ! Juste ciel ! quels sont donc les desseins de la Providence dans le partage mystérieux qu'elle fait des richesses ? Pourquoi les prodigue-t-elle à des hommes sans honneur, nés durs et impitoyables, pendant qu'elle en est avare pour les hommes généreux et compatissants, et qu'à peine leur a-t-elle accordé le nécessaire ? Que peuvent, après cela, devenir les malheureux, qui par là n'ont de ressource, ni dans l'abondance des uns, ni dans la compassion des autres! Mais ces réflexions, qui naissent de mon impuissante médiocrité, m'écartent de celles que me fournit l'aventure de la jeune fille en question.

Homme riche, vous qui voulez triompher de sa vertu par sa misère, de grâce, prêtez-moi votre attention. Ce n'est point une exhortation pieuse, ce ne sont point des sentiments dévots que vous allez entendre; non, je vais seulement tâcher de vous tenir les discours d'un galant homme, sujet à ses sens aussi bien que vous; faible, et, si vous voulez, vicieux; mais chez qui les vices et les faiblesses ne sont point féroces, et ne subsistent qu'avec l'aveu d'une humanité généreuse. Oui, vicieux encore une fois, mais en honnête homme, dont le cœur est heureusement forcé, quand il le faut, de ménager les intérêts d'autrui dans les siens, et ne peut vouloir d'un plaisir qui ferait la douleur d'un autre.

Je vous suppose jaloux de l'estime des hommes, et du droit de vous estimer vous-même. Si vous n'êtes pas ce que je dis, ce n'est plus à vous que je parle, vous n'êtes que la moitié d'une créature humaine; vous en avez la figure et le penchant au mal; mais vous n'en avez ni la dignité ni la noblesse, et pour lors je m'adresse à d'honnêtes gens, qui, dans une aventure comme la vôtre, pourraient se démentir, et se livrer à l'amour d'un vice odieux, préférablement au goût de vertu et de générosité qu'ils ont en eux, goût secourable, qu'ils feraient peut-être avorter dans leur âme, qui cependant les presserait, qui les poursuivrait, qu'ils écarteraient, qui reviendrait à la charge, enfin, qu'ils étoufferaient, de crainte de l'aimer, d'y céder, de devenir vertueux, et d'y perdre.

Quoi qu'il en soit, écoutez-moi, si vous le pouvez. Que vous deveniez amoureux d'une femme qui peut se passer de vous, que nulle affaire importante n'expose à la nécessité de vous recevoir; que vous la tentiez par votre opulence; que vous lui inspiriez l'envie d'être mieux; qu'à la vue de votre abondance, il lui naisse des besoins qu'elle n'aurait pas connus; que vous profitiez de ces besoins imposteurs; que vous jetiez dans son cœur moitié tendresse pour l'amant, moitié faiblesse pour l'homme riche : vous faites mal, vous êtes un mauvais chrétien; mais à quelque délicatesse près, dont je comprends qu'il est difficile d'écouter le scrupule, vous êtes encore galant homme, suivant le monde.

De même, que la jeunesse et les grâces de la fille dont nous avons parlé vous aient donné de l'amour, ce n'est pas là ce qui m'étonne, et ma charge n'est pas de vous inquiéter là-dessus; mais que ce visage frappé de désespoir, dont la souffrance a désolé les traits, que ces grâces flétries par les larmes n'aient pas déconcerté votre amour, ou n'en aient point fait une protection pour cette infortunée; que cet amour, loin de la plaindre de tant de maux, n'en ait reçu qu'une confiance plus brutale; que la misère la plus féconde en impressions touchantes, ne l'ait déterminé qu'à l'outrage, et non pas aux bienfaits; que vous dirai-je enfin? qu'à la vue d'un pareil objet, cet amour ne se soit pas fondu en pitié généreuse; qu'en écoutant cette fille, la charité ne vous ait pas attendri sur le péril où l'exposait son malheur; que le découragement, la lassitude qui pouvait la prendre, n'ait pas attiré tous vos égards; que vous ayez pesé son infortune, que vous en ayez compris l'excès, sans en sentir vos désirs confondus, sans être épouvanté vous-même de vous surprendre dans le dessein horrible d'en profiter, voilà ce qui me passe; c'est une iniquité dont je ne sais comment on peut soutenir le poids, c'est une intrépidité de vice que mon imagination ne peut atteindre.

Tyran que vous êtes! qu'avez-vous dit à cette fille, dont vous avez vu la jeunesse en proie à la fureur des derniers besoins? Malheur à toi que la faim dévore! à qui t'adresses-tu? mon incontinence va prendre avantage de ta misère. Si tes besoins te mettaient moins en prise, tu pourrais n'exciter que ma compassion; mais ils sont extrêmes, ils me corrompent. Il ne s'agit plus de te plaindre; ton honneur m'échapperait, si j'étais généreux; je l'attends de ton désespoir que ma dureté va pousser à bout; et, misérable comme tu l'es, je te vois comme une bonne fortune qui vient s'offrir à ma débauche. Point de secours qui ne fasse ton opprobre; subis toutes les rigueurs de ton sort; achève d'en être la victime. Veux-tu du pain? deviens infâme, et je t'en accorde (1); voilà tout ce que je sens pour toi, voilà le fruit de l'imprudent aveu de ton infortune.

Est-ce là ce que vous avez dit à cette fille? si ce ne sont pas là vos paroles, du moins ce sont vos pensées. Vos pensées! non, je ne le puis croire; elles ont peut-être menacé de se montrer; mais vous en avez craint la laideur trop affreuse, et vous vous y êtes refusé. Votre âme n'aurait pu supporter la vue d'une méchanceté si distincte; son libertinage n'aurait pu la sauver des remords, de l'horreur d'elle-même, ni des sentiments d'attendrissement qui l'auraient pressée. La victoire aurait été trop sanglante à remporter sur tout cela, et ce n'est enfin qu'en vous étourdissant sur votre action, que vous l'avez commise. Cepen-

---

(1) *Veux-tu du pain? deviens infâme, et je t'en accorde.* On ne pouvait résumer d'une manière plus énergique le sens général de ce morceau qui prouve, comme plusieurs belles pages de *Marianne*, que l'esprit, chez Marivaux, n'exclut pas l'éloquence du sentiment : *Pectus est quod facit disertum.*

dant, valait-elle que vous dussiez renoncer à la satisfaction d'être content de vous, et étouffer l'honnête homme, pour mettre le monstre en liberté? Vous me l'avouerez, vos efforts pour détruire l'un vous mettaient mal avec vous-même, vous n'osiez les réfléchir; vos efforts contre l'autre auraient été presque des plaisirs; il y serait entré je ne sais quelle douceur de vous trouver dans l'ordre, exempt de reproche, et comme en état de vous regarder avec quiétude et confiance; il s'y serait mêlé je ne sais quel sentiment de votre innocence, je ne sais quelle suavité que l'âme respire alors, qui l'encourage et lui donne un avant-goût des voluptés qui l'attendent. Oui, voluptés; c'est le nom que je donne aux témoignages flatteurs qu'on se rend à soi-même, après une action vertueuse; voluptés bien différentes des plaisirs que procure le vice. De celles-là, jamais l'âme n'a satiété; elle se trouve, en les goûtant, dans la façon d'être la plus délicieuse et la plus superbe; ce ne sont point des plaisirs qui la dérobent à elle-même; elle n'en jouit pas dans les ténèbres; une douce lumière les accompagne, qui la pénètre, et lui présente le spectacle de son excellence. Voilà les plaisirs que vous avez sacrifiés à l'avilissement des plaisirs du vice; car que sont-ils qu'un état de prostitution pour l'âme, qu'elle ne goûte et ne se pardonne qu'à la faveur du trouble qui lui voile son infamie?.... Mais c'en est assez; ces réflexions m'ont mené trop loin. Il en naît encore de très importantes de l'aventure de cette fille et de sa mère, qui n'ont pu aborder leurs juges, et dont la pauvreté met les affaires en souffrance.

LE SAVETIER PHILOSOPHE

Je viens de voir l'entrée de l'Infante (1). J'ai voulu parcourir les rues pleines de monde. C'est une fête délicieuse pour un misanthrope, que le spectable d'un si grand nombre d'hommes assemblés ; c'est le temps de sa récolte d'idées. Cette innombrable quantité d'espèces de mouvements forme à ses yeux un caractère générique. A la fin, tant de sujets se réduisent en un ; ce ne sont plus des hommes différents qu'il contemple, c'est l'homme représenté dans plusieurs milliers d'hommes.

Au milieu de mes réflexions, j'ai aperçu un pauvre savetier qui travaillait d'un sang-froid admirable dans sa boutique. De temps en temps, il

---

(1) *L'entrée de l'*INFANTE. Il s'agit de la très jeune princesse d'Espagne, fille de Philippe V. Elle n'avait que cinq ans et demi, lorsqu'elle fut mariée à Louis XV, alors âgé de quinze ans. Elle vint à Paris, fut logée dans cette partie du Louvre dont le jardin a retenu son nom. Après un séjour de deux ans, une intrigue de cour la fit renvoyer en Espagne. Cette circonstance fixe l'époque où fut composé le *Spectateur*. Le renvoi de l'Infante eut lieu en 1725.

jetait ses regards sur cette foule de gens curieux qui s'étouffaient, et il critiquait ensuite leur curiosité, en haussant les épaules d'un air de pitié. Il m'a pris envie de voir de près ce philosophe subalterne, et d'examiner quelle forme pouvaient prendre des idées philosophiques dans la tête d'un homme qui raccommodait des souliers.

Je me suis approché. J'ai fait plus, je lui ai demandé un asile dans sa boutique contre la foule. Comment! lui ai-je dit, vous travaillez, pendant que vous pouvez voir de si belles choses, mon bon homme!

Pardi! m'a-t-il répondu, monsieur, cela est trop beau pour de petites gens comme nous; il ne nous appartient pas de voir ces beautés-là; cela est bon pour vous autres gens qui avez votre pain cuit, et qui avez le temps de consumer votre journée à ne rien faire. Voyez-vous, monsieur! quand on a de l'ouvrage qu'il faut rendre, sous peine de jeûner sans en avoir envie, le cheval de bronze marcherait de ses quatre pattes, que j'aimerais, mardi! mieux le croire, que de l'aller voir. Les fainéants ne valent rien à suivre; c'est une compagnie qui n'est pas saine pour ceux-là qui n'ont pas le moyen d'être comme eux. J'interrompis ce discours d'un sourire... Tenez, ajouta-t-il après, en se retournant, voilà quatre escabeaux dans ma boutique; je suis content comme un roi, avec cela et mes savates, je m'en accommode à merveille, quand je ne m'amuse pas à regarder toutes ces braveries-là. Mais sitôt que je vois tant de beaux équipages, et tout ce monde qu'il y a dedans, mes escabeaux et mes savates me fâchent, je deviens triste, je n'ai pas de cœur à l'ouvrage. Pardi! puisque Dieu m'a fait pour raccommoder de vieux souliers, il faut aller mon train, laisser là les autres, et vivre bon serviteur du roi et des siens; le reste n'a que faire de moi, ni moi du reste. J'en serai bien mieux, quand j'aurai été courir la pretentaine, et gagner plus d'appétit, qu'à moi n'appartient d'en avoir! Vous ne savez pas ce que c'est que d'être savetier; cela vous passe.

Ce brute Socrate s'est arrêté là (1); je ne lui ai rien répondu, sinon qu'il avait raison. La scène a fini par une petite chanson qu'il a entonnée; et, ma curiosité satisfaite, je me suis retiré de sa boutique, pour aller butiner quelques nouveautés ailleurs.

L'AMATEUR DE GROS IN-FOLIO

Je m'amusais, l'autre jour, dans la boutique d'un libraire, à regarder des livres. Il y vint un homme

---

(1) *Ce brute Socrate s'est arrêté là*. La physionomie de ce *brute Socrate* est frappante de vérité. Qui n'a pas vu de ces gens du peuple, qui, tout fiers du sacrifice qu'ils font en s'abstenant de courir à une exécution sanglante ou à une fête publique, parlent avec dédain de cette multitude curieuse qu'au fond ils ne seraient pas fâchés d'imiter?

âgé, qui, à la mine, me parut homme d'esprit grave ; il demanda au libraire, mais d'un air de bon connaisseur, s'il n'avait rien de nouveau. J'ai *le Spectateur*, lui répondit le libraire. Là-dessus, mon homme mit la main sur un gros livre dont la reliure était neuve, et lui dit : Est-ce cela ? Non, monsieur, reprit le libraire ; *le Spectateur* ne paraît que par feuilles, et le voilà. Fi ! repartit l'autre, que voulez-vous qu'on fasse de ces feuilles-là ? cela ne peut être rempli que de fadaises (1), et vous êtes bien de loisir d'imprimer de pareilles choses.

L'avez-vous lu, ce *Spectateur ?* lui dit le libraire. Moi, le lire ! répondit-il : non ; je ne lis que du bon, du raisonnable, de l'instructif, et ce qu'il me faut n'est pas dans vos feuilles. Ce ne sont ordinairement que de petits ouvrages de jeunes gens qui ont quelques vivacités d'écolier, quelques saillies plus étourdies que brillantes, et qui prennent les mauvaises contorsions de leur esprit, pour des façons de penser légères, délicates et cavalières. Je ne suis point curieux d'originalités puériles.

En effet, je suis du sentiment de monsieur, dis-je alors, en me mêlant de la conversation ; il parle

(1) *Que voulez-vous qu'on fasse de ces feuilles-là ? cela ne peut être rempli que de fadaises.* On reconnaîtra ici quelques-unes des idées que Paul-Louis Courier a développées depuis avec bonheur dans son fameux *pamphlet des pamphlets ;* c'est le même tour d'esprit et le même goût de fine plaisanterie qui ont fait la fortune du célèbre et malheureux satirique de notre âge.

en homme sensé ; pures bagatelles que des feuilles ! La raison, le bon sens et la finesse, peuvent-ils se trouver dans si peu de papier ? Ne faut-il pas un vaste terrain pour les contenir ? Un bon esprit s'avisa-t-il jamais de penser et d'écrire autrement qu'en gros volumes ? Jugez de quel poids peuvent être des idées enfermées dans une feuille d'impression que vous allez soulever d'un souffle ; et quand même elles seraient raisonnables ces idées, est-il de la dignité d'un personnage de cinquante ans, par exemple, de lire une feuille volante, un colifichet ? Cela le travestit en petit jeune homme, et déshonore sa gravité ; il déroge. Non, à cet âge-là, tout savant, tout homme d'esprit ne doit ouvrir que des *in-folio*, de gros tomes, respectables par leur pesanteur, et qui, lorsqu'il les lit, le mettent en posture décente ; de sorte qu'à la vue du titre seul, et retournant chaque feuillet du gros livre, il puisse se dire familièrement en lui-même : Voilà ce qu'il faut à un homme aussi sérieux que moi, d'une aussi profonde réflexion. Là-dessus il se sent comme entouré d'une solitude philosophique dans laquelle il goûte en paix le plaisir de penser qu'il se nourrit d'aliments solides, dont le goût n'appartient qu'aux raisons graves. Eh bien ! monsieur, qu'en dites-vous ? n'est-ce pas là votre pensée ?

Ce discours surprit un peu mon homme. Il ne savait s'il devait se fâcher ou se taire ; je ne lui donnai pas le temps de se déterminer. Monsieur, lui dis-je encore en lui présentant un assez gros livre que je tenais, voici un *Traité de Morale;* le volume n'est pas extrêmement gros, et à la rigueur on pourrait le chicaner sur la médiocrité de sa forme ; mais je vous conseille pourtant de lui faire grâce en faveur de la matière ; c'est de la morale, et de la morale déterminée, toute crue. Malepeste ! vous voyez bien que cela fait une lecture importante, et digne du flegme d'un homme sensé. Peut-être même la trouverez-vous ennuyeuse, et tant mieux ; à notre âge, il est beau de soutenir l'ennui que peut donner une matière naturellement froide, sérieuse, sans art, et scrupuleusement conservée dans son caractère. Si l'on avait du plaisir à la lire, cela gâterait tout ; voilà une plaisante morale que celle qui instruit agréablement ! tout le monde peut s'instruire à ce prix-là. Ce n'est pas tant l'utile qu'il lui faut, que l'honneur d'agir en homme capable de se fatiguer pour chercher cet utile, et la vaste sécheresse d'un gros livre fait justement son affaire.

Chacun a son goût, et je vois bien que vous n'êtes pas du mien, me dit alors le personnage, qui se retira mécontent et décontenancé, et que peut-être notre conversation réconciliera dans la suite avec les brochures ; excepté, sans doute, avec les miennes, qui peuvent ne le pas mériter. Ce sera du moins avec celles des autres.

QUELQUES MOTS SUR LES LETTRES PERSANES

Avant de finir cette feuille je ne puis m'empêcher de dire un mot d'un livre que je lisais ce matin, intitulé les *Lettres Persanes*. Je n'en ai encore lu que quelques-unes, et par celles-là je juge que l'auteur est un homme de beaucoup d'esprit ; mais entre les sujets hardis qu'il se choisit, et sur lesquels il me paraît le plus briller, le sujet qui réussit le mieux à l'ingénieuse vivacité de ses idées, c'est celui de la religion et des choses qui ont rapport à elle. Je voudrais qu'un esprit aussi fin que le sien eût senti qu'il n'y a pas un si grand mérite à donner du joli et du neuf sur de pareilles matières, et que tout homme qui les traite avec quelque liberté, peut s'y montrer spirituel à peu de frais. Non que, parmi les choses sur lesquelles il se donne un peu carrière, il n'y en ait d'excellentes en tout sens, et que même celles où il se joue le plus ne puissent recevoir une interprétation utile ; car enfin, dans tout cela je ne vois qu'un homme d'esprit qui badine, mais qui ne songe pas assez qu'en se jouant il engage quelquefois un peu trop la gravité respectable de ces matières. Il faut là-dessus ménager l'esprit de l'homme, qui tient faiblement à ses devoirs, et ne les croit presque plus nécessaires, dès qu'on les lui présente d'une façon peu sérieuse.

L'auteur, par exemple, blâme les lois de l'Europe contre ceux qui se tuent eux-mêmes ; il les appelle injustes et furieuses ; il veut qu'on laisse à l'homme le droit de sortir de la vie, quand elle lui est à charge ; il dit que cet homme, en se défaisant, ne fait que changer les modifications de sa matière, et rendre carrée une boule que les lois de sa création avaient faite ronde.

De l'air décisif dont il parle, on croirait presque qu'il est entré de moitié dans le secret de cette même création ; on croirait qu'il croit ce qu'il dit, pendant qu'il ne le dit que parce qu'il se plaît à produire une idée hardie.

Quoi qu'il en soit, je crois que j'achèverai son livre avec autant de plaisir que je l'ai commencé (1).

LETTRE D'UN PÈRE QUI SE PLAINT DE L'INGRATITUDE DE SON FILS

« Monsieur le Spectateur,

« Je ne vous demande point de mettre cette lettre dans vos feuilles ; je ne sais point faire de

---

(1) *Je crois que j'achèverai son livre avec autant de plaisir que je l'ai commencé.* On ne parlait alors que des *Lettres Persanes*; c'est ce qui explique une digression si brusque et si imprévue; c'est ce qui dut la justifier, quand même on n'y eût pas trouvé sur une erreur d'un admirable écrivain un jugement plein de mesure, qui depuis a été ratifié par tous les gens sages.

lettres qui méritent d'être imprimées. Je vous prie seulement d'avoir la bonté, dans un de vos discours, de traiter de la situation où je suis. Si vous aimez à secourir les gens qui sont malheureux, vous ne pouvez donner du secours à personne qui soit plus digne de compassion que moi.

« Je suis infirme, accablé d'années, relégué à la campagne, où l'on a livré ma vieillesse à la discrétion de deux ou trois domestiques sans charité pour mon âge ni pour mes infirmités, qui m'oublieraient toujours si je n'étais importun, et dont il faut que j'impatiente la brutalité, pour en arracher quelque attention à mes besoins. L'on ne m'a laissé auprès d'eux d'autre appui que la pitié que je devrais leur inspirer ; mais je leur en inspire bien peu, et ils abusent cruellement de l'oubli non moins cruel où m'a laissé leur maître. Hélas ! ce qui m'afflige le plus, ce qui fait toute l'amertume de mes peines, c'est que ce maître dont je parle, vous le dirai-je, monsieur ? c'est qu'il est mon fils. Je suis sûr que mon état vous touche ; mais quelque bon cœur que vous ayez, vous ne sauriez comprendre toute ma misère ; il faut être à ma place, il faut être père pour en sentir toute l'étendue.

« C'est sans doute un étrange malheur que d'être à mon âge rebuté de tout le monde, ou de se voir à la merci de l'humanité des étrangers, de gens qui ne sont ni vos amis ni vos parents ; de ne trouver personne qui s'intéresse véritablement à vous, et qui vous aide à supporter ce reste de vie languissante, où vous ne pouvez plus rien pour vous, où vous êtes à charge à vous-même. Dans de pareilles extrémités un homme est fort à plaindre. Enfin il souffre beaucoup, et puis il meurt. Eh bien ! monsieur, soyez-en persuadé, l'infortune de cet homme-là n'est rien auprès de la mienne, s'il n'a point d'enfants, si Dieu ne l'a pas fait le père d'un fils qui l'abandonne. Non, ce n'est rien que d'être délaissé des autres hommes, de n'avoir à se plaindre que de leur peu de compassion ; il n'est pas étonnant qu'ils soient durs, impitoyables ; vous ne leur êtes rien. Ce sont des indifférents, des inconnus que vous pressez d'être généreux ; ils ne veulent pas l'être pour vous, ils le sont peut-être pour d'autres, et si vous ne souffriez pas, vous n'en exigeriez rien.

« Mais, monsieur, vous imaginez-vous bien ce que c'est qu'un fils ? Savez-vous comment on le regarde, ce qu'on en attend, ce qu'il vous est ? Est-il pour vous un homme comme un autre ? Ah ! c'est ici que les expressions me manquent, c'est ici que mon cœur est saisi, et que j'éprouve une souffrance qui n'est point de la douleur, qui n'est point du désespoir, mais quelque chose de plus cruel que tout cela. Oui, l'on vit encore, il reste encore du courage et des forces, quand on sent de la douleur et du désespoir ; et moi, monsieur, je ne vis plus, je ne tiens plus à la vie que par un sentiment de tristesse qui me pénètre, qui confond et qui glace mon âme, qui ne me laisse ni crainte ni espérance, qui m'anéantit. Les hommes aujourd'hui me rejettent et m'abandonnent, et ce n'est encore là qu'être rejeté et abandonné des hommes ; mais mon fils me rejette et m'abandonne comme eux, et c'est être rejeté et abandonné de la nature entière. Il était mon unique appui, il était pour moi une ressource dont rien ne semblait pouvoir me priver, qui ne dépendait ni de la faveur ni de l'humanité des hommes. Que mon fils fût généreux ou non, la nature, les préjugés même, l'éducation qu'on donne à ses enfants, la tendresse qu'on a pour eux, l'habitude qu'ils prennent de respecter leur père, tout me garantissait l'amour de mon fils ; tout m'assurait que cet amour était mon bien ; tout dans son cœur devait m'excepter des autres hommes ; eût-il été sans honneur pour eux, tout le liait à moi comme tout me liait à lui. Fût-il né l'homme du monde le plus haïssable, eussé-je été capable de le haïr, en aurais-je moins senti que j'étais son père ? Nos enfants, pour nous éprouver sensibles, ont-ils besoin de le mériter, d'être bons et aimables ? Hélas ! que font sur nous leurs vices, qu'affliger notre amour sans le rebuter ?

« Oui, mon fils, de l'état déplorable où vous m'avez mis, de cet état d'abattement où je languis, c'est mon amour qui s'élève ; vous n'avez pu me l'ôter ; c'est lui qui se plaint de vous ; il ne m'est dur de vivre encore que parce que je vous aime toujours. Non, je ne souffre que parce que c'est vous qui me maltraitez. Votre cœur ne me connaît plus, et ma tendresse subsiste encore ; je n'ai pu cesser d'être votre père, comment avez-vous fait pour cesser d'être mon fils ? Il n'y a donc plus rien qui tienne à moi dans la nature ; tout s'y est donc séparé de moi. Je n'y vois plus qu'un désert ; j'y suis seul, ignoré de tout l'univers, de mon fils que je regrette, que j'appelle à mon secours, et qui m'ignore comme tout le reste des hommes.

« Cependant, monsieur, qu'ai-je fait contre ce fils ? De six enfants que j'avais il me resta seul. Je n'étais pas riche ; mais je l'aimais tendrement, et dans l'éducation que je lui donnai, mon économie et l'industrie de mon amour me tinrent lieu de richesses. Il répondit à mes soins. Je l'envoyai à Paris y suivre le barreau ; je m'ôtais presque le nécessaire pour l'y soutenir ; il y fit effectivement des progrès et s'acquit l'estime de tous ceux qui le connaissaient. Comme il était assez bien fait, et qu'on le voyait laborieux, une riche dame, dont il faisait les affaires, eut si bonne opinion de lui, qu'elle lui offrit sa fille, pourvu qu'en se mariant il eût du moins un bien médiocre. Ce bien médiocre était entre mes mains ; il consistait en deux petites terres qui venaient, partie de mon patrimoine, partie de mes épargnes, et dont le revenu avait servi à l'avancer et à me faire vivre. Il me transmit la proposition de la dame, me marqua tous les avantages du parti qu'on lui offrait, et me dit que sa fortune était entre mes mains. Hélas! elle ne pouvait être plus assurée. Je partis pour Paris, et je convins tout d'abord de lui donner la moitié de ce que j'avais, et de lui assurer l'autre.

« Son mariage se fit quelque temps après. Il quitta le barreau pour des emplois qui paraissaient meilleurs. Sa femme mourut en mettant un enfant au monde. Je perdis beaucoup; elle m'aimait, et sa mémoire me sera toujours chère. Quatre ou cinq mois après cette mort, mon fils eut besoin d'une somme considérable d'argent pour certaines spéculations; il en emprunta, mais il lui en manquait encore. J'étais alors content de lui. Je suis né simple et plein de franchise; je le croyais plus amoureux de mon repos que moi-même, et en vendant ce qui me restait pour achever sa somme, j'imaginais seulement que c'était un bien qui changeait de nature sans changer de maître.

« Je le vendis donc, suivant son envie, et cela sans prendre aucune précaution pour moi; la chose se fit entre nous deux seulement. L'argent en fut employé d'après ses vues; elles réussirent au-delà même de ses espérances. Le voilà donc devenu puissant. Il voulut alors jouir sans travailler davantage. Sa maison prit une autre face ; il se jeta dans les plus grands airs ; des amis plus considérables succédèrent à ceux qu'il avait eus d'abord ; il se défit insensiblement de ces derniers, dont les relations lui paraissaient alors trop bourgeoises. Il commença enfin à rougir de moi.

« Je m'en aperçus ; mais d'abord je crus me tromper. Vers le même temps je tombai malade, et je vis qu'il me négligeait dans le cours de ma maladie ; ses domestiques, à son exemple, me négligèrent aussi ; cela me chagrina sérieusement. Je le fis prier de venir dans ma chambre, où il n'était pas entré depuis quatre jours ; il y vint ; je me plaignis à lui du peu de soin qu'on avait de moi. C'est que vous êtes un peu difficile, mon père, me répondit-il. Voilà la première fois que vous me le dites, lui repartis-je, et votre réponse m'étonne. Ce n'était pas trop la peine de m'envoyer chercher pour me quereller, comme vous faites tout le monde, me dit-il là-dessus ; on a soin de vous tout autant qu'on le peut ; cependant vous vous plaignez toujours. Que faire à cela ? tâchez de vous remettre ; quand votre santé sera meilleure, je vous conseille d'aller demeurer à la campagne ; vous y serez plus tranquille qu'ici, vous y vivrez à votre fantaisie ; je me trouve dans un genre de vie qui ne vous convient pas. De cette manière, nous ne nous gênerons ni l'un ni l'autre.

« Il sortit après ce discours, pendant qu'un

valet, qui l'avait entendu, tournait la tête pour rire et se moquer de moi. Le procédé de mon fils m'avait frappé, l'action de ce valet me perça le cœur. Je vis ce que j'allais devenir, je compris que je n'étais plus qu'un étranger dans la maison de mon fils, et qu'enfin lui et moi nous étions deux. Je fus encore quelques jours au lit; je me levai ensuite; mes forces revinrent un peu; je m'habillai du mieux que je pus. On allait dîner, j'entendis sonner, et j'appelai quelqu'un pour m'aider à descendre. On me répondit, mais personne ne vint; j'essayai donc de descendre en me soutenant avec une canne, et j'étais déjà à la moitié de l'escalier, quand mon fils parut à la porte de son appartement : Que faites-vous là? me dit-il d'un ton rude; quelle fantaisie vous prend? j'ai du monde; êtes-vous en état de paraître? Avez-vous peur qu'on ne vous envoie pas à manger chez vous? Remenez mon père, ajouta-t-il en s'adressant à un valet de chambre, et puis il rentra. Pour moi je restai immobile, et les larmes me vinrent aux yeux.

« Ce valet de chambre fit semblant de m'aider à remonter, en me disant que j'étais encore vert pour mon âge. Je ne répondis rien à la raillerie d'un domestique qui faisait sa charge en m'insultant; la douleur me rendait muet. Je rentrai chez moi comme un homme qui ne sait plus où il est; je me trouvai mal, et je demandai du vin; on ne m'en apporta qu'un quart d'heure après, avec un potage froid dont je ne goûtai pas, non plus que du reste de mon dîner qui vint trop tard.

« J'achevai la journée dans la plus accablante confusion de pensées qu'on puisse imaginer ; mes soupirs à tout moment se confondaient avec mes pleurs : Où irai-je ? disais-je ; je n'ai plus rien qui soit à moi, je me suis dépouillé de tout. Cependant je résolus, en me couchant, de sortir le lendemain de chez mon fils ; je ne pouvais plus y respirer, j'y étouffais. Je me proposais d'aller trouver un de nos amis, de lui confier ma situation, de lui demander du secours, un conseil du moins dans mon affliction. Dans ce dessein, je me levai le lendemain plus tôt qu'à mon ordinaire, et je m'habillai. Apparemment qu'on alla le dire à mon fils ; car il entra dans ma chambre au moment où j'allais sortir.

« Où allez-vous, mon père ? me dit-il. Chercher, lui répondis-je, quelque ami charitable qui me donne du pain de bonne grâce. Vous savez que je n'en ai plus, ma tendresse pour vous m'a tout ôté. Quel raisonnement ! me répondit-il ; que les gens de votre âge ont de caprices ! Vous voilà donc bien scandalisé de ce que je vous ai dit hier matin !. Mon fils, repartis-je, je suis assez consterné ; laissez-moi aller sans me répondre ; vous n'êtes plus en état de me parler ; toutes les paroles que vous prononcez sont autant de coups de poignard pour moi ; vous n'en connaissez pas la force, elles me tuent. Finissons toutes ces explications, dit-il alors avec vivacité ; vous avez tort, mon père. Il est mille choses que vous auriez pu vous dire à vous-même. Vous êtes dans un âge avancé, vous avez presque toujours vécu dans une petite ville de province, et vos idées, vos manières de faire, vos usages, sont si différents de ce qui se passe dans le monde, que vous auriez dû vous dégoûter le premier de la compagnie de ceux qui viennent ici ; mais vous ne sentez point cela, et je le sens, moi. Le bel agrément pour votre fils de vous voir converser avec des gens d'un certain rang, polis et délicats, que vous faites rire, et à qui votre simplicité donne la comédie ! Voilà pourtant ce qui en est ; pensez-vous que cela me soit fort avantageux ? Je suis un homme de fortune, n'est-il pas vrai ? Eh bien ! à quoi bon l'apprendre à ceux qui ne le savent pas ? C'est cependant ce qui saute aux yeux, dès qu'on vous voit ; et, malgré cela, vous avez la manie de vouloir toujours vous montrer. Ainsi ne nous querellons point, mon père ; il n'est pas nécessaire d'aller rompre la tête à personne de vos plaintes. Je vais donner ordre qu'on vous conduise dès ce moment à ma maison de campagne ; vous y serez le maître et dans votre centre ; de temps en temps j'irai vous voir, et rien ne vous manquera. Adieu, je vous quitte ; vous allez partir, et moi je sors pour mes affaires.

« C'est ainsi, monsieur, que mon fils se sépara de moi. Il me quitta sans m'embrasser, sans qu'il lui échappât le moindre mot de douceur, si ce n'est celui de père, que sa bouche prononçait, et que son cœur ne sentait pas ; il se retira sans être touché ni de l'abattement où il me laissait, ni du triste silence que je gardai, ni des larmes qu'il vit couler de mes yeux. Ensuite on vint prendre mes hardes, on me dit de descendre, et je fus mis presque sans sentiment dans une chaise qui me conduisit à cette campagne, où je languis depuis près de deux ans, où mon fils n'est point venu, comme il me l'avait promis, enfin où je vis dans une privation entière de toute consolation, et souvent même de toutes les choses nécessaires à la vie. »

L'ART DE SE FAIRE PAYER D'UN MAUVAIS DÉBITEUR

« Monsieur le Spectateur,

« Zélé comme vous l'êtes pour le public, je ne doute pas que vous ne lui fassiez un présent de ma lettre ; elle sera très courte, et j'y donne le secret de se faire payer de certains débiteurs (1), très

---

(1) *J'y donne le secret de se faire payer de certains débiteurs.* Le fiscal, dans l'*Héritier du village,* nous a déjà

honnêtes gens d'ailleurs, très généreux, et les meilleurs cœurs du monde, mais qui, dans le cas dont il s'agit, par je ne sais quelle bizarrerie d'humeur, ne font aucun usage de leur bon caractère, et ne peuvent se résoudre à payer leurs dettes. Empruntez d'eux, vous ne sauriez leur faire un plus grand plaisir; demandez-leur ce qu'ils vous doivent, il n'y a plus personne, vous les glacez, les voilà perclus de tout sentiment. Qu'est-ce que c'est que l'homme ? quel assortiment de vices comiques avec les plus aimables vertus ! Mais ce n'est point mon affaire de réfléchir là-dessus. Je dirai seulement que nous sommes des animaux bien singuliers. Bref, il n'y a que trois heures que j'avais un de ces débiteurs dont je parle. Il me devait depuis deux ans une somme assez considérable ; je l'ai prié en deux occasions de s'acquitter. Néant ; il m'a toujours remis, et moi j'ai toujours patienté, parce que je connaissais mon homme, et l'infirmité de son caractère à cet égard ; je savais bien qu'il n'y avait pas de mauvaise volonté dans son fait. Or, hier, il m'est survenu une petite affaire dans laquelle il me faut de l'argent : si je vais proposer à un tel de me payer, ai-je dit ce

appris ce *secret;* il a mis en action ce qui est ici recommandé, comme précepte. Au reste, le principal mérite de cette courte plaisanterie est de venir à propos pour égayer un peu le lecteur, qu'a dû profondément émouvoir la lettre précédente.

matin en moi-même, il me semble que je l'entends : Je n'ai pas un sou, me répondra-t-il. Comment ferai-je ? La nécessité donne de l'industrie. Là-dessus, continuant à me parler, j'ai dit : Mon homme se déplaît à rendre, c'est un grand défaut ; mais il aime à prêter, c'est une fort bonne qualité. Eh bien ! de quoi m'embarrassé-je ? sa bonne qualité va me faire raison de son défaut ; allons, allons, mon argent est dans ma poche. En effet, j'ai prié un de nos amis communs d'aller lui emprunter justement ma somme ; il y est allé tout en riant de mon idée, il a exécuté sa commission. Je n'ai ici que les deux tiers de cet argent ; mais prenez toujours ; dans un instant je vais vous envoyer le reste, lui a dit l'autre d'un air aisé ; là, de cet air noble, qui met l'obligation qu'on va nous avoir sur le pied d'une chose indifférente, et tout à fait naturelle. Adieu, mon ami, a-t-il ajouté d'une façon distraite ; vous allez recevoir le surplus. Notre ami est venu m'apporter l'argent ; nous sommes allés ensuite chez lui, où le reste était déjà arrivé ; et moi, du même pas, je suis allé chez mon débiteur lui rendre son billet, en lui apprenant ma petite intrigue, et je l'ai laissé tout consterné de n'avoir fait qu'une restitution, au lieu d'avoir rendu un service gratuit. Le pauvre homme ! »

RÉFLEXIONS SUR L'ÉDUCATION

J'ai dîné aujourd'hui dans une maison où il y a quatre enfants ; j'en sais le compte bien exactement ; car le père et la mère les ont tous fait passer en revue devant nous. L'un est un jeune homme de dix-sept à dix-huit ans, qui sort du collége. Je ne lui ai pas entendu prononcer un mot, tant que le père a été avec nous ; il n'a parlé que par révérences, à la fin desquelles je voyais qu'il regardait timidement son père, comme pour lui demander si, en saluant, il s'était conformé à ses intentions. Le père a disparu pour quelques moments ; j'avais bien jugé que sa présence tenait l'âme de son fils captive, et j'étais bien aise de voir un peu agir cette âme, quand elle était libre, et quand on la laissait respirer ; j'ai donc interrogé ce jeune homme d'un air d'amitié. Le pauvre enfant, par la volubilité de ses réponses, a semblé me remercier de ce que je lui procurais le plaisir de parler. Il se pressait de jouir de sa langue. Je ne sais comment il faisait ; mais il avait le secret de répondre à ce que je lui disais, sans qu'il se donnât le temps de m'écouter ; car il parlait toujours. Il n'y a qu'un homme qu'on a depuis longtemps forcé à être muet qui puisse en faire autant. Il commençait un récit, quand le père, en toussant, s'est fait entendre dans la chambre prochaine ; le bruit de cette redoutable poitrine a remis la langue du jeune homme aux fers ; j'ai vu la joie, la confiance et la liberté fuir de son visage, il a changé de physionomie ; je ne le reconnaissais plus. Le père est entré, et je riais de tout mon cœur de ce qu'il ne sait pas qu'il n'a jamais vu le visage de son fils. En vérité, il ne le reconnaîtra pas lui-même, si jamais il le surprend avec la physionomie qu'il avait en me parlant. Or, je vous demande après cela, s'il y a apparence qu'il soit mieux au fait de son esprit et de son cœur.

« Qu'un enfant est mal élevé, quand, pour toute éducation, il n'apprend qu'à trembler devant son père ? Dites-moi quels défauts le père pourra corriger dans son fils, si ceux qu'il a apportés en naissant lui sont inconnus et n'osent se montrer ; si, pour ainsi dire, effrayés par son extrême sévérité, ils se sont sauvés dans le fond de l'âme ; s'il n'a fait de ce fils qu'un esclave qui soupire après la liberté, et qui en usera comme un fou, quand il l'aura.

« Voulez-vous faire d'honnêtes gens de vos enfants ? ne soyez que leur père, et non pas leur juge et leur tyran. Et qu'est-ce que c'est qu'être leur père ? c'est leur persuader que vous les aimez. Cette persuasion-là commence par vous gagner leur cœur. Nous aimons toujours ceux dont nous sommes sûrs d'être aimés. Quand vos enfants vous aimeront, quand ils regarderont l'autorité que vous

conserverez sur eux, non comme un droit odieux
que les lois vous donnent, et dont vous êtes
superbement jaloux, mais comme l'effet d'une tendresse inquiète, qui veut leur bien, qui semble les
prier de ce qu'elle leur ordonne de faire, qui veut
plus obtenir que vaincre, qui souffre de les forcer,
bien loin d'y prendre un plaisir mutin, comme il
arrive souvent; oh! pour lors vous serez le père
de vos enfants; ils vous craindront, non comme
un maître dur, mais comme un ami respectable et
par son amour, et par l'intérêt qu'il prend à eux:
Ce ne sera plus votre autorité qu'ils auront peur
de choquer, ce sera votre cœur qu'il ne voudront
pas affliger; et vous verrez alors avec quelle facilité la raison passera dans leur âme, à la faveur de
ce sentiment tendre que vous leur aurez inspiré
pour vous. Pardon, mon cher, de toutes mes réflexions; j'avais un père qui m'apprit à réfléchir,
et qui ne prévoyait pas que je dusse un jour faire
un journal et le gâter par là.

« Je vis encore deux petits enfants de sept à
huit ans chacun, et qui me parurent de très jolies
machines; je les appelle machines, parce qu'on
les avait seulement dressés à prononcer quelques
paroles, comme, *je suis votre serviteur*, *vous me faites
bien de l'honneur*, etc., ce qui ne me plut guère.
Eh! mon Dieu, dussent les enfants ne répondre
que des impertinences, laissons-les avoir des pensées en propre. A quoi leur sert ce qu'ils répètent

en perroquets ? Ecoutons leurs impertinences, et disons-leur après : Ce n'est pas cela qu'il faut dire. Rien ne rend leur esprit plus paresseux que cette provision de petites phrases qu'on leur donne, et à laquelle ils s'attendent.

UNE BONNE MÈRE

Que de tendresse elle avait pour ses enfants ! Je ne ne me souviens pas de l'avoir jamais regardée comme une personne qui avait de l'autorité sur moi ; je ne lui ai jamais obéi parce qu'elle était la maîtresse, et que je dépendais d'elle ; c'était l'amour que j'avais pour elle qui me soumettait toujours au sien. Quand elle me disait quelque chose, je connaissais sensiblement que c'était pour mon bien ; je voyais que c'était son cœur qui me parlait. Elle savait pénétrer le mien de cette vérité, et elle s'y prenait pour cela d'une manière qui était proportionnée à mon intelligence, et que son amour pour moi lui enseignait sans doute ; car je la comprenais parfaitement, tout jeune que j'étais, et je recevais la leçon avec le trait de tendresse qui me la donnait. De cette manière, mon cœur était reconnaissant aussitôt qu'instruit, et le plaisir que j'avais à lui obéir m'affectionnait bientôt à ses leçons mêmes.

Si quelquefois je n'observais pas exactement ce qu'elle souhaitait de moi, je ne la voyais point irritée ; je n'essuyais aucun emportement, aucun reproche dur et menaçant, aucune de ces impatiences, de ces vivacités de tempérament, qui entrent de moitié dans les corrections ordinaires, et qui les rendent pernicieuses pour le mauvais exemple qu'elles y mêlent. Non ; ma mère ne tombait pas dans ces défauts-là, et ne me donnait point de nouveaux défauts, en me reprenant de ceux que j'avais. Je ne lui voyais pas même un air sévère ; je ne la retrouvais pas moins accueillante. Elle me disait doucement que je l'affligeais, et me caressait même, en me montrant son affliction ; c'était là mon châtiment. Aussi je n'y tenais pas ; un jeune homme né avec un cœur un peu sensible ne saurait résister à de pareilles manières. Non qu'il ne fût peut-être dangereux de s'en servir avec de certains caractères ; il y a des enfants qui ne sentent rien, qui n'ont point d'âme. Pour moi, je pleurais de tout mon cœur alors, je lui promettais en l'embrassant de ne lui plus donner le moindre sujet de chagrin, et je tenais parole ; je me serais même fait un scrupule de la tromper, quand je l'aurais pu. Ce mélange touchant de bonté et de plaintes, cette douleur attendrissante qu'elle me témoignait quand je faisais mal, me suivait partout ; c'était une scène que je ne pouvais me résoudre à voir recommencer. Son cœur, que je ne perdais jamais de vue, tenait le mien en respect, et je n'aurais pas goûté le plaisir de la voir contente de moi, si je m'étais dit intérieurement qu'elle ne devait pas l'être ; je me serais reproché son erreur.

LA VIE DU COURTISAN

(Entretien d'un père avec son fils)

« Un jour que nous nous promenions comme de coutume, nous vîmes passer un seigneur extrêmement âgé, qui se promenait comme nous assez près de son château ; il avait l'air triste, abattu, et rêvait profondément. D'où vient donc que ce seigneur est ici ? dis-je en le voyant ; il me semble ne l'avoir jamais vu à la campagne. C'est qu'il a eu ordre de se retirer de la cour, me dit mon père. Et pourquoi cela ? repartis-je. Oh ! pourquoi ? me dit-il ? pour n'avoir pas eu l'adresse de se maintenir en faveur, pour n'avoir pas eu une intrigue supérieure à celle de ses ennemis, pour n'avoir pas perdu lui-même ceux qui l'ont perdu ; car ordinairement voilà les crimes de ces fameux disgraciés. Mais, mon père, vous m'étonnez, lui dis-je ; les moyens de se maintenir en faveur me paraissent bien étranges. C'est donc un coupe-gorge que la cour des princes ? Eh ! comment d'honnêtes gens peuvent-ils s'accommoder de cette faveur ? Je n'en sais rien, reprit-il ; tout ce que je puis dire, c'est que les ambitieux s'en accommodent. Sur ce pied-là, répondis-je, quand on dit d'un homme qu'il est ambitieux, on en dit bien du mal. Mais ne pourrait-on pas s'exempter de la nécessité de nuire aux autres ? il n'y aurait qu'à ne se point faire d'ennemis. Cela ne servirait de rien, dit mon père ; car dans ce pays-là les ennemis se font d'eux-mêmes. Avez-vous du crédit, êtes-vous en place, vous voilà brouillé sans rémission avec je ne sais combien de gens à qui pourtant vous rendez service.

« Eh ! m'écriai-je, quel mal peut-on vouloir à un homme qui oblige ? On lui veut du mal de ce qu'il est en état d'obliger, reprit-il, de ce qu'on a besoin d'être son ami ; car on voudrait que ce fût lui qui eût besoin d'un protecteur. Eh ! de quelle manière faut-il donc se comporter avec des gens si méchants ? lui dis-je. Hélas ! mon fils, me répondit-il, il faut être méchant soi-même. Encore est-il bien difficile de l'être avec succès ; car il s'agit d'avoir une méchanceté habile, qui perde finement vos ennemis, sans qu'ils voient comment vous vous y prenez ; souvent même il est nécessaire que ceux que vous employez pour les perdre ne s'aperçoivent pas de votre dessein. Sais-tu bien qu'à la cour c'est le chef-d'œuvre de l'esprit humain que cette méchanceté-là ; on dit de celui qui y parvient : Voilà un habile homme, voilà une bonne tête ; il a culbuté ses ennemis ; il a su écarter tout ce qui lui faisait ombrage ; il faut avoir bien de l'esprit pour se tirer d'affaire comme il l'a fait.

« Mais, mon père, lui répondis-je, parmi des personnes comme nous, quelqu'un qui ressemblerait à cet habile homme, nous dirions de lui que c'est un fourbe, un perfide, un homme sans conscience et sans honneur, un homme de rien. Bon ! me dit mon père en riant, tu fais là une plaisante comparaison ! Eh ! qu'est-ce que c'est que des gens comme nous ? Il appartient bien à des hommes d'un état médiocre d'avoir le privilége d'être fourbes ou perfides avec gloire ! Ne voilà-t-il pas de beaux intérêts que les nôtres, pour mériter qu'on honore du nom d'habileté les perfidies que nous emploierions à avancer nos affaires et à ruiner celles de nos semblables ! Oh ! mon fils, ce n'est pas là l'esprit du monde. Tu vois les choses comme elles sont, toi ; tu as les yeux trop sains ; mais si un peu d'extravagance humaine s'emparait malheureusement de ton cerveau, égarait ta raison, et mitigeait tes principes de vertu, tu penserais bien d'une autre manière.

« Sache, mon fils, que ce qu'on appelle noirceur de caractère, méchanceté fine, scélératesse de cœur, iniquité de toute espèce, porte toujours son nom naturel, et n'en change jamais pour des gens comme nous. Parmi nous, un fourbe est un fourbe, un méchant est un méchant ; à notre égard, on explique les choses à la lettre, on les prend pour ce qu'elles sont; nos postes sont si petits, nos intérêts de si peu de valeur, que nous ne pouvons en imposer à personne. Le moyen qu'on se trompât sur notre chapitre! Nous ne sommes revêtus de rien qui soit respectable pour les autres hommes, de rien qui étourdisse, qui subjugue leur imagination en notre faveur; rien ne nous couvre, pour ainsi dire; nous sommes tout nus, ou nous n'avons que des haillons qui ne sont pas graciables, qui nous laissent juger sans miséricorde, et comme nous le méritons. Aussi nous avons beau être faux avec souplesse, et méchants avec toute l'industrie du monde, cette industrie et cette souplesse nous tournent à mal, et ne font qu'ajouter de nouveaux traits de laideur à notre indignité; ce qui est bien juste. En un mot, chez nous tout cela est misère d'esprit et de cœur, plus ou moins odieuse, suivant qu'elle est plus ou moins rusée.

« Mais quand on est environné d'honneurs, quand on est revêtu de dignités, de grands emplois, oh! pour lors, mon enfant, les choses prennent une nouvelle face; cela jette un fard sur cette misère dont je viens de parler, qui en corrige, qui en embellit même les difformités. Pour lors, soyez méchants, et vous brillerez; nuisez à vos rivaux, trouvez le secret de les accabler, ce ne sera là qu'un triomphe glorieux de votre habileté sur la leur; soyez toute fraude et toute imposture, ce ne sera rien que politique, que manége admirable. Vous êtes dans l'élévation, il suffit; et les hommes, qui sont vains, et qui voudraient bien être où vous êtes, vous regardent avec autant d'égards qu'ils croiraient en mériter, s'ils étaient à votre place. En respectant vos honneurs, c'est l'objet de leurs désirs qu'ils caressent. Leur vanité, faute de mieux, prend plaisir à considérer votre importance, celle des affaires que vous maniez et des relations que vous entretenez, l'étendue d'esprit dont vous avez besoin, et la beauté du mystère ou des stratagèmes qui vous sont nécessaires dans toutes vos actions, quelles qu'elles soient. Fussent-elles indignes, n'importe; quelquefois même, elles y gagnent, elles en paraissent de plus grands coups; on a opinion qu'elles partent d'une grave nécessité politique, et cela leur donne un air de majesté. Le succès qu'elles ont, le fracas qui s'ensuit; la ruine de celui-ci et de celui-là qu'elles apportent, tout cela les convertit en faits illustres, en aventures notables, qu'on est charmé de savoir, et qu'on est tout glorieux de raconter. Ce que je te dis là n'est pas encore assez; car non-seulement les actions de cette nature se sauvent du mépris qu'elles mériteraient; mais on semble les exiger de celui qui est en place, et s'il demeure oisif, on ne l'estime pas beaucoup; c'est un homme de peu de valeur, qui ne donne point de spectacle, et qui languit dans la carrière.

« Voilà, mon enfant, pourquoi dans les grandes situations l'iniquité la plus déliée fait tant d'honneur, pendant qu'il est si honteux à des gens comme nous de n'être pas irréprochables dans la conduite de leur vie. Mais au bout du compte, qu'en dis-tu ? notre lot n'est-il pas incomparablement meilleur que celui de ces malheureux ? Leur grandeur a beau nous masquer leurs actions ; ils ont beau n'être appelés qu'habiles, quand ils sont méchants ; si c'est un bénéfice pour eux, ils en paient bien les charges. Tu ne saurais croire ce que c'est que leur vie. Quand j'y songe, je ne comprends rien à eux, ni à la passion qu'ils ont pour le rang, pour le crédit, pour les honneurs. En effet, cette passion suppose des cœurs orgueilleux, avides de gloire, furieux de vanité ; et cependant ces gens si superbes et si vains ont la force de fléchir sous mille opprobres qu'il leur faut souvent essuyer ; le droit d'être fiers, et de primer sur les autres, ils ne l'acquièrent, ils ne le conservent, ils ne le cimentent, qu'au moyen d'une infinité d'humiliations, dont ils veulent bien avaler l'amertume. Quelle misérable espèce d'orgueil ! Aussi se sent-il presque toujours de la lâcheté qui le fait subsister ; aussi n'est-il bon qu'à donner la comédie aux gens raisonnables qui le voient.

« J'écoutais avec attention mon père, pendant qu'il parlait ainsi, et je me souviens qu'en vérité j'avais pitié de ceux dont il me dépeignait le sort. Je jetais de temps en temps les yeux sur ce seigneur dont j'ai parlé, qui se promenait encore assez près de nous, et je le voyais toujours enseveli dans une rêverie mélancolique.

« Il me paraît que tu t'intéresses au chagrin de celui que tu regardes, me dit mon père. Il est vrai, lui dis-je; il me semble qu'il souffre. Je le connais, reprit mon père ; il a l'âme d'un honnête homme, il est né obligeant, et l'on a toujours dit du bien de lui. Je suis persuadé qu'il n'est tombé que faute d'avoir cette méchanceté ardente, par laquelle on vient à bout de se défendre contre ses ennemis et de les perdre. Sur ce pied-là, répondis-je, il se consolera bientôt de sa chute; un honnête homme ne saurait longtemps regretter un état incompatible avec sa bonté naturelle. Hélas ! mon enfant, reprit-il, je suis sûr que ce seigneur ne le regrette que trop, cet état où il n'est plus ! Son cœur n'y a pas fait naufrage, il y est resté bon et généreux ; mais l'habitude des honneurs peut lui avoir gâté l'esprit. Il regrette ce fracas dans lequel il vivait, ce mouvement que tant de monde se donnait pour aller à lui ; il regrette ses flatteurs, dont il se moquait, mais qui regardaient comme un bonheur de se le rendre favorable. Il ne voit plus ces airs timides et rampants, qui divertissaient sa vanité ; il ne fait plus la destinée de personne ; ses amis n'ont plus tant d'intérêt à le ménager. Il soupire après cette place qu'il tenait dans l'esprit des autres, après ce respect craintif qu'il aimait à inspirer, quoiqu'il se plût à le dissiper par des procédés obligeants ; enfin, après mille fantômes pareils, sans lesquels il ne peut vivre, et qui sont devenus la nourriture nécessaire d'un esprit empoisonné d'ambition. »

LA VIE DU LABOUREUR

(Suite de l'entretien)

Le temps qu'il fait est excellent pour la terre. Eh bien ! le courtisan, quel avantage en peut-il espérer ! Que ses greniers en seront plus pleins de biens, qu'il en aura plus abondamment de quoi vivre, cela est vrai ; mais sa vanité, de quoi vivra-t-elle ? Ses besoins sont pour le moins aussi pressants que s'ils étaient raisonnables, et la pluie ni le soleil ne peuvent rien pour eux ; au lieu qu'ils peuvent tout pour les besoins de ce laboureur, qui ne veut que vivre, et qui voit que son champ, dont il vit, en profitera davantage. Ainsi, tu comprends bien qu'il a raison d'être gai, puisqu'il est sûr d'avoir ce qu'il souhaite.

Ne le trouves-tu pas heureux d'être si borné dans ses désirs ? Qu'en dis-tu ? Que les hommes soient bons ou méchants, qu'ils se trahissent à la cour ou à la ville, qu'un ministre superbe les rebute ou les favorise, qu'ils courent après de grands emplois, qu'ils les manquent, ou qu'ils les perdent avec désespoir, tous leurs soucis, leurs différentes sortes d'intérêts, tout ce que l'orgueil et l'ambition peuvent leur donner de malins plaisirs, ou leur causer de honteuses peines, tout ce fracas d'inquiétudes et de besoins surnuméraires, dont ils sont tourmentés, qui naissent de leur corruption irritée, qui leur gâtent le cœur, qui égarent leur esprit, et les jettent, pour des bagatelles, dans un labyrinthe de fourberies et de scélératesses les uns contre les autres, tout cela n'est point de la connaissance du laboureur; c'est un état de trouble et de misère que sa condition lui épargne. Il pleut à propos, cela lui suffit; le voilà gai, mais gai comme un homme qui n'a eu que des désirs innocents et qui les voit satisfaits. Sa gaîté ne suspend aucune autre inquiétude; il n'a d'autre affaire que d'en jouir; elle ne fait trêve à aucun intérêt qu'il faille ménager le lendemain; son âme se repose tout entière, et le bonhomme se couche content, se lève de même, reprend son travail avec plaisir, et meurt enfin aussi tranquillement qu'il a vécu. Une vie passée dans le repos a cela d'heureux, qu'elle est douce pendant qu'on en jouit, et qu'on ne s'y trouve point attaché quand on la quitte. Les adieux d'un paysan sont bientôt faits, lorsqu'il meurt; son âme n'a pas contracté de graves liaisons; n'a pas souffert de ces secousses violentes qui laissent tant d'ardeur pour la vie. La mort ne la rappelle pas de bien loin, quand il faut qu'elle parte ; elle ne tient presque à rien.

ENTRE BEAUX-ESPRITS *(Scène de salon)*

J'entrai l'autre jour dans un de ces endroits où s'assemblent de fort honnêtes gens, la plupart amateurs des belles-lettres, ou savants. Je les connais presque tous ; ils sont dans le particulier de la plus aimable société du monde, raisonnables autant que spirituels ; se trouvent-ils ensemble, vous ne les connaissez plus, ils sont à l'instant saisis de la fureur d'avoir plus d'esprit les uns que les autres.

Il part une question ; l'un la décide hardiment, et sans appel ; un autre condamne tout net ce que le premier a dit ; un troisième s'élève qui les condamne tous deux. Pendant qu'ils se disputent ensemble, un quatrième, par un ton qui se fait faire place, et qui vaut un coup de tonnerre, leur annonce sans cérémonie que tout ce qu'ils disent ne vaut rien. Un cinquième survient, qui voudrait les apaiser, en leur faisant comprendre amiablement qu'il pense mieux qu'eux sur l'article. Un sixième crie, s'offre pour arbitre, et n'est plus entendu ; mais, à force de clameurs, il prend toujours acte de ses diligences, et de l'accommodement judicieux qu'il propose. Un autre, pour se distinguer, ne dit mot ; il secoue seulement la tête en homme qui renferme en lui, qui possède l'unique solution qu'on puisse donner à la chose ; il confie la supériorité de ses lumières à son voisin paisible. Celui-ci écoute respectueusement le charivari spirituel dont ses oreilles sont étourdies, et en même temps il approuve l'idée de celui qui lui parle, sans savoir presque de quoi il s'agit. Quelques autres personnes, qui ne sont ordinairement là que comme les suivants des principaux acteurs, se répandent en petits pelotons dans la salle, agitent à l'écart la question, et se régalent *incognito* du plaisir de la décider, loin du danger et de la réprimande ; car ils n'oseraient approcher de la bataille, on les écraserait comme des pygmées.

Cependant la question qui a causé la dispute a disparu ; il en a succédé vingt autres, qui ont pris furtivement sa place, qu'on n'a point reconnues pour étrangères, et qu'on agite toutes à la fois. Enfin, tant est procédé, qu'il ne reste plus rien sur le tapis qu'une masse d'idées subtiles et bizarres, qui se croisent, qui ne signifient rien, et que l'emportement et l'orgueil de primer ont forcément entassées les unes sur les autres. Alors, chacun des disputants ne sachant plus à quoi s'en prendre, entêté confusément d'un sentiment quelconque, qui n'est pas celui qu'il avait d'abord, car il a perdu celui-là dans le combat, mais de quelque autre sentiment qu'il a raccroché par mutinerie, en entendant crier les autres, se retire avec

une poitrine épuisée, qu'il a sacrifiée à la gloire de
ses idées. La pauvre poitrine ! que sa condition
est malheureuse ! Bref, que reste-t-il de la dispute ?
rien, que des leçons de brusquerie, qui à la vérité
ne sont pas perdues, et qu'un exemple bruyant de
la misère de nos avantages.

Voilà l'histoire de ce que je vis dans l'endroit
où j'étais entré. Un des principaux disputants
laissa sortir tous les autres, puis vint se mettre
auprès de moi. Là, il voulut me faire convenir
que c'était lui qui avait dû l'emporter sur les autres. Il n'y a pas moyen, me dit-il, de vider une
question avec des gens qui s'égosillent jusqu'à
perdre haleine ; et notez qu'en me disant cela, il
avait lui-même un enrouement qui faisait foi que
monsieur savait perdre haleine. Là-dessus, le voilà
qui recommence à disserter avec moi, et qui me
somme de lui rendre justice. Quand il eut bien
argumenté : Que vous en semble ? me dit-il. Que
vous avez raison, lui répondis-je, à une chose
près ; c'est que j'ai vu naître le sujet de la dispute,
et qu'il ne s'agissait point du tout de cela. Par-
bleu ! je ne me trompe point, s'écria-t-il. Voulez-
vous, répondis-je, que je vous ramène à la question ? Elle était fort simple, et je vois bien que
vous ne la savez plus.

A ces mots, que je lâchai sans songer à mal, je
vis le visage de mon dissertateur s'allumer d'un feu
qui me fit peur. Apparemment, il regarda comme

une insulte que j'eusse pensé qu'il avait perdu la question de vue. Peut-être crut-il encore que je l'accusais de n'avoir pas l'esprit exact, ou peut-être s'imagina-t-il que je le regardais comme un brouillon, un esprit court; que sais-je, moi, ce qu'il crut? Un bel-esprit en pareil cas est si ombrageux, sa vanité lui donne des méfiances si subtiles, il est si sensible au moindre soupçon qu'il a qu'on ne l'estime point assez, et ce soupçon, il le prend sur si peu de chose, qu'il ne faut qu'un geste pour irriter sa superbe délicatesse.

Aussi, à la seule inspection des yeux de celui qui me parlait, n'osai-je presque me remuer; j'étais fort embarrassé. De quoi me suis-je avisé, disais-je en moi-même, de proférer la parole imprudente qui lui déplaît? Me voilà perdu; cet homme-là ne me lâchera point qu'il n'ait cru m'avoir démontré que sa capacité est prodigieuse. Non, voilà qui est fini, je ne sortirai point d'ici qu'il ne soit mis en repos sur l'opinion que j'aurai de ses lumières; il faudra qu'il pense que je l'admire, il va travailler à m'y forcer, et nous ne nous séparerons que quand il présumera que je me dirai à moi-même : Cet homme-là est le meilleur esprit que je connaisse.

Tout ce que je dis me vint sur-le-champ dans la tête. Il était une heure sonnée, l'heure à peu près où l'on dîne. J'étais à jeûn, lui de même peut-être; mais il ne sentait plus cela. Il s'agissait de venger son esprit; cet intérêt-là était plus pressé que celui de son estomac, et je n'avais pas lieu d'espérer qu'il pût s'apercevoir qu'il avait appétit. D'un autre côté, je n'avais point de poitrine à commettre avec la sienne. Mais comment quitter cet homme ? Quoi ! lui dire que le cœur me manquait d'inanition, que le dîner m'attendait ! Et lui dire cela, dans quelle conjoncture ? Au milieu d'un raisonnement qu'il allait faire, qu'il faisait déjà, et où il n'y allait pas moins pour lui que de se purger auprès de moi du reproche de n'être pas le plus judicieux de tous les hommes; d'un raisonnement en vertu duquel il attendait réparation; d'un raisonnement dont la justesse et la force devaient faire taire tous mes besoins. Non, je ne voyais point de moyens honnêtes de m'esquiver. J'avais blessé mon homme dans son amour-propre; le laisser là sans lui donner secours, c'était l'assassiner, lui ôter son honneur; c'était être barbare. D'ailleurs, une autre réflexion m'embarrassait encore. S'il allait m'agacer, me disais-je en moi-même, s'il allait m'induire aussi à prendre le parti de mon esprit; car sait-on ce qui peut arriver ? Il y a quarante ans que je fais le métier de philosophe, et que je persécute mes faiblesses; mais je n'en suis pas plus sûr de moi; l'état où je suis ressemble à une santé de convalescent, il ne faut presque rien pour causer une rechute.

J'étais donc sur les épines. Enfin je pris mon parti ; je filai doux avec cet honnête homme ; je lui montrai un visage ami ; je me conduisis avec lui comme avec ces gros dogues, qui vous présentent d'abord les dents, mais que vous apprivoisez insensiblement en les caressant. Mon cher, lui dis-je donc d'un ton qui demandait grâce, quand j'ai dit que vous ne saviez plus quelle était la question dont il s'agissait dans la dispute, je n'ai jamais prétendu parler que d'un pur oubli de votre part. Ce n'est point que vous ne l'ayez pas bien comprise ; au contraire, j'ai remarqué que c'est vous qui l'avez le plus maintenue dans ce qu'elle était, qui l'avez le mieux renfermée dans ses bornes, et je vous avouerai même que vous êtes le seul de tous ces messieurs qui ayez parlé sensément.

A ce discours emmiellé, son âme se calma ; ses yeux redevinrent sereins, et je n'y vis plus cette ardeur sauvage dont ils s'étaient allumés. Il y resta pourtant un peu de feu ; mais ce n'était plus qu'une vanité satisfaite qui brillait, et m'annonçait la paix.

Monsieur, me répondit-il, vous êtes bien obligeant. Il est vrai que j'ai cru tantôt mon sentiment raisonnable ; cependant chacun a le sien. Ces messieurs ont plus d'esprit que moi ; mais ils crient trop, ils veulent trop avoir raison. D'ailleurs, dans la dispute, il faut une certaine justesse, une finesse de vue qu'on trouve dans peu de gens ; il ne suffit pas d'avoir des idées, de l'imagination ; cela ne signifie rien, je n'en fais pas de cas. J'ai voulu ramener les esprits, comme vous avez vu ; mais on ne me suivait pas, et je ne saurais faire tant de bruit (1). Vous en avez pourtant fait, lui repartis-je, et je n'aime point qu'un homme aussi judicieux que vous se pique du fade honneur de briller dans des contestations, où le tintamarre étouffe tout ce que vous dites de bon ; cela n'est ni sage ni modeste. Voulez-vous que je vous dise ? Je ne saurais ajuster tant de faiblesse avec tant d'esprit.

J'ai tort, me répondit-il d'un ton de bienveillance. Ce n'est pas que ce que je lui disais fût extrêmement flatteur, d'un certain côté ; mais la pauvre dupe n'y voyait goutte, et de faux éloges l'étourdissaient sur de vraies injures. Bref, il se leva d'un air riant, et me demanda quelle heure il était. A propos de l'heure, repartis-je, il est très tard ; on ne s'ennuie point avec vous, et je devrais avoir dîné. Là-dessus nous sortîmes, par la

---

(1) *Mais on ne me suivait pas, et je ne saurais faire tant de bruit.* Toute cette peinture de la dispute et de ses suites est d'une vérité parfaite. Marivaux était ici sur son terrain ; il s'agissait de peindre un ridicule de salon, et de fouiller dans l'âme d'un disputeur, pour lui arracher le secret de ses sentiments les plus intimes, sa satisfaction de lui-même, son mécontentement de tout le monde, et sa fureur d'avoir raison.

grâce de Dieu, et il me quitta en me serrant la main avec une reconnaissance que je ne méritais guère.

AUX RICHES

Il n'est pas défendu d'être mieux que les autres. La raison veut même, dans beaucoup d'occasions, que ceux qui sont utiles, qui ont de certaines lumières, de certains talents, jouissent d'une fortune un peu distinguée ; et d'ailleurs, quand l'homme heureux n'aurait aucune qualité qui méritât ce privilége, il y a un Être supérieur qui préside à nos destinées, et dont la sagesse permet sans doute cette inégale distribution que l'on voit dans les choses de la vie. En effet, c'est à cause de cette inégalité nécessaire, que les hommes ne se rebutent pas les uns des autres, qu'ils se rapprochent, se vont chercher, et s'entr'aident.

« Que les heureux de ce monde jouissent donc en paix de leur abondance, et du bénéfice des lois ; mais que leur pitié pour l'homme indigent, pour le misérable, aille au devant de la peine qu'il pourrait sentir à observer ces lois. Tout l'embarras est de son côté. Que leur humanité le console du sort qui lui est échu en partage ; qu'elle lui aide à parer les mouvements de sa cupidité toujours affamée, de sa corruption toujours pressante. Ce qu'on leur dit là n'est-il pas raisonnable ?

Cette inégale distribution des biens, dont nous parlions tout à l'heure, lie nécessairement les hommes les uns aux autres, il est vrai; mais le commerce qu'elle forme entre eux n'est-il pas trop dur pour les uns, et trop doux pour les autres? Et cette différence énorme qui se trouve aujourd'hui entre le sort du riche et celui du pauvre, Dieu, qui est juste autant que sage, n'en serait-il pas comptable à sa justice, s'il n'y avait pas quelque chose qui tînt la balance égale, si le bonheur du riche ne le chargeait pas aussi de plus d'obligations?

« Ainsi vous, dont ce riche ne soulage pas la misère, prenez patience; c'est là votre unique tâche à cet égard. Vivez, comme vous faites, à la sueur de votre corps; continuez, c'est Dieu qui vous éprouve. Mais vous, homme riche, vous paierez cette fatigue et ces langueurs où vous l'abandonnez. Il y résiste; vous paierez la peine qu'il lui en coûte; c'est à vos dépens qu'il prend patience, c'est à vos dépens qu'il la perd. Vous répondez de ses murmures, de l'iniquité où il se livre, et en périssant il vous condamne.

EXTRAITS DES PIÈCES DÉTACHÉES

Première Lettre à madame***, contenant des réflexions sur la Populace, les Bourgeois et les Marchands, les Hommes et les Femmes de qualité, à Paris.

Paris est le centre des vertus et des vices ; c'est le lieu où les méchants développent leur iniquité, l'endroit où se manifeste toute leur capacité de mal faire. La raison de cela, madame, est qu'ils ont abondance d'occasions, et que l'exercice met en œuvre et perfectionne leurs mauvaises dispositions. Les vertus n'y règnent pas moins que les vices ; mais elles y règnent sans bruit et secrètement. Les justes y composent un parti ignoré de la foule des hommes.

On y voit encore un troisième ordre de personnes ; ce sont d'honnêtes gens d'une probité morale dont l'unique principe est un heureux caractère, qui les porte à vivre avec honneur, ou bien un goût de sagesse philosophique, qui les maintient dans un esprit de justice et d'union avec les hommes. Ce sont de ces gens qui, bornés à satisfaire leurs petits plaisirs, tâchent, autant qu'ils peuvent, de ne troubler ceux de personne ; de ces gens, en un mot, qui adoptent le frein des lois, moins, si vous voulez, par respect pour elles, que par ménagement pour le préjugé public.

Cette secte, madame, ne laisse pas que d'être un peu pyrrhonienne ; car elle n'a de vertus que par convention. Mais vivre bien avec les hommes, et penser autrement qu'eux, est une chose qui paraît si belle et si distinguée, que, dans bien des endroits à Paris, vous ne passez pour homme d'esprit qu'autant qu'on vous croit confirmé dans cette impiété philosophique.

Je m'étendrais là-dessus davantage, si je ne prévoyais que, dans la suite de cette relation, l'occasion se présentera d'en parler encore. Venons à d'autres matières.

DE LA POPULACE.

Il est difficile de définir la populace de Paris ; je vais pourtant tâcher de vous en donner quelque idée.

Imaginez-vous un monstre remué par un certain instinct, et composé de toutes les bonnes et mauvaises qualités ensemble. Prenez la fureur, l'emportement, la folie, l'ingratitude, l'insolence, la trahison et la lâcheté ; ajustez tout cela, si vous le pouvez, avec la compassion tendre, la fidélité, la bonté, l'empressement obligeant, la reconnaissance, la bonne foi, la prudence même ; en un mot, formez votre monstre de tous ces éléments contraires ; voilà le peuple, voilà son génie. Pour achever son portrait, il faut lui supposer encore une nécessité machinale de passer en un instant du bon mouvement au mauvais. Détaillons à présent ce caractère.

Le peuple est une portion d'hommes, qu'une égalité de bassesse dans la condition réunit. Ils se querellent, se battent, se tendent la main, se rendent service et se desservent tout à la fois ; un moment voit renaître et mourir leur amitié ; ils se raccommodent et se brouillent sans s'entendre. Le peuple a des fougues de soumission et de respect pour le grand seigneur, et des saillies de mépris et d'insolence contre lui ; un denier donné par dessus son salaire vous en attire un dévouement sans réserve, et ce denier retranché vous en attire mille outrages. Quand il est bon, il verserait pour vous son sang ; quand il est mauvais, il vous ôterait tout le vôtre. Sa malice lui fournit des moyens de nuire, que l'homme d'esprit n'imaginerait jamais. Tel est le pathétique de ses discours, qu'il laisse parmi les plus honnêtes gens et les meilleurs esprits une opinion de bien ou de mal pour ou contre vous, qui ne manque pas de vous servir ou de vous nuire.

Le peuple, à Paris, a tous les vices qu'il se reproche dans ses querelles.

Une chose m'a toujours surpris. Deux femmes s'accusent de mauvaise vie, citent les lieux et les circonstances ; les assistants croient tout ; la querelle finit, et elles ne se sont fait aucun tort.

Les femmes entre elles ne rougissent pas de l'opprobre dont elles se chargent ; leur motif de honte est d'avoir été vaincues en coups ou en injures. Plus une femme a la voix vigoureuse, et plus celle avec qui elle se querelle a de tort.

Plus une querelle a de témoins, plus elle s'échauffe ; ce n'est plus tant alors une vraie colère qui anime les combattantes, qu'une émulation d'invectives.

Personne ne caractérise plus éloquemment que le peuple. On lui inspire aisément de la confiance ; mais quand il la perd, il déshonore. Toute belle que vous êtes, madame, si le hasard vous avait attiré le courroux d'une femme du peuple, elle vous ferait rougir de vos propres charmes.

L'union des gens mariés parmi le peuple est la chose du monde la plus divertissante ; vous diriez, à les entendre se parler et se répondre, qu'ils ne peuvent se supporter, et qu'ils souffrent de se voir. Voici la réflexion que je fais là-dessus, madame. Un mot plus haut que l'autre brouille des époux honnêtes gens. Pourquoi cela ? C'est que leur commerce est ordinairement honnête. Cette honnêteté cesse-t-elle un moment, l'union s'altère. Les gens mariés d'entre le peuple se parlent toujours comme s'ils allaient se battre ; cela les accoutume à une rudesse de manières qui ne fait pas grand effet quand elle est sérieuse et qu'il y entre de la colère. Une femme ne s'alarme pas de s'entendre dire un bon gros mot ; elle y est faite en temps de paix comme en temps de guerre. Le mari, de son côté, n'est point surpris d'une réplique brutale ; ses oreilles n'y trouvent rien d'étrange. Le coup de poing seulement avertit que la querelle est sérieuse ; et même leur façon de parler en est toujours si voisine, que ce coup de poing ne fait pas un grand dérangement.

Savez-vous bien, madame, qu'à tout prendre, il y a plus de gain dans cette façon de se traiter, que dans celle des honnêtes gens ? Je compare l'union de ces derniers à une mer calme, sur laquelle les deux époux voguent en paix. Vient-il un coup de vent, il porte l'alarme dans la barque, et nos époux, accoutumés à une longue bonace, ne se remettent que longtemps après de leur frayeur. La même comparaison me servira pour figurer l'union des gens du peuple. Cette mer, pour eux, est toujours agitée ; les vents et les éclairs y règnent sans interruption ; la barque va son train, sans s'en apercevoir ; la tempête lui est familière. La foudre tombe quelquefois ; mais elle est une suite si naturelle de l'orage, que la barque tâche de se réparer sans en avoir frémi.

Manie de politesse à part, la mer agitée me paraît préférable à la mer calme.

Je n'aurais jamais fait, si je ne voulais rien omettre dans le portrait du génie du peuple. Inconstant par nature, vertueux ou vicieux par accident, c'est un vrai caméléon, qui reçoit toutes les impressions des objets dont il est environné.

Là-dessus, vous vous imaginez que le peuple est méchant, et vous avez raison ; mais il n'a point une méchanceté de réflexion ; c'est une méchanceté de hasard, qui lui vient de ce qu'il voit ou de ce qu'il entend. Il devient méchant, comme il devient bon, sans être le plus souvent ni l'un ni l'autre. Il exprimera, par exemple, des cris de malédiction contre les gens d'affaires. Ce n'est pas qu'il ait conclu qu'ils le méritent ; mais la voix publique les annonce haïssables ; voilà le peuple irrité contre eux.

On allait un jour faire mourir deux voleurs de grands chemins. Je vis une foule de peuple qui les suivait, et je lui remarquai deux mouvements qui n'appartiennent, je pense, qu'à la populace de Paris. Ce peuple courait à ce triste spectacle avec une avidité curieuse, qui se joignait à un sentiment de compassion pour ces malheureux. Je vis même une femme, qui, la larme à l'œil, courait tout autant qu'elle pouvait, pour ne rien perdre d'une exécution dont la pensée lui causait d'avance une douleur machinale. Que pensez-vous de ces deux mouvements ? Pour moi, je ne puis y voir ni dureté ni pitié. Je regarde en cette occasion l'âme du peuple comme une espèce de machine incapable de sentir et de penser par elle-même, mais esclave de tous les objets qui la frappent. Par ce système, je vois clair comme le jour la raison de ces deux mouvements contraires. On va faire mourir deux hommes ; l'appareil de leur mort est fort triste ; voilà la machine frappée d'un mouvement assortissant, voilà le peuple qui pleure ou qui se contriste. L'exécution de ces hommes a quelque chose de singulier ; voilà la machine devenue curieuse. Je gagerais que le peuple pourrait, en même temps, plaindre un homme destiné à la mort, avoir du plaisir en le voyant mourir, et lui donner mille malédictions.

Que dirons-nous encore du peuple ? Il est de certains endroits à Paris, madame, où il est en possession d'une liberté despotique dans le langage, et souvent dans les actions ; il y règne souverainement, y parle de tout et n'y craint personne. Achetez-vous quelque chose aux marchés publics, par exemple ; votre taille, votre visage, y sont à la discrétion des marchandes. Il faut opter, ou d'être dupe, ou d'être mal traité. Dans ces endroits, qu'on pourrait appeler l'empire des Amazones, vous avez autant de juges et de parties qu'il y a de femmes. Si la colère d'une d'entre elles vous déclare coupable, c'en est fait, toutes les autres vous condamnent sans consultation, et vous exécutent à la même heure. Toute la liberté qu'on vous laisse, c'est de vous sauver ; et vous ressemblez, en ce cas, à ces soldats qui passent par les baguettes en courant (1).

Je connais un de mes amis, homme d'esprit et de bon sens, qui me disait un jour, en parlant du génie du peuple : Le moyen le plus sûr de connaître ses défauts et ses vices, serait de se familiariser quelque temps avec lui, et de lui chercher querelle ensuite. On a trouvé le moyen de se voir le visage par les miroirs ; une querelle avec le peuple serait la meilleure invention du monde, pour se voir l'esprit et le corps ensemble. Une aimable fille, entendant parler ainsi mon ami, nous dit en badinant : Tous mes amants m'assurent que je suis belle ; ma glace et mon amour-propre m'en disent autant ; mais pour en avoir le cœur net, quelque jour, en carnaval, j'userai du procédé dont vous parlez.

Qu'ajouterai-je encore sur le caractère du peu-

(1) *Qui passent par les baguettes en courant.* On ne pouvait rencontrer une expression plus heureuse et plus pittoresque, pour donner une idée de ces huées unanimes de toutes les femmes d'une halle, à travers lesquelles il vous faut honteusement vous frayer un chemin. Au reste, le portrait que trace ici Marivaux de la populace parisienne n'a guère vieilli, et l'on y admire parfois une touche ferme et vigoureuse, que peut-être on ne s'attendait pas à trouver chez l'admirable peintre de la coquetterie féminine.

ple ? Les dévots d'entre le peuple le sont infiniment dans la forme ; la vraie piété est au-dessus de la portée de leur cœur et de leur esprit. Une grosse voix dans un prédicateur les persuade. Ils ne comprennent rien à ce qu'il dit ; mais il crie beaucoup, et les voilà pénétrés. Aussi je ne conseillerais à personne de compter beaucoup sur la religion du plus dévôt personnage d'entre le peuple. De là vient aussi qu'il est aisé d'en corrompre le plus honnête homme ; car, pour l'engager au crime, il ne s'agit pas seulement de gagner son esprit, on a bon marché de cette pièce ; il faut seulement effacer une impression par une autre, celle du cérémonial de la religion qui l'a rendu pieux, par l'impression d'une offre qui le chatouille. Vons m'avouerez qu'on peut faire tout ce qu'on veut d'un homme qu'il ne s'agit que de toucher sensiblement ; l'impression la plus fraîche est toujours celle qui triomphe.

Ne vous attendez pas, madame, que j'épuise cette matière ; je n'en dirai plus qu'un mot. Le peuple dans les provinces reconnaît autant de maîtres qu'il y a de gens au-dessus de lui. L'intérêt seul ici fait la vraie dépendance du peuple. Le cordonnier y va de pair avec le duc et le marquis. Si l'on ne veut pas qu'il manque de respect à ces grands noms, il faut acheter son hommage ; l'argent est le seul titre de grandeur qu'il révère. Le peuple est comme un gros mâtin, qui aboie après tout ce qui passe ; jetez-lui un morceau de pain, il vous caresse. Ainsi, madame, si vous venez jamais à Paris, et que vous ayez affaire au peuple, prenez avec lui des mesures qui mettent vos charmes à l'abri de la correction.

DES BOURGEOIS ET DES MARCHANDS

Le bourgeois à Paris, madame, est un animal mixte, qui tient du grand seigneur et du peuple. Quand il a de la noblesse dans les manières, il est presque toujours singe ; quand il a de la petitesse, c'est qu'il est naturel ; en un mot, il est noble par imitation, et peuple par caractère.

Entre les bourgeois, la cérémonie est sans fin. Je crois en savoir la raison, en suivant toujours mes principes. Il règne parmi les gens de qualité une certaine politesse dégagée de toute fade affectation ; cette politesse n'est autre chose qu'une façon d'agir naturelle, épurée de la grossièreté que pourrait avoir la nature. Le bourgeois voudrait bien imiter cette politesse ; mais malheureusement son premier effort pour cela le tire de l'air naturel, et tout ce qu'il fait est cérémonie.

Le bourgeois, dans ses ameublements, ses maisons et sa dépense, est souvent aussi magnifique que les gens de qualité ; mais la manière dont il produit sa magnificence a toujours un certain air subalterne, qui le met au-dessous de ce qu'il possède. Y paraît-il indifférent, on voit qu'il gêne sa vanité ; en jouit-il avec faste, il s'y prend avec petitesse.

Le bourgeois est quelquefois fier avec les gens qui sont au-dessus de lui ; mais c'est une fierté qu'il se donne, et non pas qu'il trouve en lui ; il fait comme ceux qui se haussent sur leurs talons pour paraître plus grands. Un bourgeois qui s'en tiendrait à sa condition, qui en saurait les bornes et l'étendue, qui sauverait son caractère de la petitesse de celui du peuple, qui s'abstiendrait de tout amour de ressemblance avec l'homme de qualité, dont la conduite en un mot se maintiendrait dans un juste milieu, cet homme serait mon sage.

Généralement parlant, à Paris vous trouverez de la franchise et de l'amitié dans le bourgeois ; mais il ne faut point le tâter sur la bourse ; une froideur subite et l'éloignement succèderont aux marques d'affection que vous en aurez reçues. Le bourgeois alors se fait de vous fuir un principe de sagesse et d'habileté ; il se croirait votre dupe, s'il vous avait obligé. Je connais un homme qui avait été longtemps en commerce d'amitié avec un bourgeois. Il eut un jour un besoin pressant de quelque somme d'argent ; il écrivit au bourgeois, le priant de la lui prêter. Je me trouvais chez lui quand il reçut la lettre ; il répondit à son ami qu'il ne pouvait lui faire ce plaisir. Lorsque le laquais fut parti : M. *** me demande de l'argent à emprunter, me dit-il ; malepeste ! qu'il est fin avec ses amitiés ! mais j'en sais autant que lui. Monsieur, répondis-je, il n'y a pas grande finesse à avoir besoin d'argent et à en demander à ses amis. Bon ! reprit-il, ses amis ! Il en a cinquante comme moi ; mais il n'aura garde de leur proposer la chose, il sait bien qu'il n'y aurait rien à faire. Il m'a cru plus sot qu'un autre. Peut-être plus généreux, répondis-je. Il n'y a plus que les bêtes qui le sont, me dit-il.

Parlons un peu des dames bourgeoises ; car vous avez sans doute plus d'envie de connaître les personnes de votre sexe que celles du nôtre. Comme je n'ai d'ordre que le hasard dans cette relation, je ne ferai point difficulté de vous dire ici ce que j'aurais pu vous dire ailleurs ; c'est qu'il y a différentes bourgeoisies. Le commerce, par exemple, est un métier qui fait une espèce de bourgeoisie ; la pratique fait une autre espèce ; et dans ces deux espèces, il y a encore une différence du plus au moins.

Je suis tenté de vous dire que, pour l'ordinaire, les bourgeoises marchandes sont de grosses personnes bien nourries. Vous en trouvez de fort brusques, qui vous querellent presque au premier signe de difficulté que vous faites. Vous en trouvez d'affables, mais d'une affabilité vive et bruyante ; rien n'est épargné pour vous faire plaisir ; on devine ce qui vous plaît. Faites un geste de tête, toute la boutique est en mouvement ; et cet empressement d'action est entremêlé, comme je vous l'ai dit, d'un torrent de douceurs et d'honnêtetés.

Un jour, un provincial nouvellement débarqué à Paris entra dans la boutique d'une de ces marchandes, pour acheter quelque chose de considérable. D'abord, salut gracieux, étalage empressé. La marchandise ne lui plaisant pas, il mâchait un refus de la prendre et n'osait le prononcer ; la reconnaissance pour tant d'honnêtetés l'arrêtait. Plus il hésitait, plus la marchande le chargeait de nouveaux motifs de reconnaissance. De dépit de lui voir prendre tant de peine, et de n'avoir pas la force d'être ingrat, il se lève et tire sa bourse : Tenez, madame, lui dit-il, votre marchandise ne me convient pas et je n'ai nulle envie de la prendre ; mais vous m'avez accablé d'honnêtetés, dont j'enrage, et je n'ai pas le front de sortir sans acheter ; voilà ma bourse, je vous laisse la liberté de me vendre ou de me renvoyer ; le dernier m'obligera davantage. Ce discours ne démonta pas la marchande. Il crut, le pauvre homme ! avoir trouvé le secret de se tirer d'affaire avec honneur. Ce que vous me dites est trop obligeant, lui dit-elle ; je n'ai pas le cœur moins bon que vous, monsieur, et je ne puis répondre mieux à la bonté du vôtre, qu'en vous vendant ma marchandise.

J'en sais la valeur, et vous seriez assurément trompé ailleurs. Je veux vous faire du bien, malgré que vous en ayez. Là-dessus, elle ouvrit la bourse, en prit ce qu'il lui fallait, fit couper la marchandise et la livra à notre provincial, de qui cette action avait dissipé la honte; mais il n'était plus temps d'être courageux.

Vous me direz là-dessus que toute autre marchande n'aurait point été capable de profiter de la bêtise du provincial avec autant d'esprit; mais vous serez bien surprise quand je vous dirai qu'elle en avait fort peu, quoiqu'il y eût bien de la finesse dans sa réplique. Il y a à Paris un certain esprit de pratique parmi les marchands. Rien n'est plus adroit, plus souple, plus spirituel que leur façon d'offrir à qui vient acheter. Vous croyez que cette souplesse veut réellement de l'esprit, et qu'elle est mieux ou moins bien pratiquée par ceux ou celles qui ont plus ou moins d'esprit. Point du tout; cette souplesse, cet art de captiver la bienveillance, d'embarrasser la reconnaissance, n'est qu'un métier qui s'apprend, comme celui de tailleur ou de cordonnier; les plus spirituels n'y sont pas les plus parfaits, et dans cet art, un garçon de boutique, épais et pesant d'intellect, y sera le plus habile.

Il me vient une pensée assez plaisante sur le babil obligeant des marchands dont j'ai parlé. Je les compare aux chirurgiens qui, avant de vous percer la veine, passent long-temps la main sur votre bras pour l'endormir. Les marchandes, pour tirer l'argent de votre bourse, endorment ainsi votre intérêt à force d'empressements et de discours flatteurs. Quand le bras est en état, je veux dire, quand elles ont tourné votre esprit à leur profit, elles vous donnent le coup de lancette; elles disposent de votre volonté, elles coupent, elles tranchent, elles vous arrachent votre argent, et vous ne vous sentez blessé que quand la saignée est faite. La boutique de ces marchandes est un vrai coupe-gorge pour les bonnes gens qui n'ont pas la force de dire non. Êtes-vous belle et jeune; elles vous cajolent sur vos appas en déployant leurs marchandises. Ces compliments ne sont point étrangers à la vente; on dirait qu'ils font partie de la marchandise même. Vous êtes cajolée, vous écoutez, vous leur en savez gré, vous vous prévenez pour elles; tout cela, sans que vous vous en aperceviez. Êtes-vous vieux ou vieille; elles ont des recettes de surprises pour tout âge. Êtes-vous jeune homme; elles font en sorte qu'un peu de galanterie vous amuse, et pendant ce temps, votre bourse se délie, vous jetez votre argent sur la table, tout en badinant.

Vous me demanderez peut-être, madame, si la bonne foi règne dans la boutique des marchands. Si vous entendez par bonne foi une certaine exactitude de conscience sans détour, cette bonne foi prescrite à la rigueur par la loi, je vous répondrai franchement que je n'en sais rien. En revanche, je vous dirai qu'il peut s'y trouver une bonne foi mitigée, qui, dégagée de la sévérité du précepte, s'accommode à l'avidité que les marchands ont de gagner sans violer absolument la religion. Le marchand partage le différend en deux. La religion veut une régularité absolue, l'avidité veut un gain hors de tout scrupule ; on est chrétien et marchand tout à la fois ; ce sont deux contraires, comme le froid et le chaud. Cependant il faut vivre et se sauver. Que fait-on ? On cherche un tempérament. Comme chrétien, je m'abstiendrai d'un gain exorbitant ; comme marchand, je le ferai raisonnable. Le malheur est que ce n'est presque jamais le chrétien, mais bien le marchand, qui fixe ce gain raisonnable.

DES PERSONNES DE QUALITÉ

Leur rang est le vôtre, madame. Heureux ceux qui, comme vous, savent rendre cette chimère du rang une chose respectable, et qui, par leur affabilité, restituent au vulgaire comme un équivalent de l'égalité naturelle qui existe entre les hommes ! J'ai dit chimère, et ce mot est sans conséquence ; c'est le langage des philosophes, et leurs idées ne feront jamais revenir personne sur le train ordinaire des choses de ce monde.

Pouvoir être impunément superbe, parce qu'on est d'une grande naissance ; sentir pourtant qu'il n'y a point là matière à orgueil, et se rendre modeste, non pour l'honneur de l'être, mais par sagesse, cela est beau. Etre né sans noblesse, et néanmoins acquiescer de bonne grâce aux droits qu'on a donnés au noble, sans envier son état ni rougir du sien propre, cela est plus beau que d'être noble ; c'est une raison au-dessus de la noblesse. Les deux caractères d'esprit que je viens d'indidiquer sont peut-être sans exemple ; mais, en revanche, nous avons des fourbes qu'on appelle sages ou philosophes. Ils n'ont point les vertus que je viens de signaler ; seulement ils ont de l'esprit, et beaucoup d'orgueil. Avec ces deux pièces-là, ils font même figure que s'ils étaient en effet ce qu'ils feignent d'être ; ils trompent les sots ; quant aux clairvoyants, ils sont en si petit nombre, qu'ils ne valent pas une exception.

Vous seriez surprise de voir ici, madame, de quel air certains hommes du plus haut rang abordent leurs inférieurs. J'ai souvent examiné leurs façons d'assez près. Ce grand personnage vous caresse, vous tend la main, vous sourit, se familiarise, pourvu qu'il ait des témoins ; car c'est un rôle de simplicité trop brillant pour le perdre dans l'obscurité. Notre homme n'est point simple ; c'est un acteur qui veut être applaudi ; il lui faut donc du spectacle. Tous les instants ne sont pas favorables. Il en vient un; l'acteur vous trouve; et vous devenez l'instrument, la victime de sa gloire. Vous restez caressé, marqué de honte, confirmé petit, insulté par l'estime que s'acquiert ce perfide en vous sacrifiant, en jouant le public, en se jouant lui-même; car il jouit de l'applaudissement, sans se douter que c'est un bien mal acquis.

Sur cela, je fais une réflexion. De tous les hommes, les plus sots, peut-être les plus misérables, ce sont les hommes orgueilleux; mais l'homme qui pousse l'orgueil jusqu'à vouloir contrefaire le modeste, pour mériter l'estime qu'on donne à la modestie, cet homme est un petit monstre (1).

Un jour, je me trouvai dans un endroit où vint un de ces hauts seigneurs dont je parle. Il se fit un écart dans la compagnie; on lui prodigua mille honnêtes déférences. Messieurs, dit-il avec un geste de main, qui mélangeait artistement la hauteur et la simplicité, ou qui, pour mieux dire, était équivoque entre l'une et l'autre, et aussi flat-

---

(1) *Cet homme est un petit monstre.* Montesquieu s'est montré moins sévère, lorsqu'il a dit : Heureux qui peut avoir assez d'orgueil pour être modeste ! C'est un aveu pénible à faire; mais enfin, si c'est la vérité, il faut en convenir, la modestie la plus aimable n'est peut-être qu'un légitime amour-propre habilement déguisé. L'homme pense hautement et superbement de lui-même, et il ne pense ainsi que de lui-même, a dit un profond moraliste.

teur pour lui qu'il le croyait flatteur pour nous, messieurs, point de cérémonie ; je vis sans façons, et partout où je vais, c'est m'obliger que de n'en point faire. Cela, bien interprété, signifiait : On doit des respects à mon rang, je le sais, et je suis charmé que vous ne l'ignoriez pas ; mais je vous en fais grâce ; vous vous êtes mis en état, et cela me suffit.

A votre avis, madame, ai-je mal fondu ce compliment ? N'est-ce pas là le sens qu'il peut rendre, et l'inférieur ne doit-il pas être bien flatté d'une familiarité dont on ne l'honore qu'en se montrant satisfait du sentiment qu'il a de sa petitesse ? Avec cela cependant, et d'autres vertus de la même force, l'homme de haute qualité gagne le titre de philosophe. Celui dont je vous parle nous fit un récit qui tendait à nous prouver sa modestie, mais qui amenait en même temps une exposition de tous ses avantages. Ce récit est de trois lignes ; le voici.

Les provinciaux sont fatigants, nous dit-il. Je ne pus l'autre jour me dispenser d'aller à une petite ville dont je suis seigneur. J'appris que les habitants viendraient en corps me complimenter à mon arrivée. Le gentilhomme de France le plus ennemi de ces fadaises, c'est moi ; la vanité de mes confrères là-dessus m'est insupportable. Pour me sauver, je dis à mes gens d'arrêter à deux lieues de la ville, dans le dessein de n'y entrer qu'à dix heures du soir, et d'envoyer dire que j'arriverais seulement le lendemain sur le soir. Mais je m'assoupis, pour mes péchés, dans le lieu où je m'étais arrêté. Mes gens n'osèrent me réveiller ; j'y passai la nuit, et par là, le lendemain, je fus contraint d'essuyer une kyrielle de respects ridicules. Quelle corvée ! je baissai mes glaces, et je fis le malade.

Tout ce que j'ai dit jusqu'ici ne regarde que l'homme du haut rang. Le petit noble ne peut guère se donner ces airs mitigés de hauteur et de modestie ; la distance d'un bourgeois à lui n'est pas assez grande, et de tels airs ne seraient pas à leur place. Dénué de ces équipages magnifiques et de cet appareil de domestiques, qui subjuguent la vanité des inférieurs, à la faveur d'un sentiment de vanité même, il n'a pour toute ressource d'orgueil que le maigre titre de noble ; sa philosophie, quand il se mêle d'en avoir, n'est guère au large avec cela.

S'il contrefait le modeste, ce ne peut être qu'avec le bourgeois ; et sa modestie, en pareil cas, ne ferait pas fortune. Le bourgeois, à la vérité, l'en croira sur sa mine ; mais il ne l'en louera pas ; il le trouvera seulement dans l'ordre. Si même le bourgeois est plus riche, il croira pouvoir en conscience faire deux membres égaux en valeur, d'une part, avec sa roture et ses richesses, de l'autre, avec la naissance et la médiocrité des biens du noble ; tant pour tant, et le compte fait, la fierté du bourgeois se tient en garde.

Il y a de l'erreur, dit intérieurement le noble, qui se doute bien du calcul ; mais comment faire pour la prouver au bourgeois ? Le voici, madame. Parmi les hommes, le préjugé de la noblesse est violent ; le riche bourgeois a beau s'étourdir là-dessus, il n'y a que façon de le prendre pour le rendre au joug. Le gentilhomme, pour cela, emploie une familiarité franche, raille la noblesse, vante le bon citoyen, lui fait honneur de sa roture, et le confirme dans le mépris qu'il a déjà pour les avantages de la naissance. C'est bien là le meilleur hameçon pour rattraper le bourgeois qui avait rompu ses filets. Comme il s'était attendu à quelque résistance de la part du noble, quand il avait arrêté son compte, il est charmé d'une telle docilité, il en a de la reconnaissance, il estime, il admire enfin celui qui a bien voulu ne pas sentir qu'il était gentilhomme ; voilà le grand œuvre du petit noble philosophe, dont l'amour-propre, longtemps contraint, trouve ainsi la récompense de la contrainte qu'il a soufferte.

Il me semble, madame, que vous me demandez comment il en use avec l'homme de qualité. C'est une autre allure. Jeune, il brigue sa compagnie, son amitié, sa confidence. Quelquefois, par un autre tour d'imagination, il travaille d'esprit, de geste et de dépense, pour arriver à prendre avec lui un ton d'égal à égal ; il s'enfle, et fait comme la grenouille, qui veut être aussi grosse que le bœuf. Si son bien et sa situation lui interdisent le commerce des gens de qualité, et que par hasard il ait à leur parler, il affiche sur son visage qu'il est gentilhomme, et paraît à peu près dans le goût de ces aventuriers de roman, casque en tête et lance au poing, qui se vantent par leur seule posture.

Tous ces caractères se peuvent trouver en province, à l'air près de société moins aisé. Parlons de choses plus nouvelles pour vous, madame ; par exemple, disons un mot des femmes de qualité, cela vous réjouira.

Otez à la campagnarde de qualité le masque qu'elle porte, quand, montée sur sa haquenée, elle traverse d'un château à l'autre ; ôtez-lui sa vanité crue sur les antiquités de famille, son ton bruyant, l'embarras total de sa contenance, et sa marche à mouvement uniforme, toutes choses dont se compose l'économie de sa ridicule personne ; ôtez-lui ses fils le marquis et le chevalier, petits enfants qu'elle dresse devant vous à la révérence villageoise, et qui par fatalité sont toujours morveux quand ils arrivent, afin d'être mouchés du mouchoir de la mère (1) (passez-moi le portrait); ôtez-

---

(1) *Afin d'être mouchés du mouchoir de la mère.* Cette image est un peu triviale, et l'auteur en demande pardon

lui, dis-je, tout cela, il ne vous reste plus rien de curieux chez elle, si ce n'est la langueur ou le ton emphatique de ses compliments quand elle est en ville. Tout cela vu et entendu, le sujet est épuisé. Les femmes de qualité dans ce pays font un spectacle bien plus varié. Les définirai-je en général ? Le projet est hardi ; n'importe.

La femme de qualité a tous les défauts de la bourgeoise, mais, pour ainsi dire, tirés au clair par l'éducation et l'usage. Elle possède un goût de hardiesse si heureux, qu'elle jouit du bénéfice de l'effronterie, sans être effrontée. Peut-être ne doit-elle cet avantage qu'à la nature de l'esprit des hommes, faciles à donner des droits plus amples à qui les étonne par de plus fortes impressions.

L'air de mépris le mieux entendu de la femme de qualité pour la bourgeoise, ce sont ses caresses et ses honnêtetés ; et là-dessus, rien n'est plus joli que la femme de qualité, dit la bourgeoise. L'innocente ! qui ne voit pas que, par cette politesse, la voilà destinée à la subordination.

Dans la femme de qualité, l'habillement, la marche, le geste et le ton, tout est formé par les grâces ; la nature ne s'en est point mêlée. Ce ne sont point de ces grâces qui font partie néces-

---

lui-même ; elle est toutefois si plaisante et si vraie, qu'on la croirait dérobée à la délicieuse farce de *la Comtesse d'Escarbagnas*.

saire de la figure, que l'on a sans y penser, qui nous suivent partout, qui sont nous, qui sont en nous-mêmes ; ce sont des grâces de hasard, formées après coup, que la vanité des parents a commencées, que l'exemple et le commerce aisé des autres femmes ont avancées, et qu'une étude de vanité personnelle a finies ; grâces ridicules aux yeux des gens raisonnables, attirantes pour les jeunes gens, imposantes pour le peuple, inimitables aux bourgeoises, quoique toujours copiées par elles ; voisines du mal dont elles aplanissent les voies, et dignes d'être regardées comme le chef-d'œuvre de l'orgueil. Voilà, madame, ce que l'on appelle les airs du monde.

PARIS FOURMILLE DE BEAUX-ESPRITS

Paris fourmille de beaux-esprits. Il n'y en eut jamais tant ; mais il en est d'eux à peu près comme d'une armée ; il y a peu d'officiers-généraux, beaucoup d'officiers subalternes, un nombre infini de soldats. J'appelle officiers-généraux, les auteurs qu'en fait d'ouvrages de goût le public avoue pour excellents. Après eux viennent les *grands médiocres* dans le même genre de travail ; passez-moi ce nom plaisant que je leur donne: Nous pouvons encore les mettre à la tête des officiers subalternes, et les nommer les premiers de cette classe. Imaginez-vous, madame, un espace entre l'excellent et le médiocre ; c'est celui qu'ils occupent ; leurs idées sont intermédiaires. Ce n'est pas que ce milieu qu'ils tiennent soit senti de tout le monde ; il n'appartient qu'au lecteur excellent lui-même de l'apercevoir. Leur caractère d'esprit, généralement parlant, leur fait tour à tour trop de tort et trop d'honneur ; trop de tort, parce que bien des gens, machinalement connaisseurs du beau, ne se sentant pas assez frappés du ton de leurs idées, les confondent avec les médiocres ; trop d'honneur, parce que bien des gens aussi, n'ayant qu'un goût peu sûr, peu décisif, les jugent excellents sur la foi du plaisir qu'ils prennent à la lecture de leurs ouvrages. Après eux viennent les *médiocres*, que j'appelle les officiers subalternes ; gens dont le talent est de fixer sur du papier un certain genre d'idées raisonnables, mais communes, suffisantes toutefois pour le commerce et la conduite des honnêtes gens entre eux, et par là si familières, qu'elles ne méritent pas d'être expressément offertes à la curiosité du lecteur un peu délicat.

Disons un mot en passant des esprits du plus bas étage. Ce sont des auteurs au-dessous du médiocre, gens si misérables, que c'est une bonne fortune à eux de fixer même une idée commune dans son degré de force et de justesse. Un si petit talent d'esprit ne vaut pas la peine d'une plus grande analyse. Qu'il vous suffise de savoir, madame, que ces messieurs n'ont point de nom, qu'on ne connaît chacun d'eux ni par la chute ni par le succès particulier de leurs ouvrages. Fût-ce par la chute, ce serait toujours être connu par quelque chose. Un médiocre compose-t-il ; s'il tombe, du moins dit-on, un tel est tombé, comme on dit, tel officier a été tué. Mais à l'égard de ces derniers, on sait en gros que mille de leurs productions paraissent et ne valent rien ; c'est comme un bataillon qui se présente, et que le mousquet fait tomber. Qui est-ce qui s'avisera de demander le nom des soldats morts ?

Il y a d'autres auteurs encore, que nous mettrons, si vous voulez, au rang des beaux-esprits ; ce sont les traducteurs. Ils savent les langues savantes, ils ressuscitent l'esprit des anciens, qui, disent-ils, vaut cent fois mieux que l'esprit des modernes ; du moins faut-il avouer qu'ils le croient de bonne foi, puisque nous ne voyons pas qu'ils s'estiment assez pour penser par eux-mêmes. C'est agir conséquemment à leur principe.

Je vous aurais parlé plus tôt d'une autre sorte d'auteurs, si je n'avais jugé qu'ils tiendraient à injure de se voir mis au rang de ceux qu'on appelle beaux-esprits ; ce sont les philosophes et les géomètres. J'ai quelquefois pensé au peu de cas que ces messieurs semblent faire des productions de sentiment et de goût, aussi bien qu'à la distinction avantageuse que le public fait d'eux. Le bel-esprit, il est vrai, ne s'est pas fait de la géométrie une science particulière ; il n'est point géomètre-ouvrier. C'est un homme né architecte, qui, méditant un édifice, le voit s'élever à ses yeux dans toutes ses parties différentes, qui en imagine et en voit l'effet total par un raisonnement imperceptible et comme sans progrès. Ce même raisonnement, pour le géomètre, contiendrait la valeur de mille raisonnements qui se succéderaient avec lenteur. Le bel-esprit, en un mot, par l'effet d'une heureuse conformation d'organes, possède un sentiment fin et exact de toutes les choses qu'il voit ou qu'il imagine ; il y a entre ses organes et son esprit un heureux accord, qui lui forme une manière de penser, dont l'étendue, l'évidence et la chaleur ne font qu'un corps. Je ne dis pas qu'il ait chacune de ces qualités dans toute leur force ; un si grand bien est au-dessus de l'homme ; mais il en a ce qu'il en faut pour voler à une sphère d'idées dont non-seulement les rapports, mais la simple vue, passent le géomètre.

Quant aux philosophes, la nature et ses principaux effets ne sont-ils pas le nœud gordien pour eux ? Nous sommes-nous à nous-mêmes une énigme plus intelligible qu'il y a quatre mille ans ? Qu'a pu penser sur l'homme un philosophe, qu'un bel-esprit excellent ne nous puisse dire, et plus ingénieusement, et avec des préceptes plus accommodés à nos façons non réfléchies de connaître et de sentir ? A entendre fastueusement prononcer le nom de philosophe, qui ne croirait que son esprit est d'un autre genre que celui du bel-esprit ? L'homme, pour l'ordinaire, est cependant leur sujet commun. En quoi diffèrent-ils donc ? C'est que l'un traite ce sujet dans un poème, dans une ode ; l'autre, dans un corps de raisonnements qu'on appelle système. L'un glisse l'instruction à la faveur du sentiment, et l'on dirait un maître caressant qui vous fait des leçons utiles, mais intéressantes ; l'autre est un pédagogue qui vous régente durement, et vous commande un triste silence.

Pourquoi donc pense-t-on plus respectueusement du philosophe que du bel esprit ? Ne serait-ce pas que le philosophe, ou bien l'homme au système, nous proposant une connaissance expresse de nous-mêmes, nous fait penser que nous sommes difficiles à comprendre, et par là importants ; au lieu que le bel esprit, qui fait un poème ou une ode, semble ne nous exposer à nos propres yeux que pour nous divertir ? Or, ce dessein ne nous fait pas tant d'honneur.

Pardon, madame, si tout cela m'a conduit un peu loin ; ce sont des idées que j'avais depuis longtemps dans l'esprit, et qui ont enfin trouvé à se faire jour. Revenons à nos auteurs. Je sais que vous aimez à raisonner ; je vais tâcher de vous servir à votre goût.

L'amour-propre est à peu près à l'esprit ce qu'est la forme à la matière ; l'un suppose l'autre. Tout esprit a donc de l'amour-propre, comme toute portion de matière a sa forme. De même aussi que toute portion de matière est susceptible de prendre une forme plus ou moins fine et variée, suivant qu'elle est plus ou moins fine et délicate elle-même, de même notre amour-propre est plus ou moins subtil, suivant que notre esprit a lui-même plus ou moins de finesse. Ces principes établis, concluons que l'auteur excellent est, de tous les auteurs, celui dont l'amour-propre est le plus subtil.

Tâchons d'en développer le jeu. Tout homme vraiment supérieur a le sentiment de sa supériorité ; il a les yeux bons, il voit incontestablement ce qu'il est ; il se complaît à se voir, il s'estime ; voilà le début de son amour-propre. Il veut des témoins de ses avantages ; en voilà les progrès. Il veut des témoins sans faveur, naïfs, irréprochables, portant témoignage avec un étonnement qui les décèle inférieurs ; il veut mettre leur propre orgueil en défaut ; il est bon juge des moindres expressions de confusion qui échappent à cet orgueil ; il apprécie un geste, le silence même ; voilà la finesse de l'amour-propre excellent. Mais observez, madame, que cet amour-propre est à son dernier période, quand, à l'art de ces appréciations dont j'ai parlé, il joint encore l'art de dérober ses inquiétudes superbes, et de jouir de ses découvertes, sans paraître y avoir tâché. Insinuer qu'il est bonnement, innocemment supérieur; escamoter à ceux qu'il surpasse jusqu'à la triste consolation de l'appeler en vain; voilà le *nec plus ultra* de l'orgueil de l'auteur..

EXTRAITS
DU CABINET DU PHILOSOPHE

DE L'AMBITION

§ Il y a deux sortes d'ambition; celle d'amasser du bien, celle d'amasser des honneurs. Il y a des gens qui n'ont que la première ; d'autres, qui n'ont que la seconde; d'autres, qui les ont toutes deux. Les premiers sont des avares que je méprise, parce qu'ils n'ont point d'âme ; les seconds sont des superbes qui en ont trop ; les troisièmes sont des âmes ordinaires, dont le monde est rempli ; gens qui voudraient de tout, mais rien avec assez d'ardeur. Les premiers sont toujours en danger d'être fripons, et le sont souvent; les seconds, quoique généreux, toujours en danger d'être méchants, et ils le sont quand il le faut; les troisièmes communément n'ont ni assez de force pour être méchants, ni assez d'avarice pour être fripons. Je serais tenté d'estimer les seconds, s'ils n'étaient pas dangereux. Les troisièmes ne méritent pas qu'on les remarque. Il n'y a que les premiers de méprisables.

DE L'ATHÉISME

On parle d'une espèce d'incrédules qu'on appelle athées. S'il y en a, ce que je ne crois pas, ce n'est point à force de raisonner qu'ils le deviennent. Quand ils auraient tout l'esprit possible, quand ils en feraient l'abus le plus fin et le plus subtil, ce n'est point de là que leur incrédulité tire sa force. Avec beaucoup de subtilité d'esprit, on peut s'égarer jusqu'à essayer de ne rien croire; mais je crois qu'on n'y parviendra jamais. Il faut encore autre chose pour cela; il faut être fait d'une certaine façon. On ne devient fermement incrédule que quand on est né avec le malheureux courage de l'être. De ce courage, les uns en ont plus, les autres moins; il se développe plus tard chez les uns, plus tôt chez les autres, chez quelques-uns tout d'un coup. Ce courage, le raisonnement ne le donne point; c'est en soi qu'on le trouve; et il vient, ou d'une incapacité naturelle de se mettre en peine de la question, d'une indifférence profonde et presque insurmontable pour tout ce qui peut arriver, ou d'une impossibilité comme absolue de se gêner, supposé qu'il fallût prendre un autre parti que celui qu'on a pris.

Supprimez dans l'incrédule les choses que je dis là; ne lui laissez que son esprit et ses raisonnements; je le défie d'y avoir confiance. Mais avec ces mêmes choses, il n'a que faire de ses raisonnements; il les a de trop pour devenir ce qu'il lui plaira.

IL N'EST QUESTION QUE DE SACRIFICES DANS LA VIE

§ Il y a des gens qui se damnent, dans la seule crainte du ridicule qu'il y a dans le monde à vouloir se sauver. Croirait-on qu'à respecter les idées des hommes, il serait plus honteux dans le monde d'être converti que d'être un fripon? Le monde ne veut ni qu'on se donne à Dieu, ni qu'on le quitte.

Achetez-moi, dit la vie éternelle aux chrétiens, par le sacrifice de cette vie passagère. Achetez ma durée, dit la vie passagère, par le retranchement d'une infinité de plaisirs qui m'abrégeraient; achetez mes douceurs par le sacrifice de cette vie éternelle. L'éternité et le temps parlent donc le même langage, et il n'est question que de sacrifices dans la vie. Sacrifiez-moi votre liberté, dit la cour, dit le prince, dit ce seigneur, dit cet emploi, dit cette femme; sacrifiez-moi votre santé, disent ces plaisirs; sacrifiez-moi ces plaisirs, dit la santé; votre honneur, dit la fortune; votre fortune, dit l'honneur; partout ce ne sont que sacrifices.

Il y en a un si beau, qu'il en impose à ceux

même qui n'en sont pas capables; c'est le sacrifice du vice à la vertu, du crime à l'innocence, de l'improbité à son contraire. Chaque homme en particulier a besoin que tout homme avec lequel il vit fasse en sa faveur ce dernier sacrifice. Voilà ce qui rend un tel sacrifice bien respectable; voilà ce qui le met bien au-dessus de la raillerie.

MARIVAUX PLAIDE TRÈS SPIRITUELLEMENT SA PROPRE CAUSE

§ Il y a un certain degré d'esprit et de lumière au-delà duquel vous n'êtes plus senti. Celui qui le passe sait qu'il le passe ; mais il le sait presque tout seul, ou du moins si peu de gens le savent avec lui, que ce n'est pas la peine de le passer. Bien plus, c'est un désavantage qu'une si grande finesse de vue ; car ce que vous en avez de plus que les autres se répand toujours sur tout ce que vous faites, et embarrasse leur intelligence. Vous ajoutez à ce que vous dites de sensible des choses qui ne le sont pas assez, de sorte que ce qu'on entend bien dans vos pensées dégoûte de ce qu'on y entend mal ; on vous croit obscur et non pas fin ; on vous accuse de vouloir briller, quand vous n'avez point d'autre tort que celui d'exprimer tout ce qui vous vient. Peignez donc la nature à un certain point ; mais abstenez-vous de la saisir dans ce qu'elle a de trop caché ; sinon vous paraîtrez aller plus loin qu'elle, ou la manquer.

En fait d'esprit, dans le monde, on confond deux sortes d'hommes ; l'homme qui tâche d'être fin, et l'homme qui l'est naturellement. Le langage de ces deux hommes a je ne sais quel air de ressemblance, qui fait qu'on ne les distingue point. Il faut avoir de bons yeux pour distinguer la finesse du raffinement. Je n'ai guère vu de gens qui ne prissent l'un pour l'autre ; et malheureusement ceux qui en savent assez pour ne pas s'y tromper, se joignent assez volontiers à ceux qui s'y trompent, et appuient leur méprise. Ce défaut de sincérité en eux prouve que, tout bons esprits qu'ils sont, il leur manque encore quelque chose. Quand on est éclairé soi-même à un certain point, on ne saurait être injuste sur l'esprit des autres ; on est leur juge, et jamais leur partie.

TROP DE VANITÉ CHEZ LA PLUPART DES PRÉDICATEURS

§ Je trouve que la plupart des prédicateurs ne sont que des faiseurs de pensées, que des auteurs. Lorsqu'ils composent leurs sermons, c'est la vanité qui tient leur plume, et la vanité a bien de l'esprit ; mais tout son esprit n'est que du babil. Quand elle rencontre une idée pathétique, elle ne la quitte point qu'elle ne l'ait vidée de sentiment, pour la remplir de spiritualité. Or, de spiritualité, peu de gens en ont ; voilà pourquoi les prédicateurs ne parlent la plupart du temps qu'à des sourds. Pour du sentiment, tout le monde en a ; aussi a-t-il la clef de tous les esprits. Il n'y a que lui qui les pénètre et qui les éclaire ; il ne trouve point de contradictions ; toutes les âmes s'entendent avec lui ; on ne lui fait point de chicane ; il soumet.

En fait de religion, ne cherchez point à convaincre les hommes ; ne raisonnez que pour leur cœur. Quand il est pris, tout est fait ; sa persuasion jette dans l'esprit des lumières intérieures, auxquelles il ne résiste point.

Il y a des vérités qui ne sont point faites pour être directement présentées à l'esprit. Elles le révoltent, quand elles vont à lui en droite ligne ; elles blessent sa petite logique ; il n'y comprend rien ; elles sont des absurdités pour lui. Mais faites-les, pour ainsi dire, passer par le cœur, rendez-les intéressantes à ce cœur, faites qu'il les aime. Il faut qu'il les digère, qu'il les dispose ; il faut que le goût qu'il prendra pour elles les développe. Imaginez-vous un fruit qui se mûrit, ou bien une fleur qui s'épanouit à l'ardeur du soleil ; c'est là l'image de ce que ces vérités deviennent dans le cœur. Il les échauffe et il s'en échauffe, puis il communique sa chaleur à l'esprit même ; il l'ouvre, l'étend, le déploie, et lui ôte une certaine roideur qui bornait sa capacité, et empêchait que ces vérités ne le pénétrassent.

On ne saurait expliquer autrement la docilité subite de certaines gens, et la prompte conviction qui les entraîne. Il faut bien qu'il se passe alors entre l'esprit et le cœur un mouvement dont Dieu seul sache le mystère. Pourquoi ne croira-t-on pas que la persuasion de l'un est la source des lumières de l'autre ?

En fait de religion, tout est donc ténèbres pour l'homme, en tant que curieux ; tout est fermé pour lui, parce que l'orgueilleuse envie de tout savoir fut son premier péché. Mais le mal n'est pas sans remède ; l'esprit peut encore se réconcilier avec Dieu par le moyen du cœur. C'est en aimant que notre âme rentre dans le droit qu'elle a de connaître. L'amour est humble, et c'est cette humilité qui expie l'orgueil du premier homme.

Ceux qui connaissent Dieu, parce qu'ils l'aiment, qui sont pénétrés de ce qu'ils en voient, ne peuvent, dit-on, nous rapporter ce qu'ils en connaissent. Il n'y a point de langue qui exprime ces connaissances-là ; elles sont la récompense de l'amour, et n'éclairent que celui qui aime. Quand même il pourrait les rapporter, le monde n'y comprendrait rien ; elles sont à une hauteur à laquelle l'esprit humain ne saurait atteindre que sur les ailes de l'amour. Cet esprit humain va terre à terre, et il faut voler pour aller jusque-là. Ceux qui aiment Dieu communiquent pourtant ce qu'ils en savent à ceux qui leur ressemblent ; ce sont des oiseaux qui se rencontrent dans les airs. Quelles étranges choses que tout cela pour le profane !

L'HOMME FIER, LE GLORIEUX, LE FANFARON

§ Il y a bien de la différence entre un homme fier et un homme glorieux. La fierté part d'un sentiment noble et louable ; c'est une vertu quand elle est réglée, ce n'est un vice que quand elle ne l'est pas. Mais la vaine gloire est toujours un ridicule.

On peut dire à un homme : Vous êtes trop fier ; mais on ne lui dit point : Vous êtes trop glorieux ; ce serait lui dire une injure, ce serait l'appeler fat. Il sied bien à un homme d'être fier dans de certaines occasions ; il n'y a point d'occasion où il ne se dégrade, quand il est glorieux. Ordinairement même le glorieux n'est pas fier. L'homme fier veut être intérieurement content de lui. Il suffit au glorieux d'avoir contenté les autres ; c'est assez pour lui que ses actions paraissent louables. L'autre veut que les siennes le soient à ses yeux mêmes.

En un mot, l'homme fier a du cœur ; le glorieux n'a que l'orgueil de persuader qu'il en a. L'un a de vraies vertus dans l'âme ; l'autre en joue qu'il n'a pas, et qu'il ne se soucie pas d'avoir. L'un a du plaisir à être honnête homme ; l'autre voudrait bien souvent s'exempter de faire comme s'il l'était. Il ne tient pas à la probité, il tient à l'honneur qu'elle procure. Aussi en manque-t-il dans mille petits détails qu'on ne sait point.

L'homme fier est un bon ami ; c'est à vous personnellement que son amitié s'adresse. Le glorieux n'est ami de personne ; et quand il paraît le vôtre, ce n'est pas vous qu'il aime, c'est votre rang, c'est votre fortune, c'est l'éclat qui vous environne, et l'estime où vous êtes dans le monde ; c'est-à-dire qu'il vous aime comme riche, comme grand seigneur, comme puissant, comme accrédité, comme honoré des autres, et jamais comme homme qu'il estime et qui lui plaît. Vous n'êtes rien pour lui ; vous ne valez pas votre habit ; il l'aime mieux que vous, quand il est magnifique.

Distinguez pourtant le fanfaron du glorieux. On prendrait souvent le glorieux pour un fanfaron ; mais l'homme qui n'est que fanfaron peut être un très honnête homme, il peut avoir toutes les vertus qu'il vous montre. Son défaut est de les avoir avec faste, de vouloir les rendre étonnantes ; et quelquefois il a dans l'âme de quoi pouvoir les rendre telles, de quoi tenir tout ce qu'il promet ; c'est seulement dommage qu'il le promette. Il peut être respectable dans le fond, pendant qu'il est un fanfaron dans la forme ; il n'a quelquefois tort que dans les manières.

RÉFLEXIONS SUR LE STYLE SINGULIER

L'homme qui pense beaucoup approfondit les sujets qu'il traite ; il les pénètre, il y remarque des choses d'une extrême finesse, que tout le monde sentira quand il les aura dites, mais qui, de tout temps, n'ont été remarquées que de très peu de gens ; et il ne pourra assurément les exprimer que par un assemblage et d'idées et de mots très rarement vus ensemble. Voyez combien les critiques profiteront contre lui de la singularité inévitable de style que cela va lui faire ! Que son style sera précieux ! Mais aussi de quoi s'avise-t-il de tant penser, et d'apercevoir, même dans les choses que tout le monde connaît, des côtés que peu de gens voient, et qu'il lui faudra exprimer par un style qui paraîtra nécessairement précieux ? Cet homme-là a grand tort.

Il faudrait lui dire de penser moins, ou prier les autres de vouloir bien qu'il exprime ce qu'il aura pensé, et de souffrir qu'il se serve des seuls mots qui peuvent exprimer ses pensées, puisqu'il ne peut les exprimer qu'à ce prix-là.

Quand elles seront exprimées, il faudra voir si

on les entend. Sont-elles obscures ? Qu'on lui dise alors : Il vous a été permis d'unir telles idées, et conséquemment tels mots qu'il vous a plu, pour vos pensées. Peu nous importe que telles idées, aussi bien que tels mots soient ordinairement ou rarement ensemble ; même nous ne demandons pas mieux que l'union en soit singulière ; cela nous promet des pensées, ou neuves, ou rares, ou fines. Mais vous vous mêlez de faire le grand esprit, d'avoir besoin de cette singularité d'union dans vos idées, et conséquemment dans vos mots ; et cela ne vous procure que des pensées inintelligibles, ou qui peignent les choses autrement qu'elles ne sont, ou qui y ajoutent des finesses qu'on n'y trouve pas. Pensez donc avec netteté, justesse, etc. Oh ! voilà des reproches sérieux, raisonnés et raisonnables, pourvu qu'on en prouve la justice.

Et comment la prouvera-t-on ? En examinant chaque pensée, en voyant si elle s'entend ; car il faut qu'elle soit nette et claire. Après cela, est-elle trop allongée, ou ne l'est-elle pas ? Pourrait-on la former avec moins d'idées qu'il n'en entre dans sa composition, et par conséquent, l'exprimer avec moins de mots, sans rien ôter de sa finesse et de l'étendue qu'elle embrasse ? Ensuite, est-elle vraie ? L'objet qu'elle peint, regardé dans ce sens-là, est-il conforme au portrait qu'elle en fait ?

Par exemple : *L'esprit est souvent la dupe du*

cœur. C'est M. de La Rochefoucauld qui l'a dit. Supposons que cela ne fût dit que d'aujourd'hui par quelque auteur de nos jours. Ne l'accuserait-on pas de s'être exprimé dans un style précieux ? Il y a bien de l'apparence. Pourquoi, s'écrierait un critique, ne pas dire que l'esprit est souvent trompé par le cœur, que le cœur en fait accroire à l'esprit ? C'est la même chose.

Non pas, s'il vous plaît, lui répondrais-je, vous n'y êtes point ; ce n'est plus là la pensée précise de l'auteur ; vous la diminuez de force, vous la faites baisser. Le style de la vôtre, puisque vous parlez de style, ne vous exprime qu'une pensée assez commune ; le style de cet auteur nous en exprime une plus particulière et plus fine, et nous peint mieux ce qui se passe quelquefois entre le cœur et l'esprit. Cet esprit, simplement trompé par le cœur, ne me dit pas qu'il est souvent trompé comme un sot, ne me dit pas même qu'il se laisse tromper. Nous sommes souvent trompés, sans mériter le nom de dupes ; quelquefois on nous en fait habilement accroire, sans qu'on puisse nous reprocher d'être de facile croyance. Or, cet auteur a voulu nous dire que souvent le cœur tourne l'esprit comme il veut ; qu'il le fait aisément incliner à ce qui lui plaît ; qu'il lui ôte sa pénétration, ou la dirige à son profit ; enfin qu'il le séduit et l'engage à être de son avis, bien plus par les charmes de ses raisons que par leur solidité.

Cet auteur a voulu nous dire que l'esprit a souvent la faiblesse, en faveur du cœur, de faire passer pour raisonnable, pour possible, pour vrai, ce qui ne l'est pas ; et le tout, sans remarquer qu'il a cette faiblesse-là. Voilà bien des choses, que l'idée de dupe renferme toutes, et que le mot de cette idée exprime toutes aussi. Or, si l'idée de l'auteur est juste, que trouvez-vous à redire au signe dont il se sert pour exprimer cette idée ?

§ Il y a des gens qui, en faisant un ouvrage d'esprit, ne saisissent pas toujours précisément une certaine idée qu'ils voudraient joindre à une autre. Ils la cherchent ; ils l'ont dans l'instinct, dans le fond de l'âme ; mais, ils ne sauraient la développer. Par paresse, ou par nécessité, ou par lassitude, ils s'en tiennent à une autre qui en approche, mais qui n'est pas la véritable ; et ils l'expriment pourtant bien, parce qu'ils prennent le mot propre de cette idée à peu près ressemblante à l'autre, et en même temps inférieure.

§ Si Montaigne avait vécu de nos jours, que de critiques n'eût-on pas faites de son style ! Car il ne parlait ni français, ni allemand, ni breton, ni suisse ; il pensait et il s'exprimait, au gré d'une âme singulière et fine. Montaigne est mort ; on lui rend justice ; c'est cette singularité d'esprit, et conséquemment de style, qui fait aujourd'hui son mérite. La Bruyère est plein de singularités. Aussi a-t-il pensé sur l'âme, matière pleine de choses singulières. Combien Pascal n'a-t-il pas d'expressions de génie ! Qu'on me trouve un auteur célèbre ayant approfondi l'âme, et qui, dans ses peintures de nous et de nos passions, n'ait pas le style singulier !

EXTRAITS DE L'INDIGENT PHILOSOPHE

QUE DE CHARGES S'IMPOSENT AUX RICHES!

Par ma foi! plus j'examine mon état, et plus je m'en loue. Si j'étais dans le monde, j'aurais probablement quelque charge, je serais marié, j'aurais des enfants. Sa charge, il faut la remplir; sa femme, il faut la supporter; ses enfants, il faut les élever, puis les marier, c'est-à-dire, ne garder que la moitié de sa vie, et se défaire de l'autre en leur faveur; c'est la règle. N'est-ce pas quelque chose de bien touchant que ce tracas? Je connais des gens qui ont tout ce que je dis là, femme, charge, et enfants, et qui sont riches. Je les vois pesants; ils rêvent creux, ils ont des physionomies sérieuses, qui servent de remède à l'envie de rire. Parlez-leur, ils se plaignent toujours; c'est de leur femme qui joue; c'est de l'état qui va mal; c'est du ciel, qui ne fait pas pleuvoir à leur fantaisie; c'est du chaud, c'est du froid, d'un fils libertin, d'une fille coquette, d'une troupe de valets qui les servent mal et les pillent bien.

Après cela ce sont des amis qu'il faut régaler, et qui ne seront peut-être pas contents, qui ont plus d'envie de compter vos plats que de les manger ; c'est leur vanité qui vient voir si la vôtre soutient sa noblesse. Leur faites-vous trop bonne chère ; ils vous trouvent superbes et fastueux ; vous les irritez, parce que vous leur rendez la revanche onéreuse. Les régalez-vous de bon cœur, mais frugalement, faute de pouvoir faire mieux ; votre bon cœur est un sot, qui ne leur apprête qu'à turlupiner de vos moyens. Serez-vous assez bien meublé pour eux, aurez-vous assez de valets ; ils prendront garde à tout cela. Vous le savez, vous craignez ce qu'ils en penseront, vous avez peur de rougir devant eux ; il s'agit de leur considération ou de leur mépris ; leur coup de chapeau désormais sera plus honnête ou plus cavalier, selon l'état où ils vous trouveront.

Car enfin, tâtez-vous vous-même ; voyez si, suivant le hasard de choses semblables, un homme ne vous est pas plus ou moins important dans le monde. Allez-vous manger volontiers chez des gens d'un étalage médiocre, qui donnent de tout leur cœur, mais qui ne peuvent que donner peu ? leur amitié vous pique-t-elle ? Vous honorez-vous fort de les connaître ? Parlez-vous d'eux souvent ? Non ; ce sont de bonnes gens que vous aimez bien, mais pour les laisser là ; leur commerce ne vous pare point, votre orgueil n'y gagne rien ; ce ne sont point là les connaissances qui vous donnent du nom, qui vous vantent dans l'esprit des autres. Vous-même vous ne vous souciez guère de ceux qui n'ont que de pareils amis ; vous voulez que les vôtres fassent du fracas, et vous voulez en faire aussi, pour être recommandé à leur amour-propre, pour être sur la liste de ceux qu'on peut voir en toute sûreté d'orgueil. Avec qui est-il ? dira-t-on en vous montrant. Avec monsieur un tel, avec madame une telle. Oh ! voilà qui va bien ; on parlera de vous, on vous citera, vous en serez digne. Et qui est ce monsieur un tel dont le commerce vous est si honorable ? Hélas ! le plus souvent il n'est rien, lui, quant à son esprit, son cœur et ses vertus ; mais il a un bon équipage, un bon cuisinier ; il fait de la dépense, il se donne de bons airs ; on le voit aux spectacles ; les dames le saluent ; les hommes l'accueillent ; c'est un homme enfin. Non, je dis mal ; ce n'est pas un homme, c'est un riche, un possesseur de grandes places, un seigneur. Or, on voit partout des gens qui sont tout cela, sans mériter le grand nom d'homme ; car qu'est-ce que c'est qu'un homme ? Est-ce la naissance qui le fait ? Non ; appelez-le comme vous le voudrez ; elle ne le fait que le fils de son père. Ce n'est ni la naissance ni la richesse qui le constituent ; ce n'est pas non plus l'esprit ni le don de penser ; car la pensée et le sentiment, et tout ce que vous avez enfin, appartient bien à l'homme, mais cela ne fait pas l'homme ; je n'appellerais cela que les outils avec lesquels on doit le devenir. Or, qu'est-ce donc encore une fois qu'un homme ? Hélas ! je ne le dirai, j'en suis sûr, que d'après vous-même, et d'après tout le monde, qui en irait bien mieux, si nous en avions un grand nombre, de ceux que je regarde comme véritablement hommes.

Un homme donc, c'est cette créature à qui vous voudriez toujours avoir affaire, que vous voudriez trouver partout, quoique vous ne cherchiez pas à lui ressembler. Voilà ce que c'est ; vous n'avez qu'à entendre ce que je dis là. Tous les hommes la cherchent cette créature, et par-là tous les hommes se font leur procès, s'ils ne sont pas comme elle.

LES FRANÇAIS

Nous autres Français, il faut que nous touchions à tout, et nous avons changé tout cela. Vraiment ! nous y entendons plus de finesse, nous sommes bien autrement déliés sur l'amour-propre. Estimer ce qui se fait chez nous ! Eh ! où en serait-on, s'il fallait louer ses compatriotes ? Ils seraient trop glorieux, et nous trop humiliés. Non, non ; il ne faut pas donner cet avantage-là à ceux avec qui nous vivons tous les jours, et qu'on peut rencontrer partout. Louons les étrangers, à la bonne heure ; ils ne sont pas là pour en devenir vains ; et au surplus, nous ne les estimons pas plus pour cela ; nous saurons bien les mépriser, quand nous serons chez eux. Mais pour ceux de notre pays, mirmidons que tout cela.

Voilà votre portrait, messieurs les Français. On ne saurait croire le plaisir qu'un Français sent à dédaigner les meilleurs ouvrages nationaux, et à leur préférer des fariboles venues de loin. Ces gens-là pensent plus que nous, dit-il en parlant des étrangers. Dans le fond, il ne le croit pas ; et s'il s'imagine qu'il le croit, je l'assure qu'il se trompe. Et que croit-il donc ? Rien ; mais c'est qu'il faut que l'amour-propre de tout le monde vive. D'abord, il parle des habiles gens de son pays, et tout habiles qu'ils sont, il les juge ; cela lui fait passer un petit moment assez flatteur. Il les humilie ; autre irrévérence qui lui tourne en profondeur de jugement. Qu'ils viennent alors, qu'ils paraissent, ils ne l'étonneront point, il les verra comme d'autres hommes, ils ne défereront point monsieur ; ce sera puissance contre puissance. Quand il met les étrangers au-dessus de son pays, monsieur n'est plus du pays au moins ; c'est l'homme de toute nation, de tout caractère d'esprit ; et, somme totale, il en sait plus que les étrangers mêmes.

LE MÉCHANT

Paris est de tous les théâtres du monde celui où il y a la meilleure comédie, ou bien la meilleure farce, si vous le voulez ; farce en haut, farce en bas. Plût à Dieu que ce fût toujours farce, et rien autre chose ! plût à Dieu qu'on en fût quitte pour rire de ce qu'on voit faire aux hommes ! Je les trouverais bien aimables, s'ils n'étaient que ridicules ; mais quand ils sont méchants, il n'y a plus moyen de les voir, et l'on voudrait pouvoir oublier qu'on les a vus. Ah ! l'horreur !

Je demandais l'autre jour ce que c'était qu'un homme, j'en cherchais un ; mais je ne mettais pas le méchant au nombre de ces créatures appelées hommes, et parmi lesquelles on peut trouver ce que je cherche. Je ne sais où le mettre le méchant ; il ne serait bon qu'au néant, mais il ne mérite pas d'y être. Oui, le néant serait une faveur pour ce monstre d'une espèce singulière, qui sait le mal qu'il fait, qui goûte avec réflexion le plaisir de le faire, et qui, sachant de quelle peine il serait le plus affligé, apprend par là à vous frapper des coups que vous devez le plus vivement sentir ; enfin qui ne voit le mal qu'il peut vous faire, que parce qu'il voit le bien qu'il vous faudrait. Lumière affreuse, si elle ne doit lui servir qu'à cela ! Ou bien l'emploi qu'il en fait est bien criminel ; c'est à lui à vider la question, cela le regarde de plus près qu'un autre.

Il n'y a que le méchant dans le monde qui ait à prendre garde à son système ; il n'y a que lui qui soit obligé d'être assez sûr de son fait pour ne point se tromper. Et remarquez que la plupart du temps les méchants sont les plus ignorants de tous les hommes. Si par hasard il y en a quelqu'un qui raisonne, qu'il examine donc un peu si ce ne serait pas pour se mettre en pleine liberté d'être méchant, qu'il s'est imaginé qu'il n'y avait point de mal à l'être. Cela se pourrait fort bien. En effet, qu'il regarde les honnêtes gens, les gens de bien, qui sont en petit nombre à la vérité, mais qui, malgré cela, soutiennent la société ici-bas, et la sauvent du désordre affreux que lui méchant et ses semblables y mettraient. Car que deviendrait la terre, si le peu qui y reste de vertu ne servait de contre-poids à l'énorme corruption qui s'y trouve ? Bien nous en prend que cela soit ainsi, que toujours un peu de bon, conservé sur cette terre, y maintienne un ordre que l'extrême quantité du mauvais emporterait sans une Providence. Heureusement Dieu est plus fort que l'homme ; il faut que l'homme puisse toujours voir clair, et que le bien soit toujours là pour juger le mal ; et le mal le respecte.

Revenons à notre méchant qui croit pouvoir l'être impunément. Je lui disais de regarder les gens de bien. Assurément il y en a parmi eux qui ont autant ou plus d'esprit que lui; être homme de bien n'est pas être un sot; et de toutes les bêtises, la plus grande serait de le penser. L'homme d'esprit vertueux peut voir tout ce que voit le méchant, peut se dire tout ce que celui-ci se dit, et peut-être plus; car le vertueux a plus de dignité dans l'âme; il porte plus haut le sentiment de son excellence, que nous avons tous. C'est même l'abus de ce sentiment qui fait que nous sommes tous orgueilleux.

Quoi qu'il en soit, pourquoi l'homme vertueux, avec tout l'esprit qu'il a, trouve-t-il les raisonnements du méchant absurdes? Pourquoi cette différence dans leurs sentiments? Car enfin l'homme vertueux serait quelquefois tenté d'être méchant. Pourquoi y résiste-t-il, puisqu'il en sait autant que ce méchant qui n'y résiste pas, et qui croit que cela est sans conséquence? Oh! mais, dira ce dernier, c'est qu'il est retenu par une crainte que je n'ai point. Eh bien! pensez-vous qu'il y ait moins de bon sens dans sa crainte sublime, que dans votre désir avide et brutal de vous prouver qu'il n'y a point de risque à être ce que vous êtes? Est-on moins aveugle dans votre cas que dans le sien? Et moi, je vous dis que c'est tout le contraire.

Un homme qui souhaite un bien avec ardeur, et qui brûle de l'envie de voir qu'il n'y a point de danger à y courir, a bientôt fait son affaire ; cette extrême envie de jouir expédie bien vite les discussions ; on n'est pas délicat sur les raisons légitimes de faire une chose, quand on veut absolument la faire. Mais l'homme qui, malgré le penchant qu'il aurait à la faire, craint en même temps le péril qu'il peut y avoir à s'y livrer, oh ! c'est lui qui y regarde de près ; et assurément s'il faut de la finesse dans l'examen, ce sera lui qui l'aura ; et, dans toutes les affaires de la vie, vous vous fierez toujours bien plus à lui qu'à l'autre. Tenez, ôtez la peine qu'il y a à être bon et vertueux, nous le serons tous ; il n'y a que cette peine qui a fait de si sottes philosophies ; les systèmes hardis, les erreurs les plus mal raisonnées, tout vient de là. On ne saurait croire ce que cette peine-là fait devenir notre pauvre esprit, ni jusqu'où elle le dupe ; et malheureusement pour nous encore, la nature prête, quand nous voulons nous égarer dans nos considérations ; elle a de quoi tromper celui qui la veut voir mal, comme elle a de quoi éclairer celui qui la veut voir bien.

L'HOMME A L'HABIT BRODÉ D'OR ET LE MENDIANT

Les choses vont, et je les regarde aller ; autrefois j'allais avec elles, et je n'en valais pas mieux. Parlez-moi, pour bien juger de tout, de n'avoir plus d'intérêt à rien. Autrefois, par exemple, je n'aurais pas pensé si juste sur une chose qui me frappe actuellement. Je vois de ma fenêtre un homme qui passe dans la rue, et dont l'habit, si on le vendait, pourrait marier une demi-douzaine d'orphelines. Voyons. Voici un pauvre homme comme moi qui lui tend la main pour avoir quelque chose, et il ne lui donne rien. Apparemment qu'il lui dit : Dieu vous bénisse ! et c'est toujours quelque chose que de renvoyer à Dieu une charité qu'on ne veut point faire. Parlons à notre homme. Ah ! monsieur, que vous avez bonne mine ! que vous êtes brillant ! Je cherche un homme, c'est-à-dire, quelqu'un qui mérite ce nom ; par hasard, ne seriez-vous pas mon fait ? En effet, vous avez grande apparence. Attendez un moment que ma raison vous regarde ; c'est une excellente lunette pour connaître la valeur des choses. Ah ! il me semble que votre habit n'a plus tant d'éclat ; votre or se ternit, je le trouve ridicule. Qu'est-ce que vous faites de cela sur un vêtement ? On vous prendrait pour une mine du Pérou.

Eh ! morbleu, n'êtes-vous pas honteux de mettre sur vous tant de lingots en pure perte, pendant que vous pourriez les distribuer en monnaie à tant de malheureux que voici, et qui meurent de faim ? Ne leur donnez rien, si vous voulez ; gardez tout pour vous ; mais ne leur prouvez pas qu'il ne tient qu'à vous de leur racheter la vie. N'en voient-ils pas la preuve sur votre habit ? Eh ! du moins, cachez-leur votre cœur; ôtez cet habit qui insulte à leur misère, et qui n'a ni faim ni soif. Ne savez-vous pas bien qu'il serait barbare de jeter votre argent dans la rivière, pendant que vous pourriez en secourir des affamés qui n'auraient pas de quoi vivre? Eh bien! n'est-ce pas le jeter dans la rivière, que de le jeter sur un vêtement qui n'en a que faire, qui n'en devient ni plus chaud pour l'hiver ni plus frais pour l'été? Eh! pour qui le galonnez-vous ou le brodez-vous tant? Est-ce pour moi? Est-ce afin de m'inspirer plus de considération pour vous? Je ne donne plus dans ce piége-là; j'ai vécu plus d'un jour. Le marchand ni le tailleur ne rendent point un homme respectable; et d'ailleurs, je ne saurais vous regarder dans cet état-là, sans que les larmes m'en viennent aux yeux. Retirez-vous; je ne suis point un barbare; je vois des gens qui souffrent, je vois le bien que vous pourriez leur faire, et votre vue m'afflige. Allez, vous dis-je, vous n'êtes point un homme, et j'en cherche un. Si je voulais un tigre, je vous donnerais la préférence sur tous les tigres ayant quatre pattes; ils ne sont pas si tigres que vous, puisqu'ils ne savent pas qu'ils le sont, au lieu qu'il ne tient qu'à vous de connaître que vous l'êtes.

LE BON SENS EST TOUT CHEZ L'ÉCRIVAIN.
VANITÉ DES AUTEURS

Je vous l'ai déjà dit, je me moque des règles, et il n'y a pas grand mal ; notre esprit ne vaut pas trop la peine de toute la façon que nous faisons souvent après lui ; nous avons trop d'orgueil pour la capacité qu'il a, et nous le chargeons presque toujours de plus qu'il ne peut porter. Pour moi, ma plume obéit aux fantaisies du mien ; et je serais bien fâché que cela fût autrement ; car je veux qu'on trouve de tout dans mon livre ; je veux que les gens sérieux, les gais, les tristes, quelquefois les fous, enfin que tout le monde me cite. Et vous verrez qu'on me citera. Bref, je veux être un homme et non pas un auteur, et ainsi donner ce que mon esprit fait, non pas ce que je lui ferais faire. Aussi je ne vous promets rien, je ne jure de rien ; si je vous ennuie, je ne vous ai pas dit que cela n'arriverait pas ; si je vous amuse, je n'y suis pas obligé, je ne vous dois rien. Ainsi le plaisir que je vous donne est un présent que je vous fais ; et si par hasard je vous instruis, je suis un homme magnifique, vous voilà comblé de mes grâces.

Vous riez ; peut-être levez-vous les épaules. Mais dites-moi, qu'est-ce qu'un auteur méthodique ? Comment, pour l'ordinaire, s'y prend-il pour composer ? Il a un sujet fixe sur lequel il va travailler; fort bien. Il s'engage à le traiter, l'y voilà cloué; allons, courage. Il a une demi-douzaine de pensées dans la tête sur lesquelles il fonde tout l'ouvrage. Elles naissent les unes des autres, elles sont conséquentes, à ce qu'il croit du moins; comme si le plus souvent il ne les devait pas à la seule envie de les avoir, envie qui en trouve, n'en fût-il point, qui en forge, qui les lie ensuite et leur donne des rapports de sa façon, sans que le pauvre auteur sente cela, ni s'en doute. Car il s'imagine que le bon sens a tout fait, ce bon sens si difficile à avoir, ce bon sens qui rendrait les livres si courts, qui en ferait si peu, s'il les composait tous, à moins qu'il n'en fît d'aussi peu gênants que l'est le mien; ce bon sens si simple, parce qu'il est raisonnable, qui sait mieux critiquer les sciences humaines, et quelquefois s'en moquer, que les inventer, qui n'a point de part à une infinité de doctrines, les délices de la curiosité des hommes; enfin ce bon sens qui ne saurait durer avec aucune folie, comme avec la vanité d'avoir de l'esprit, par exemple, et qui, lorsque nous écrivons, et qu'il nous éclaire, nous a bientôt dit sur notre sujet ce qu'il en faut dire; car il ne se prête point à nos allongements, et c'est avec eux que nous faisons des volumes.

Aussi voit-on des ouvrages si languissants! J'admire comment l'auteur peut les finir; car, à la vingtième page, son esprit, à demi mort, ne va plus; il se traîne. Vous qui lisez son livre, vous le trouvez solide à cause qu'il est pesant; vous autres lecteurs, vous êtes pleins de ces méprises-là.

Je vous dis vos vérités sans façon; car je suis l'homme sans souci, et je ne vous crains point. Vous ne verrez point de préface à la tête de mon livre, je ne vous ai point prié de me faire grâce, ni de pardonner à la faiblesse de mon esprit. Cherchez ce verbiage-là dans les auteurs; il leur est ordinaire. Il est étonnant qu'ils ne s'en corrigent point; mais ils sont si enfants qu'avec cette finesse-là ils s'imaginent vous obliger à leur vouloir du bien, et vous remplir d'une bonté, d'une charité, à la faveur desquelles ils feront glisser l'admiration qu'ils méritent; vous serez le lion qui n'aura plus de griffes, tant vous serez bien amadoué. La plaisante idée! elle me divertit.

Quand un auteur regarde son livre, il se sent tout gonflé de la vanité de l'avoir fait; il en perd la respiration, il plie sous le faix de sa gloire. Ce livre, il va le faire imprimer; les hommes en connaîtront-ils la beauté? Crieront-ils au miracle? Il voudrait bien leur dire que c'en est un; mais ils n'aiment pas qu'on leur dise cela; ils veulent, au contraire, qu'on soit humble avec eux; c'est leur fantaisie. Allons, soit, dit notre auteur, faisons comme il leur plaît. Là-dessus il dresse une préface dans l'intention d'être humble; et vous croyez qu'il va l'être, il le croit aussi, lui. Mais comment s'y prendra-t-il ? Oh ! voici le beau. Imaginez-vous un géant qui se baisse pour paraître petit ; il a beau se baisser, le Pantalon qu'il est (1) ; on voit toujours ses grandes jambes qui se haussent de temps en temps, parce que la posture le fatigue. Eh bien ! ce géant-là, c'est la vanité de notre auteur. Tenez, regardez bien ; le voilà qui va se baisser : « Lecteur, la matière dont j'entreprends de parler « est si grande, et surpasse tellement mes forces, « que je n'aurais osé la traiter, si je n'avais compté « sur ton indulgence. » Fort bien ; c'est ici que le géant se fait petit.

Chut ! poursuivons : « Ce n'est pas que quelques « amis, dont je respecte les lumières, n'aient tâ- « ché de me persuader que mon travail ne dé- « plairait pas ; et il est vrai que l'étude profonde « que j'ai faite de ma matière, a dû, si je ne me « flatte, m'en donner une assez grande connais- « sance. » Voilà les jambes qui se redressent.

Quelle singerie ! Je n'ai point d'esprit, j'en ai plus qu'un autre ; on aurait pu mieux faire que moi ; personne ne l'entend mieux ; soyez indulgent, admirez-moi ; mon sujet me surpasse, il ne me surpasse point ; tout cela s'agence dans la préface d'un

---

(1) *Le Pantalon tel qu'il est.* Ce nom de *Pantalon* était celui d'un des personnages bouffons de l'ancienne comédie italienne. Il est resté dans notre langue pour désigner toute espèce de farceurs ou de charlatans ; et l'on dit encore *pantalonnade* dans le sens de bouffonnerie.

auteur sans qu'il s'en aperçoive. Faibles créatures que nous sommes! nous ne faisons que du galimatias, quand nous voulons parler de nous avec modestie.

LA FAUSSE MODESTIE

Nous ne manquons pas de gens qui croient être modestes, et qui le croient de bonne foi; ils le paraissent même, à ne regarder que la superficie de cela. Mais examinez-les d'un peu près. Celui-ci ne se loue point, par exemple; n'ayez pas peur qu'il se vante d'avoir la moindre qualité; il n'oserait presque dire qu'il est honnête homme; il ne se sert là-dessus que de phrases mitigées, et encore les bégaie-t-il; il est bon, il est généreux, serviable, franc, simple, il est tout cela, sans en avoir jamais dit un mot. Oh! c'est qu'il vous trompe; il l'a dit, et le dit toujours, car toujours il vous fait remarquer qu'il ne le dit point.

En voici un qui rougit quand vous le louez; vous l'embarrassez tant, qu'il ne sait que vous répondre, il perd contenance. Oh! celui-là est modeste. Non; c'est qu'il a tant d'amour-propre, qu'il en est timide et inquiet; vous le louez en compagnie, tout le monde le regarde, et il n'aime pas à voir l'attention de tout le monde fixée sur lui; il est en peine, pendant que vous le louez, de ce que les autres en pensent; il a peur qu'on ne l'épluche en ce moment-là, et qu'il n'y perde; il a peur qu'on ne croie qu'il prend plaisir à ce que vous dites, et que cela n'indispose la vanité des autres contre lui. Trouvez le moyen de lui persuader que tout le monde est aussi charmé de l'entendre louer qu'il le serait lui-même; et vous verrez s'il sera embarrassé; il vous aidera à dire, il se livrera à vous comme un enfant, il vous dira : Mettez encore cela, et puis encore cela. Ainsi ce n'est pas votre éloge qu'il craint, il le savourerait mieux qu'un autre; mais c'est l'esprit injuste et dédaigneux de ceux qui écoutent. Appelez-vous cela modestie ?

Je connais un homme qui, bien loin de se louer, se ravale presque toujours; il combat tant qu'il peut la bonne opinion que vous avez de lui. Eût-il fait l'action la plus louable, il ne tiendra pas à lui que vous ne la regardiez comme une bagatelle; il n'y songeait pas quand il l'a faite, il ne savait pas qu'il faisait si bien; et si vous insistez, il la critique, il lui trouve des défauts, il vous les prouve de tout son cœur, et c'est parce que vous êtes prévenu en sa faveur que vous ne les voyez pas. Que voulez-vous de plus beau? Ah! le fripon! il sait bien qu'il ne vous persuadera pas, et il ne prend pas le chemin d'y réussir. Vous l'avez cru vrai dans tout ce qu'il disait; eh bien! son coup est fait, vous voilà pris. De quel mérite ne vous paraîtra pas un homme qui, tout estimable qu'il est, ne sait pas qu'il l'est, et ne croit pas l'être ? Peut-on se défendre d'admirer cela ? Non, à ce qu'il a cru. Aussi vous attendait-il là, et vous y êtes.

Je m'ennuierais de compter les faux modestes de cette espèce, ils sont sans nombre, il n'y a que de cela dans la vie ; et comme dit mon livre, la modestie réelle et vraie n'est peut-être qu'un masque parmi les hommes. Il est vrai qu'il y a tel masque qu'il est difficile de ne pas prendre pour un visage. Il y en a aussi quantité de si grossiers qu'on les devine tout d'un coup ; et ceux-là je leur pardonne volontiers, à cause qu'ils me font rire, ou qu'ils me font pitié.

Je connais de bonnes gens très plaisants, par exemple ; c'est que sachant le cas qu'on fait de ceux qui ne se louent point, ils ont là-dessus fait leur plan ; ils ont dit : Je serai modeste ; allons, cela est arrêté ; et ils le sont. Ce n'est pas là tout ; c'est que si alors vous ne leur disiez point qu'ils le sont, ils vous le diraient eux-mêmes ; et si vous le dites le premier, ils en conviennent de tout leur cœur ; ils vous rapportent des exemples de leur modestie ; ils vous marquent les temps, les lieux, les actions, avec une satisfaction et une naïveté pleines d'innocence. Ensuite ils concluent, ils disent : C'est vrai, mon défaut n'est pas d'être vain. Et pour preuve, c'est qu'ils en font vanité, de n'être pas vains. Aussi ces gens-là, je ne dis pas qu'ils sont masqués, car ils ne portent point leur masque, ils ne l'ont qu'à la main, et vous disent : Tenez, le voilà. Cela est charmant, et j'aime tout à fait cette manière d'être ridicule; car enfin, il faut l'être, et de toutes les manières de l'être, celle qui mérite le moins de mépris à mon gré, c'est celle qui ne trompe point les autres, qui ne les induit pas en erreur sur notre compte; il n'y a que les vanités fines et souples qui me révoltent.

Les ridicules bien francs, qui ne se cachent point, comme je dis, qui se livrent à toute ma critique, à toute la moquerie que j'en puis faire, je ne leur dis mot, je les laisse là, ce serait battre à terre; mais ces fourberies d'une âme vaine, ces singeries adroites et déliées, ces impostures si bien concertées qu'on ne sait presque par où les prendre pour les couvrir de l'opprobre qu'elles méritent, et qui mettent presque tout le monde de leur parti, oh! que je les hais, que je les déteste!

Cependant il faut faire semblant de n'en rien voir; car on doit vivre avec tout le monde. Il ne s'agit pas de marquer ses dégoûts; et les gens qui se piquent de ne pouvoir souffrir ces sortes de défauts, qui les persécutent partout où ils les trouvent, je ne les aime pas trop non plus ces gens-là; ils ne sont point aimables. Et qu'ils n'aillent point dire qu'ils n'en agissent comme cela, que parce qu'ils sont amis de la vérité; ce discours-là ne vaut rien; ces grands amis de la vérité ne la disent point, quand ils parlent ainsi. Ce n'est pas le parti de la vérité qu'ils prennent là-dedans ; c'est plutôt qu'ils sont extrêmement vains eux-mêmes, et que leur vanité ne saurait endurer le succès des fausses vertus des autres ; cela fatigue leur amour-propre, et non pas leur raison.

Entendez-vous, messieurs les véridiques, ne nous vantez point tant votre caractère ; je n'en voudrais pas, moi. Vous n'êtes que des hypocrites aussi, avec cette haine vigoureuse dont vous faites profession contre certains défauts, et des hypocrites peut-être plus haïssables que les autres ; car sous ce beau prétexte d'antipathie vertueuse pour la fausse modestie, vous ne trouvez personne à votre gré, vous satirisez tout le monde, aussi bien l'imposteur qui joue des vertus qu'il n'a pas, que l'honnête homme qui les a ; vous êtes ennemis déclarés de tous les honneurs d'autrui, vous n'en voudriez que pour vous ; tout ce qui est loué et estimé vous déplaît. Allez, je ne suis point votre dupe. Laissez les gens en paix ; souffrez la vertu ; pardonnez aux autres hommes leur vanité ; elle est plus supportable que la vôtre, elle vit du moins avec celle de tout le monde. Les autres hommes ne sont que ridicules, et vous par-dessus le marché vous êtes méchants ; ils font rire, et vous, vous offensez ; ils ne cherchent que notre estime, et vous, vous ne cherchez que nos affronts ; est-il de personnage plus ennemi de la société que le vôtre ?

Cependant on a la bonté de vous craindre; c'est à qui sera de vos amis, afin de n'être pas mordu. J'ai remarqué même que votre protection, car votre amitié en est une, gâte ceux à qui vous l'accordez; ils ne s'inquiètent plus d'eux; il leur semble, parce que vous les aimez, que leur fortune est faite; ils ne se gênent plus, ils parlent haut, ils raisonnent sur les autres; ils les jugent. On les écoute, on les entoure; et pendant que tout le monde n'ouvre la bouche sur votre chapitre qu'avec crainte et respect, eux ils jouissent superbement de l'avantage de parler de vous d'une manière aisée et familière; on voudrait bien être à leur place. Ils racontent vos reparties, vos jugements, vos audaces; ils ajoutent qu'ils vous querellent tous les jours, qu'ils vous retiennent, mais que vous n'entendez pas raison sur certaines choses. C'est un étrange homme, disent-ils; il faut marcher droit avec lui; les caractères faux ne l'accommodent pas. Du reste, c'est le meilleur garçon du monde, et le plus simple. Je lui dis ce que je veux, moi; quelquefois il se fâche, et il me divertit; mais on ne le changera point.

Tout ce que je dis là, au reste, je l'ai vu arriver, comme je le raconte, et je le rends trait pour trait.

USAGES DE TABLE

Je parle de cette politesse, ou si vous voulez, de cette bienséance, de ce bel air, que les gens du monde ont dans leurs festins, où il faut s'observer et avoir une façon de boire et de manger toute de convention. Diantre! cela est sérieux, prenez garde à vous. Si vous haussez trop le coude en buvant, on dira que vous n'êtes qu'un provincial, qu'un petit bourgeois, qui n'a pas coutume d'être en bonne compagnie. Voyez ce que c'est! O gens du monde, que vous êtes de pauvres gens!

Je disais un jour à un gentilhomme tout frais débarqué de sa province, et que des personnes de considération avaient prié à souper : Eh! monsieur, où allez-vous vous fourrer? Vous êtes bien hardi de vouloir vous présenter tout de go à pareille fête, vous qui savez tout simplement manger et couper vos morceaux à la manière de votre pays. Croyez-vous qu'il suffise d'avoir bon appétit? Vraiment, vous n'y êtes pas; c'est même, en ce pays-ci, le père de toutes les incongruités que l'appétit, dans un homme qui ne sait pas le conduire. Comment remercierez-vous ceux qui boiront à votre santé? Je vous vois d'ici, vous pencherez civilement la tête, et vous serez un joli garçon avec cette contorsion-là! Dites-moi, aurez-vous en mangeant cet air libre et aisé qu'il convient d'avoir avec sa fourchette, son assiette, son verre et son couteau ? Savez-vous le nom des plats qu'on vous servira ? Avez-vous étudié votre dictionnaire de friandise et de gourmandise ? Il faut qu'un galant homme le sache, sous peine de ne paraître qu'un manant. Comment serez-vous assis ? Vous tiendrez-vous bien droit à table, vous ne serez qu'un échalas. Y serez-vous sans façon, ah ! le paysan ! Mon gentilhomme, épouvanté de ce que je lui disais, prit la chose très sérieusement (1), et aima mieux être malade que d'aller à son repas ; il m'avoua même, six mois après, que j'avais raison, et reconnut qu'il m'avait eu obligation.

Les hommes, avec toutes leurs façons, ressem-

---

(1) *Prit la chose très-sérieusement.* Rien de plus sérieux, en effet, quand on veut être du monde. A ce propos, je me souviens d'une anecdote qu'a racontée quelque part le bon abbé Delille. Un de ses collègues de professorat s'était trouvé d'un repas de cérémonie, et se vantait, avec la bonhomie d'un fidèle habitant de la rue Saint-Jacques, de s'être comporté aussi bien que tous les autres convives. L'abbé coquet et mondain lui fit subir une sorte d'interrogatoire, et le convainquit bientôt de trois ou quatre gaucheries ; par exemple, de s'être aidé de sa fourchette pour le potage, d'avoir coupé son pain au lieu de le rompre, et de n'avoir pas cassé la coquille d'un œuf à la coque, après l'avoir mangé. Le pauvre professeur dut se tenir pour dit, après cela, que l'usage est un tyran dont, avec tout l'esprit et le goût possibles, on ne saurait deviner tous les bizarres caprices.

blent aux enfants. Ces derniers s'imaginent être à cheval, quand ils courent avec un bâton entre les jambes. Il en est de même des hommes; ils s'imaginent, à cause de certaines belles manières qu'ils ont introduites entre eux pour flatter leur orgueil, ils s'imaginent, dis-je, en être plus considérables, et quelque chose de grand; les voilà à cheval. Il y a tel homme dans le monde, qui est si fort sur son droit, sur son quant-à-soi, qu'il aimerait mieux essuyer une fourberie qu'une impolitesse. A combien de sots coupe-t-on la bourse, en cajolant leur vanité! Tout le monde est bourgeois-gentilhomme, jusqu'aux gentilshommes mêmes. Les hommes sont plus vains que méchants. Mais je dis mal ; ils sont tous méchants, parce qu'ils sont tous vains. Y a-t-il rien de si malin, de si peu charitable, que la vanité offensée? Je suis bon, disait un ancien dont le nom ne me revient pas, je suis généreux; mon bien, ma vie, tout ce que je possède, est à mes amis, aux indifférents même. Me trahit-on, je l'oublie; me nuit-on, me fait-on du mal, je le pardonne; mais ne m'humiliez pas.

LA
MÈRE CONFIDENTE

COMÉDIE EN TROIS ACTES ET EN PROSE

Représentée pour la première fois par les Comédiens italiens le 9 mai 1739

PERSONNAGES

MADAME ARGANTE.
ANGÉLIQUE, sa fille.
DORANTE, amant d'Angélique.
ERGASTE, oncle de Dorante.
LUBIN, paysan au service de madame Argante.
LISETTE, suivante d'Angélique.

*La scène se passe à la campagne,
chez Madame Argante.*

LA MÈRE CONFIDENTE

ACTE PREMIER.

SCÈNE I. — DORANTE, LISETTE.

DORANTE. — Quoi! vous venez sans Angélique, Lisette?

LISETTE. — Elle arrivera bientôt; elle est avec sa mère : je lui ai dit que j'allais toujours devant, et je ne me suis hâtée que pour avoir avec vous un moment d'entretien, sans qu'elle le sache.

DORANTE. — Que me veux-tu, Lisette?

LISETTE. — Ah çà! nous ne vous connaissons, Angélique et moi, que par une aventure de promenade dans cette campagne.

DORANTE. — Il est vrai.

LISETTE. — Vous êtes tous deux aimables, l'amour s'est mis de la partie, cela est naturel; voilà sept ou huit entrevues que nous avons avec vous, à l'insu de tout le monde; la mère, à qui vous êtes inconnu, pourrait à la fin en apprendre quelque chose; toute l'intrigue retomberait sur moi : terminons. Angélique est riche, vous êtes tous deux d'une égale condition, à ce que vous dites ; engagez vos parents à la demander pour vous en mariage ; il n'y a pas même de temps à perdre.

DORANTE. — C'est ici que gît la difficulté.

LISETTE. — Vous auriez de la peine à trouver un meilleur parti, au moins.

DORANTE. — Eh ! il n'est que trop bon.

LISETTE. — Je ne vous entends pas.

DORANTE. — Ma famille vaut la sienne, sans contredit ; mais je n'ai point de bien, Lisette.

LISETTE, *étonnée*. — Comment !

DORANTE. — Je dis les choses comme elles sont ; je n'ai qu'une très petite légitime.

LISETTE, *brusquement*. — Vous ? Tant pis ; je ne suis point contente de cela : qui est-ce qui le devinerait à votre air ? Quand on n'a rien, faut-il être de si bonne mine ? Vous m'avez trompée, monsieur.

DORANTE. — Ce n'était pas mon dessein.

LISETTE. — Cela ne se fait pas, vous dis-je. Que diantre voulez-vous qu'on fasse de vous ? Vraiment Angélique vous épouserait volontiers ; mais nous avons une mère qui ne sera pas tentée de votre légitime, et votre amour ne nous donnerait que du chagrin.

DORANTE. — Eh ! Lisette, laisse aller les choses, je t'en conjure ; il peut arriver tant d'accidents ! Si je l'épouse, je te jure d'honneur que je te ferai ta fortune. Tu n'en peux espérer autant de personne, et je tiendrai parole.

LISETTE. — Ma fortune !

DORANTE. — Oui ; je te le promets. Ce n'est pas le bien d'Angélique qui me fait envie. Si je ne l'avais pas rencontrée ici, j'allais, à mon retour à Paris, épouser une veuve très riche et peut-être plus riche qu'elle ; tout le monde le sait ; mais il n'y a plus moyen ; j'aime Angelique, et si jamais tes soins m'unissaient à elle, je me charge de ton établissement.

LISETTE, *rêvant un peu*. — Vous êtes séduisant. Voilà une façon d'aimer qui commence à m'intéresser ; je me persuade qu'Angélique serait bien avec vous.

DORANTE. — Je n'aimerai jamais qu'elle.

LISETTE. — Vous lui ferez donc sa fortune aussi bien qu'à moi? Mais, monsieur, vous n'avez rien, dites-vous. Cela est dur. N'héritez-vous de personne ? Tous vos parents sont-ils ruinés ?

DORANTE. — Je suis le neveu d'une homme qui a de très grands biens, qui m'aime beaucoup, et qui me traite comme un fils.

LISETTE. — Eh ! que ne parlez-vous donc ? d'où vient me faire peur avec vos tristes récits, pendant que vous en avez de si consolants à faire ? Un oncle riche, voilà qui est excellent : et il est vieux, sans doute ; car ces messieurs-là ont coutume de l'être.

DORANTE. — Oui ; mais le mien ne suit pas la coutume, il est jeune.

LISETTE. — Jeune! de quelle jeunesse encore?

DORANTE. — Il n'a que trente-cinq ans.

LISETTE. — Miséricorde! trente-cinq ans! Cet homme-là n'est bon qu'à être le neveu d'un autre.

DORANTE. — Il est vrai.

LISETTE. — Mais du moins, est-il un peu infirme?

DORANTE. — Point du tout, il se porte à merveille; il est, grâce au ciel, de la meilleure santé du monde; car il m'est cher.

LISETTE. — Trente-cinq ans et de la santé, avec un degré de parenté comme celui-là! Le joli parent! Et quelle est l'humeur de ce galant homme?

DORANTE. — Il est froid, sérieux et philosophe.

LISETTE. — Encore passe, voilà une humeur qui peut nous dédommager de la vieillesse et des infirmités qu'il n'a pas : il n'a qu'à nous assurer son bien.

DORANTE. — Il ne faut pas s'y attendre; on parle de quelque mariage en campagne pour lui.

LISETTE, *s'écriant*. — Pour ce philosophe! Il veut donc avoir des héritiers en propre personne?

DORANTE. — Le bruit en court.

LISETTE. — Oh! monsieur, vous m'impatientez avec votre situation; en vérité, vous êtes insupportable; tout est désolant avec vous, de quelque côté qu'on se tourne.

DORANTE. — Te voilà donc dégoûtée de me servir?

LISETTE, *vivement*. — Non; vous avez un malheur qui me pique et que je veux vaincre. Mais retirez-vous, voici Angélique qui arrive; je ne lui ai pas dit que vous viendriez ici, quoiqu'elle s'attende bien à vous y voir. Vous paraîtrez dans un instant et ferez comme si vous arriviez. Donnez-moi le temps de l'instruire de tout; j'ai à lui rendre compte de votre personne, elle m'a chargée de savoir un peu de vos nouvelles. Laissez-moi faire. (*Dorante sort.*)

SCÈNE II. — ANGÉLIQUE, LISETTE.

LISETTE. — Je désespérais que vous vinssiez, madame.

ANGÉLIQUE. — C'est qu'il est arrivé du monde à qui j'ai tenu compagnie. Eh bien, Lisette, as-tu quelque chose à me dire de Dorante? as-tu parlé de lui à la concierge du château où il est?

LISETTE. — Oui, je suis parfaitement informée. Dorante est un homme charmant, un homme aimé, estimé de tout le monde; en un mot, le plus honnête homme qu'on puisse connaître.

ANGÉLIQUE. — Hélas! Lisette, je n'en doutais pas; cela ne m'apprend rien, je l'avais deviné.

LISETTE. — Oui ; il n'y a qu'à le voir pour avoir bonne opinion de lui. Il faut pourtant le quitter, car il ne vous convient pas.

ANGÉLIQUE. — Le quitter ! Quoi ! après cet éloge !

LISETTE. — Oui, madame ; il n'est pas votre fait.

ANGÉLIQUE. — Ou vous plaisantez, ou la tête vous tourne.

LISETTE. — Ni l'un ni l'autre. Il a un défaut terrible.

ANGÉLIQUE. — Tu m'effrayes.

LISETTE. — Il est sans bien.

ANGÉLIQUE. — Ah ! je respire. N'est-ce que cela ? Explique-toi donc mieux, Lisette ; ce n'est point un défaut, c'est un malheur ; je le regarde comme une bagatelle, moi.

LISETTE. — Vous parlez juste ; mais nous avons une mère ; allez la consulter sur cette bagatelle-là, pour voir un peu ce qu'elle vous répondra. Demandez-lui si elle sera d'avis de vous donner à Dorante.

ANGÉLIQUE. — Et quel est le tien là-dessus, Lisette ?

LISETTE. — Oh ! le mien, c'est une autre affaire. Sans vanité, je penserais un peu plus noblement que cela ; ce serait une fort belle action que d'épouser Dorante.

ANGÉLIQUE. — Va, va, ne ménage point mon

cœur ; il n'est pas au-dessous du tien ; conseille-moi hardiment une belle action.

LISETTE. — Non pas, s'il vous plaît. Dorante est un cadet, et l'usage veut qu'on le laisse là.

ANGÉLIQUE. — Je l'enrichirais donc ? Quel plaisir !

LISETTE. — Oh ! vous en direz tant que vous me tenterez.

ANGÉLIQUE. — Plus il me devrait, et plus il me serait cher.

LISETTE. — Vous êtes tous deux les plus aimables enfants du monde ; car il refuse aussi, à cause de vous, une veuve très riche, à ce qu'on dit.

ANGÉLIQUE. — Lui ? eh bien ! il a eu la modestie de s'en taire ; ce sont toujours de nouvelles qualités que je lui découvre.

LISETTE. — Allons, madame, il faut que vous épousiez cet homme-là ; le ciel vous destine l'un à l'autre, cela est visible. Rappelez-vous votre aventure. Nous nous promenons toutes deux dans les allées de ce bois. Il y a mille autres endroits pour se promener : point du tout ; cet homme, qui nous est inconnu, ne vient qu'à celui-ci, parce qu'il faut qu'il nous rencontre. Qu'y faisiez-vous ? Vous lisiez. Qu'y faisait-il ? Il lisait. Y a-t-il rien de plus marqué ?

ANGÉLIQUE. — Effectivement.

LISETTE. — Il vous salue, nous le saluons ; le

lendemain, même promenade, mêmes allées, même rencontre, même inclination des deux côtés, et plus de livres de part et d'autre ; cela est admirable !

ANGÉLIQUE. — Ajoute que j'ai voulu m'empêcher de l'aimer et que je n'ai pu en venir à bout.

LISETTE. — Je vous en défierais.

ANGÉLIQUE. — Il n'y a plus que ma mère qui m'inquiète ; cette mère qui m'idolâtre, qui ne m'a jamais fait sentir que son amour, qui ne veut jamais que ce que je veux.

LISETTE. — Bon ! c'est que vous ne voulez jamais que ce qui lui plaît.

ANGÉLIQUE. — Mais si elle fait si bien que ce qui lui plaît me plaise aussi, n'est-ce pas comme si je faisais toujours mes volontés ?

LISETTE. — Est-ce que vous tremblez déjà ?

ANGÉLIQUE. — Non, tu m'encourages ; mais c'est ce misérable bien que j'ai et qui me nuira. Ah ! que je suis fâchée d'être si riche !

LISETTE. — Ah ! le plaisant chagrin ! Eh ! ne l'êtes-vous pas pour vous deux ?

ANGÉLIQUE. — Il est vrai. Ne le verrons-nous pas aujourd'hui ? Quand reviendra-t-il ?

LISETTE *regarde sa montre*. — Attendez, je vais vous le dire.

ANGÉLIQUE. — Comment ! est-ce que tu lui as donné rendez-vous ?

LISETTE. — Oui ; il va venir, il ne tardera pas deux minutes ; il est exact.

ANGÉLIQUE. — Vous n'y songez pas, Lisette ; il croira que c'est moi qui le lui ai fait donner.

LISETTE. — Non, non ; c'est toujours avec moi qu'il les prend, et c'est vous qui les tenez sans le savoir.

ANGÉLIQUE. — Il a fort bien fait de ne m'en rien dire, car je n'en aurais pas tenu un seul ; et comme vous m'avertissez de celui-ci, je ne sais pas trop si je puis rester avec bienséance ; j'ai presque envie de m'en aller.

LISETTE. — Je crois que vous avez raison. Allons, partons, madame.

ANGÉLIQUE. — Une autre fois, quand vous lui direz de venir, du moins ne m'avertissez pas ; voilà tout ce que je vous demande.

LISETTE. — Ne nous fâchons pas ; le voici.

SCÈNE III. — DORANTE, ANGÉLIQUE, LISETTE
LUBIN, *dans l'éloignement*.

ANGÉLIQUE. — Je ne vous attendais pas au moins, Dorante.

DORANTE. — Je ne sais que trop que c'est à Lisette que j'ai l'obligation de vous voir ici, madame.

LISETTE. — Je lui ai pourtant dit que vous viendriez.

ANGÉLIQUE. — Oui, elle vient de me l'apprendre tout à l'heure.

LISETTE. — Pas tant tout à l'heure.

ANGÉLIQUE. — Taisez-vous, Lisette.

DORANTE. — Me voyez-vous à regret, madame ?

ANGÉLIQUE. — Non, Dorante ; si j'étais fâchée de vous voir, je fuirais les lieux où je vous trouve, et où je pourrais soupçonner de devoir vous rencontrer.

LISETTE. — Oh ! pour cela, monsieur, ne vous plaignez pas ; il faut rendre justice à madame ; il n'y a rien de si obligeant que les discours qu'elle vient de me tenir sur votre compte.

ANGÉLIQUE. — Mais, en vérité, Lisette !...

DORANTE. — Eh ! madame, ne m'enviez pas la joie qu'elle me donne.

LISETTE. — Où est l'inconvénient de répéter des choses qui ne sont que louables ? Pourquoi ne saurait-il pas que vous êtes charmée que tout le monde l'aime et l'estime ? Y a-t-il du mal à lui dire que vous vous proposez à le venger de la fortune, à lui apprendre que la sienne vous le rend encore plus cher ? Il n'y a point à rougir d'une pareille façon de penser ; elle fait l'éloge de votre cœur.

DORANTE. — Quoi ! charmante Angélique, mon bonheur irait-il jusque-là ? Oserais-je ajouter foi à ce qu'elle me dit ?

ANGÉLIQUE. — Je vous avoue qu'elle est bien étourdie.

DORANTE. — Je n'ai que mon cœur à vous offrir, il est vrai; mais du moins n'en fut-il jamais de plus pénétré ni de plus tendre. (*Lubin paraît dans l'éloignement.*)

LISETTE. — Doucement, ne parlez pas si haut; il me semble que je vois le neveu de notre fermier qui nous observe. Ce grand benêt-là, que fait-il ici?

ANGÉLIQUE. — C'est lui-même. Ah! que je suis inquiète! Il dira tout à ma mère. Adieu, Dorante; nous nous reverrons; je me sauve, retirez-vous aussi. (*Elle sort.*)   (*Dorante veut s'en aller.*)

LISETTE, *l'arrêtant*. — Non, monsieur, arrêtez : il me vient une idée; il faut tâcher de le mettre dans nos intérêts; il ne me hait pas.

DORANTE. — Puisqu'il nous a vus, c'est le meilleur parti.

SCÈNE IV. — DORANTE, LISETTE, LUBIN.

LISETTE. — Laissez-moi faire. Ah! te voilà, Lubin? à quoi t'amuses-tu là?

LUBIN. — Moi? D'abord je faisais une promenade, à présent je regarde.

LISETTE. — Et que regardes-tu?

LUBIN. — Des oisiaux, deux qui restent, et un qui viant de prendre sa volée, et qui est le plus joli de tous. (*Regardant Dorante.*) En v'là un qui est bian joli itout; et, jarnigué! ils profiteront bian avec vous ; car vous les sifflez comme un charme, mademoiselle Lisette.

LISETTE. — C'est-à-dire que tu nous as vues, Angélique et moi, parler à monsieur?

LUBIN. — Oh! oui, j'ons tout vu à mon aise ; j'ons mêmement entendu leur petit ramage.

LISETTE. — C'est le hasard qui nous a fait rencontrer monsieur, et voilà la première fois que nous le voyons.

LUBIN. — Morgué! qu'alle a bonne meine cette première fois-là! alle ressemble à la vingtième.

DORANTE. — On ne saurait se dispenser de saluer une dame quand on la rencontre, je pense.

LUBIN, *riant*. — Ah! ah! ah! vous tirez donc votre révérence en paroles ; vous convarsez depuis un quart d'heure : appelez-vous ça un coup de chapiau ?

LISETTE. — Venons au fait. Serais-tu d'humeur d'entrer dans nos intérêts ?

LUBIN. — Peut-être qu'oui, peut-être que non ; ce sera suivant les magnières du monde ; il n'y a que ça qui règle ; car j'aime les magnières, moi.

LISETTE. — Eh bien! Lubin, je te prie instamment de nous servir.

DORANTE, *lui donnant de l'argent*. — Et moi, je te paye pour cela.

LUBIN. — Je vous baille donc la parfarence ; redites voute chance, alle sera pus bonne ce coup-ci que l'autre. D'abord, c'est une rencontre, n'est-ce pas? Ça se pratique; il n'y a pas de malhonnêteté à rencontrer les personnes.

LISETTE. — Et puis on se salue.

LUBIN. — Et pis queuque bredouille au bout de la révérence; c'est itou ma coutume; toujours je bredouille en saluant, et quand ça se passe avec des femmes, faut bian qu'alles répondent deux paroles pour une; les hommes parlent, les femmes babillent : allez voute chemin; v'là qui est fort bon, fort raisonnable et fort civil. Oh çà! la rencontre, la salutation, la demande, la réponse, tout çà est payé! il n'y a pus qu'à nous accommoder pour le courant.

DORANTE. — Voilà pour le courant.

LUBIN. — Courez donc tant que vous pourrez; ce que vous attraperez, c'est pour vous; je n'y prétends rin, pourvu que j'attrape itou. Sarviteur; il n'y a, morgué! parsonne de si agriable à rencontrer que vous.

LISETTE. — Tu seras donc de nos amis à présent.

LUBIN. — Tatigué! oui; ne m'épargnez pas, toute mon amiquié est à voute sarvice au même prix.

LISETTE. — Puisque nous pouvons compter sur toi, veux-tu bien actuellement faire le guet pour nous avertir, en cas que quelqu'un vienne, et surtout madame?

LUBIN. — Que vos parsonnes se tiennent en

24.

paix, je vous garantis des passants une lieue à la ronde. (*Il sort.*)

SCÈNE V. — DORANTE, LISETTE.

LISETTE. — Puisque nous voici seuls un moment, parlons encore de votre amour, monsieur. Vous m'avez fait de grandes promesses en cas que les choses réussissent ; mais comment réussiront-elles ? Angélique est une héritière, et je sais les intentions de la mère. Quelque tendresse qu'elle ait pour sa fille, qui vous aime, ce ne sera pas vous à qui elle la donnera ; c'est de quoi vous devez être bien convaincu : or, cela supposé, que vous passe-t-il dans l'esprit là-dessus ?

DORANTE. — Rien encore, Lisette. Je n'ai jusqu'ici songé qu'au plaisir d'aimer Angélique.

LISETTE. — Mais ne pourriez-vous pas en même temps songer à faire durer ce plaisir ?

DORANTE. — C'est bien mon dessein ; mais comment s'y prendre ?

LISETTE. — Je vous le demande.

DORANTE. — J'y rêverai, Lisette.

LISETTE. — Ah ! vous y rêverez ! Il n'y a qu'un petit inconvénient à craindre ; c'est qu'on ne marie votre maîtresse pendant que vous rêverez à la conserver.

DORANTE. — Que me dis-tu, Lisette ? J'en mourrais de douleur.

LISETTE. — Je vous tiens donc pour mort.

DORANTE, *vivement*. — Est-ce qu'on la veut marier?

LISETTE. — La partie est toute liée avec la mère; il y a déjà un époux d'arrêté, je le sais de bonne part.

DORANTE. — Eh! Lisette, tu me désespères; il faut absolument éviter ce malheur-là.

LISETTE. — Ah! ce ne sera pas en disant *j'aime*, et toujours *j'aime*... N'imaginez-vous rien?

DORANTE. — Tu m'accables.

SCÈNE VI. — LUBIN, LISETTE, DORANTE.

LUBIN, *accourant*. — Gagnez pays, mes bons amis; sauvez-vous, v'là l'ennemi qui s'avance.

LISETTE. — Quel ennemi?

LUBIN. — Morgué! le plus méchant; c'est la mère d'Angélique.

LISETTE, *à Dorante*. — Eh! vite, cachez-vous dans le bois, je me retire. (*Elle sort.*)

LUBIN. — Et je ferai semblant d'être sans malice.

SCÈNE VII. — LUBIN, MADAME ARGANTE.

MADAME ARGANTE. — Ah! c'est toi, Lubin; tu es tout seul? Il me semblait avoir entendu du monde.

LUBIN. — Non, noute maîtresse; ce n'est que

moi qui me parle et qui me repars, à celle fin de me tenir compagnie ; ça amuse.

MADAME ARGANTE. — Ne me trompes-tu point ?

LUBIN. — Pargué ! je serais donc un fripon ?

MADAME ARGANTE. — Je te crois, et je suis bien aise de te trouver ; car je te cherchais. J'ai une commission à te donner, que je ne veux confier à aucun de mes gens ; c'est d'observer Angélique dans ses promenades, et de me rendre compte de ce qui s'y passe. Je remarque depuis quelque temps qu'elle sort souvent à la même heure avec Lisette, et j'en voudrais savoir la raison.

LUBIN. — Ça est fort raisonnable. Vous me baillez donc une charge d'espion ?

MADAME ARGANTE. — A peu près.

LUBIN. — Je savons bien ce que c'est ; j'ons la pareille.

MADAME ARGANTE. — Toi ?

LUBIN. — Oui ; ça est fort lucratif ; mais c'est qu'ous venez un peu tard, noute maîtresse ; car je sis retenu pour vous espionner vous-même.

MADAME ARGANTE, *à part*. — Qu'entends-je ? (*Haut.*) Moi, Lubin ?

LUBIN. — Vraiment oui. Quand Mlle Angélique parle en cachette à son amoureux, c'est moi qui regarde si vous ne venez pas.

MADAME ARGANTE. — Ceci est sérieux ; mais vous êtes bien hardi, Lubin, de vous charger d'une pareille commission.

LUBIN. — Pardi! y a-t-il du mal à dire à cette jeunesse : « V'là madame qui viant, la v'là qui ne viant pas ? » Ça empêche-t-il que vous ne veniez, ou non ? Je n'y entends pas de finesse.

MADAME ARGANTE. — Je te pardonne, puisque tu n'as pas cru mal faire, à condition que tu m'instruiras de tout ce que tu verras et de tout ce que tu entendras.

LUBIN. — Faudra donc que j'acoute et que je regarde ? Ce sera moiquié plus de besogne avec vous qu'avec eux.

MADAME ARGANTE. — Je consens même que tu les avertisses quand j'arriverai, pourvu que tu me rapportes tout fidèlement; et il ne te sera pas difficile de le faire puisque tu ne t'éloignes pas beaucoup d'eux.

LUBIN. — Eh! sans doute, je serai tout porté pour les nouvelles; ça me sera commode; aussitôt pris, aussitôt rendu.

MADAME ARGANTE. — Je te défends surtout de les informer de l'emploi que je te donne, comme tu m'as informée de celui qu'ils t'ont donné; garde-moi le secret.

LUBIN. — Drès qu'ous voulez qu'en le garde, en le gardera : s'ils me l'aviont recommandé, j'aurions fait de même; ils n'aviont qu'à dire.

MADAME ARGANTE. — N'y manque pas à mon égard, et puisqu'ils ne se soucient point que tu gardes le leur, achève de m'instruire; tu n'y perdras pas.

LUBIN. — Premièrement, au lieu de pardre avec eux, j'y gagne.

MADAME ARGANTE. — C'est-à-dire qu'ils te payent ?

LUBIN. — Tout juste.

MADAME ARGANTE. — Je te promets de faire comme eux, quand je serai rentrée chez moi.

LUBIN. — Ce que j'en dis n'est pas pour porter exemple; mais ce qu'ous ferez sera toujours bien fait.

MADAME ARGANTE. — Ma fille a donc un amant? Quel est-il?

LUBIN. — Un biau jeune homme fait comme une marveille, qui est libéral, qui a un air, une présentation, une philosomie! Dame! c'est ma meine à moi, ce sera la vôtre itou; il n'y a pas de garçon pus gracieux à contempler, et qui fait l'amour avec des paroles si douces. C'est un plaisir de l'entendre débiter sa petite marchandise ! Il ne dit pas un mot qu'il n'adore.

MADAME ARGANTE. — Et ma fille, que lui répond-elle ?

LUBIN. — Voute fille? mais je pense que bientôt ils s'adoreront tous deux.

MADAME ARGANTE. — N'as-tu rien retenu de leurs discours ?

LUBIN. — Non, qu'une petite miette. « Je n'ai pas de moyen, ce li fait-il. — Et moi, j'en ai trop, ce li fait-elle. — Mais, li dit-il, j'ai le cœur si tendre ! — Mais, li dit-elle, qu'est-ce que ma mère s'en souciera ? » Et pis là-dessus ils se lamentont sur le plus, sur le moins, sur la pauvreté de l'un, sur la richesse de l'autre ; ça fait des regrets bian touchants.

MADAME ARGANTE. — Quel est ce jeune homme ?

LUBIN. — Attendez, il m'est avis que c'est Dorante ; et comme c'est un voisin, on peut l'appeler le voisin Dorante.

MADAME ARGANTE. — Dorante ! ce nom-là ne m'est pas inconnu. Comment se sont-ils vus ?

LUBIN. — Ils se sont vus en se rencontrant ; mais ils ne se rencontront pus, ils se treuvent.

MADAME ARGANTE. — Et Lisette, est-elle de cette partie ?

LUBIN. — Morgué ! oui ; alle est leur capitaine ; alle a le gouvarnement des rencontres : c'est un trésor pour des amoureux que ste fille-là.

MADAME ARGANTE. — Voici, ce me semble, ma fille, qui feint de se promener et qui vient à nous. Retire-toi, Lubin ; continue d'observer et de m'instruire avec fidélité ; je te récompenserai.

LUBIN. — Oh ! que oui, madame, ce sera au logis ; il n'y a pas loin. (*Il sort.*)

SCÈNE VIII. — MADAME ARGANTE, ANGÉLIQUE.

MADAME ARGANTE. — Je vous demandais à Lubin, ma fille.

ANGÉLIQUE. — Avez-vous à me parler, madame ?

MADAME ARGANTE. — Oui ; vous connaissez Ergaste, Angélique ; vous l'avez vu souvent à Paris : il vous demande en mariage.

ANGÉLIQUE. — Lui, ma mère ; Ergaste, cet homme si sombre, si sérieux ? Il n'est pas fait pour être un mari, ce me semble.

MADAME ARGANTE. — Il n'y a rien à redire à sa figure.

ANGÉLIQUE. — Pour sa figure, je la lui passe ; c'est à quoi je ne regarde guère.

MADAME ARGANTE. — Il est froid.

ANGÉLIQUE. — Dites glacé, taciturne, mélancolique, rêveur et triste.

MADAME ARGANTE. — Vous le verrez bientôt, il doit venir ici ; et, s'il ne vous accommode pas, vous ne l'épouserez pas malgré vous, ma chère enfant. Vous savez bien comme nous vivons ensemble.

ANGÉLIQUE. — Ah ! ma mère, je ne crains point de violence de votre part ; ce n'est pas là ce qui m'inquiète.

MADAME ARGANTE. — Es-tu bien persuadée que je t'aime ?

ANGÉLIQUE. — Il n'y a point de jour qui ne m'en donne des preuves.

MADAME ARGANTE. — Et toi, ma fille, m'aimes-tu autant ?

ANGÉLIQUE. — Je me flatte que vous n'en doutez pas, assurément.

MADAME ARGANTE. — Non ; mais pour m'en rendre encore plus sûre, il faut que tu m'accordes une grâce.

ANGÉLIQUE. — Une grâce, ma mère ! Voilà un mot qui ne me convient point. Ordonnez, et je vous obéirai.

MADAME ARGANTE. — Oh! si tu le prends sur ce ton-là, tu ne m'aimes pas tant que je croyais. Je n'ai point d'ordre à vous donner, ma fille ; je suis votre amie, et vous êtes la mienne ; et si vous me traitez autrement, je n'ai plus rien à vous dire.

ANGÉLIQUE. — Allons, ma mère, je me rends ; vous me charmez, j'en pleure de tendresse. Voyons, quelle est cette grâce que vous me demandez? Je vous l'accorde d'avance.

MADAME ARGANTE. — Viens donc que je t'embrasse. Te voici dans un âge raisonnable, mais où tu auras besoin de mes conseils et de mon expérience. Te rappelles-tu l'entretien que nous eûmes l'autre jour, et cette douceur que nous nous figurions toutes deux à vivre ensemble dans la plus intime confiance, sans avoir de secrets l'une pour l'autre ; t'en souviens-tu ? Nous fûmes interrompues ; et comme cette idée-là te réjouit beaucoup, exécutons-la ; parle-moi à cœur ouvert ; fais-moi ta confidente.

ANGÉLIQUE. — Vous, la confidente de votre fille ?

MADAME ARGANTE. — Oh! votre fille, et qui te parle d'elle? Ce n'est point ta mère qui veut être ta confidente; c'est ton amie, encore une fois.

ANGÉLIQUE, *riant*. — D'accord; mais mon amie redira tout à ma mère; l'une est inséparable de l'autre.

MADAME ARGANTE. — Eh bien! je les sépare, moi; je t'en fais serment. Oui, mets-toi dans l'esprit que ce que tu me confieras sur ce pied-là, c'est comme si ta mère ne l'entendait pas. Eh! mais, cela se doit; il y aurait même de la mauvaise foi à faire autrement.

ANGÉLIQUE. — Il est difficile d'espérer ce que vous dites là.

MADAME ARGANTE. — Ah! que tu m'affliges! Je ne mérite pas ta résistance.

ANGÉLIQUE. — Eh bien! soit; vous l'exigez de trop bonne grâce; j'y consens, je dirai tout.

MADAME ARGANTE. — Si tu veux, ne m'appelle pas ta mère; donne-moi un autre nom.

ANGÉLIQUE. — Oh! ce n'est pas la peine, ce nom-là m'est cher. Quand je le changerais, il n'en serait ni plus ni moins; ce ne serait qu'une finesse inutile; laissez-le-moi, il ne m'effraye plus.

MADAME ARGANTE. — Comme tu voudras, ma chère Angélique. Ah ça! je suis donc ta confidente. N'as-tu rien à me confier dès à présent ?

ANGÉLIQUE. — Non, que je sache ; mais ce sera pour l'avenir.

MADAME ARGANTE. — Comment va ton cœur ? Personne ne l'a-t-il attaqué jusqu'ici ?

ANGÉLIQUE. — Pas encore.

MADAME ARGANTE. — Hum ! Tu ne te fies pas à moi ; j'ai peur que ce ne soit encore à ta mère que tu réponds.

ANGÉLIQUE. — C'est que vous commencez par une furieuse question.

MADAME ARGANTE. — La question convient à ton âge.

ANGÉLIQUE. — Ah !

MADAME ARGANTE. — Tu soupires ?

ANGÉLIQUE. — Il est vrai.

MADAME ARGANTE. — Que t'est-il arrivé ? Je t'offre de la consolation et des conseils. Parle.

ANGÉLIQUE. — Vous ne me le pardonnerez pas.

MADAME ARGANTE. — Tu rêves encore, avec tes pardons ; tu me prends pour ta mère.

ANGÉLIQUE. — Il est assez permis de s'y tromper ; mais c'est du moins pour la plus digne de l'être, pour la plus tendre et la plus chérie de sa fille qu'il y ait au monde.

MADAME ARGANTE. — Ces sentiments-là sont dignes de toi, et je les lui dirai ; mais il ne s'agit pas d'elle, elle est absente ; revenons. Qu'est-ce qui te chagrine ?

ANGÉLIQUE. — Vous m'avez demandé si on avait attaqué mon cœur ? Que trop, puisque j'aime !

MADAME ARGANTE, *d'un air sérieux*. — Vous aimez ?

ANGÉLIQUE, *riant*. — Eh bien ! ne voilà-t-il pas cette mère qui est absente ? C'est pourtant elle qui me répond ; mais rassurez-vous, car je badine.

MADAME ARGANTE. — Non, tu ne badines point ; tu me dis la vérité; et il n'y a rien là qui me surprenne. De mon côté, je n'ai répondu sérieusement que parce que tu me parlais de même. Ainsi point d'inquiétude. Tu me confies donc que tu aimes.

ANGÉLIQUE. — Je suis presque tentée de m'en dédire.

MADAME ARGANTE. — Ah ! ma chère Angélique, tu ne me rends pas tendresse pour tendresse.

ANGÉLIQUE. — Vous m'excuserez ; c'est l'air que vous avez pris qui m'a alarmée ; mais je n'ai plus peur. Oui, j'aime ; c'est un penchant qui m'a surprise.

MADAME ARGANTE. — Tu n'es pas la première ; cela peut arriver à tout le monde. Et quel homme est-ce ? Est-il à Paris ?

ANGÉLIQUE. — Non, je ne le connais que d'ici.

MADAME ARGANTE, *riant*. — D'ici, ma chère ? Conte-moi donc cette histoire-là ; je la trouve plus plaisante que sérieuse. Ce ne peut être qu'une aventure de campagne, une rencontre ?

ANGÉLIQUE. — Justement.

MADAME ARGANTE. — Quelque jeune homme galant, qui t'a saluée, et qui a su adroitement engager une conversation ?

ANGÉLIQUE. — C'est cela même.

MADAME ARGANTE. — Sa hardiesse m'étonne ; car tu es d'une figure qui devait lui en imposer. Ne trouves-tu pas qu'il a un peu manqué de respect ?

ANGÉLIQUE. — Non ; le hasard a tout fait, et c'est Lisette qui en est cause, quoique fort innocemment ; elle tenait un livre ; elle le laissa tomber ; il le ramassa, et on se parla ; cela est tout naturel.

MADAME ARGANTE, *riant*. — Va, ma chère enfant, tu es folle de t'imaginer que tu aimes cet homme-là. C'est Lisette qui te le fait accroire. Tu es si fort au-dessus de pareille chose ! tu en riras toi-même au premier jour.

ANGÉLIQUE. — Non, je n'en crois rien ; je ne m'y attends pas, en vérité.

MADAME ARGANTE. — Bagatelle, te dis-je. C'est qu'il y a là dedans un air de roman qui te gagne.

ANGÉLIQUE. — Moi, je n'en lis jamais ; et puis notre aventure est toute des plus simples.

MADAME ARGANTE. — Tu verras, te dis-je ; tu es raisonnable, et c'est assez : mais l'as-tu vu souvent ?

ANGÉLIQUE. — Dix ou douze fois.

MADAME ARGANTE. — Le verras-tu encore ?

ANGÉLIQUE. — Franchement, j'aurais bien de la peine à m'en empêcher.

MADAME ARGANTE. — Je t'offre, si tu le veux, de reprendre ma qualité de mère pour te le défendre.

ANGÉLIQUE. — Non vraiment; ne reprenez rien, je vous prie: Ceci doit être un secret pour vous en cette qualité-là, et je compte que vous ne savez rien; au moins vous me l'avez promis.

MADAME ARGANTE. — Oh! je tiendrai parole; mais puisque cela est si sérieux, peu s'en faut que je ne verse des larmes sur le danger où je te vois de perdre l'estime qu'on a pour toi dans le monde.

ANGÉLIQUE. — Comment donc? l'estime qu'on a pour moi! Vous me faites trembler. Est-ce que vous me croyez capable de manquer de sagesse?

MADAME ARGANTE. — Hélas! ma fille, vois ce que tu as fait; te serais-tu crue capable de tromper ta mère, de voir à son insu un jeune étourdi, de courir les risques de son indiscrétion et de sa vanité, de t'exposer à tout ce qu'il voudra dire, et de te livrer à l'indécence de tant d'entrevues secrètes, ménagées par une misérable suivante sans cœur, qui ne s'embarrasse guère des conséquences pourvu qu'elle y trouve son intérêt, comme elle l'y trouve sans doute? Qui t'aurait dit, il y a un mois, que tu t'égarerais jusque-là, l'aurais-tu cru?

ANGÉLIQUE, *tristement*. — Je pourrais bien avoir tort; voilà des réflexions que je n'ai jamais faites.

MADAME ARGANTE. — Eh! ma chère enfant, qui est-ce qui te les ferait faire? Ce n'est pas un domestique payé pour te trahir, non plus qu'un amant qui met tout son bonheur à te séduire. Tu ne consultes que tes ennemis; ton cœur même est de leur parti. Tu n'as pour tout secours que ta vertu qui ne doit pas être contente, et qu'une véritable amie comme moi, dont tu te défies; que ne risques-tu pas?

ANGÉLIQUE. — Ah! ma chère mère, ma chère amie, vous avez raison, vous m'ouvrez les yeux, vous me couvrez de confusion. Lisette m'a trahie, et je romps avec le jeune homme. Que je vous suis obligée de vos conseils!

LUBIN, *entrant, à Mme Argante*. — Madame, il viant d'arriver un homme qui demande à vous parler.

MADAME ARGANTE, *à Angélique*. — En qualité de simple confidente, je te laisse libre. Je te conseille pourtant de me suivre, car le jeune homme est peut-être ici.

ANGÉLIQUE. — Permettez-moi de rêver un instant, et ne vous embarrassez point; s'il y est et qu'il ose paraître, je le congédierai, je vous assure.

MADAME ARGANTE. — Soit; mais songe à ce que je t'ai dit. (*Elle sort.*)

SCÈNE IX. — ANGÉLIQUE, LUBIN.

ANGÉLIQUE. — Voilà qui est fait, je ne le verrai plus. (*Lubin, sans s'arrêter, lui remet une lettre dans la main.*) Arrêtez. De qui est-elle?

LUBIN, *en s'en allant, de loin*. — De ce cher poulet. C'est voute galant qui vous la mande.

ANGÉLIQUE, *la rejetant*. — Je n'ai point de galant, reportez-la.

LUBIN. — Elle est faite pour rester.

ANGÉLIQUE. — Reprenez-la, encore une fois; et retirez-vous.

LUBIN. — Eh morgué! queu fantaisie! je vous dis qu'il faut qu'alle demeure, à celle fin que vous la lisiais; ça m'est enjoint, et à vous aussi. Il y a là dedans un entretien pour tantôt, à l'heure qui vous fera plaisir, et je sis enchargé d'apporter l'heure à Lisette, et non pas la lettre. Ramassez-la; car je n'ose, de peur qu'en ne me voie; et pis vous me crierez la réponse tout bas.

ANGÉLIQUE. — Ramasse-la toi-même, et va-t'en, je te l'ordonne.

LUBIN. — Mais voyez ce rat qui li prend! Non, morgué! je ne la ramasserai pas; il ne sera pas dit que j'aie fait ma commission tout de travers.

ANGÉLIQUE, *s'en allant*. — Cet impertinent!

LUBIN, *la regardant s'en aller*. — Faut qu'alle ait de l'avarsion pour l'écriture.

ACTE SECOND

SCÈNE I. — DORANTE, LUBIN.

LUBIN, *entrant le premier*. — Parsonne ne viant. *(Dorante entre.)* Eh palsanguié! arrivez donc : il y a plus d'une heure que je suis à l'affût de vous.

DORANTE. — Eh bien! qu'as-tu à me dire?

LUBIN. — Que vous ne bougiais d'ici. Lisette m'a dit de vous le commander.

DORANTE. — T'a-t-elle dit l'heure qu'Angélique a prise pour notre rendez-vous?

LUBIN. — Non; alle vous contera ça.

DORANTE. — Est-ce là tout?

LUBIN. — C'est tout par rapport à vous; mais il y a un instant par rapport à moi.

DORANTE. — De quoi est-il question?

LUBIN. — C'est que je me repens...

DORANTE. — Qu'appelles-tu te repentir?

LUBIN. — J'entends qu'il y a des scrupules qui me tourmentont sur vos rendez-vous que je protège; j'ons queuquefois la tentation de vous torner casaque sur tout ceci, et d'aller nous accuser tretous.

DORANTE. — Tu rêves. Où est le mal de ces

rendez-vous ? Que crains-tu ? Ne suis-je pas honnête homme ?

LUBIN. — Morgué ! moi itou ; et tellement honnête, qu'il n'y aura pas moyen d'être un fripon, si en ne me soutient le cœur par rapport à ce que j'ons toujours maille à partir avec ma conscience ; il y a toujours queuque chose qui cloche dans mon courage ; à chaque pas que je fais, j'ai le défaut de m'arrêter, à moins qu'on ne me pousse, et c'est à vous à pousser.

DORANTE, *tirant une bague qu'il lui donne.* — Eh ! morbleu ! prends encore cela, et continue.

LUBIN. — Ça me ravigote.

DORANTE. — Dis-moi ; Angélique viendra-t-elle bientôt ?

LUBIN. — Peut-être biantôt, peut-être bian tard, peut-être point du tout.

DORANTE. — Point du tout ! Qu'est-ce que tu veux dire ? Comment a-t-elle reçu ma lettre ?

LUBIN. — Ah ! comment ! Est-ce que vous me faites itou voute rapporteux auprès d'elle ? Pargué ! je serons donc l'espion à tout le monde ?

DORANTE. — Toi ? Eh ! de qui l'es-tu encore ?

LUBIN. — Eh ! pardi ! de la mère, qui m'a bian enchargé de n'en rian dire.

DORANTE. Misérable ! tu parles donc contre nous ?

LUBIN. — Contre vous, monsieur ! Pas le mot, ni pour ni contre. Je fais ma main, et v'la tout. Faut pas mêmement que vous sachiez ça.

DORANTE. — Explique-toi donc ; c'est-à-dire que ce que tu en fais, n'est que pour obtenir quelque argent d'elle sans nous nuire?

LUBIN. — V'là c'en que c'est ; je tire d'ici, je tire d'ilà ; et j'attrape.

DORANTE. — Achève. Que t'a dit Angélique quand tu lui as porté ma lettre?

LUBIN. — Parlez-li toujours, mais ne lui écrivez pas ; voute griffonnage n'a pas fait forteune.

DORANTE. — Quoi ! ma lettre l'a fâchée?

LUBIN. — Alle n'en a jamais voulu tâter ; le papier la courrouce.

DORANTE. — Elle te l'a donc rendue?

LUBIN. — Alle me l'a rendue à tarre ; car je l'ons ramassée ; et Lisette la tiant.

DORANTE. — Je n'y comprends rien. D'où cela peut-il provenir?

LUBIN. — V'là Lisette, interrogez-la ; je retorne à ma place pour vous garder.   (*Il sort.*)

SCÈNE II. — LISETTE, DORANTE.

DORANTE. — Que viens-je d'apprendre, Lisette? Angélique a rebuté ma lettre !

LISETTE. — Oui ; la voici, Lubin me l'a rendue ; j'ignore quelle fantaisie lui a pris, mais il est vrai qu'elle est de fort mauvaise humeur. Je n'ai pu m'expliquer avec elle, à cause du monde qu'il y avait au logis ; mais elle est triste, elle m'a battu froid, et je l'ai trouvée toute changée. Je viens pourtant de l'apercevoir là-bas, et j'arrive pour vous en avertir. Attendons-la; sa rêverie pourrait bien tout doucement la conduire ici.

DORANTE. — Non, Lisette; ma vue ne ferait que l'irriter peut-être; il faut respecter ses dégoûts pour moi, je ne les soutiendrais pas, et je me retire.

LISETTE. — Que les amants sont quelquefois risibles! Qu'ils disent de fadeurs! Tenez, fuyez-la, monsieur; car elle arrive; fuyez-la, pour la respecter.

SCÈNE III. — ANGÉLIQUE, DORANTE, LISETTE.

ANGÉLIQUE. — Quoi! monsieur est ici! Je ne m'attendais pas à l'y trouver.

DORANTE. — J'allais me retirer, madame. Lisette vous le dira; je n'avais garde de me montrer. Le mépris que vous avez fait de ma lettre m'apprend combien je vous suis odieux.

ANGÉLIQUE. — Odieux! Ah! j'en suis quitte à moins. Pour indifférent, passe, et très indifférent. Quant à votre lettre, je l'ai reçue comme elle le méritait, et je ne croyais pas qu'on eût droit d'écrire aux gens qu'on a vus par hasard. J'ai trouvé cela fort singulier, surtout avec une personne de mon sexe. M'écrire, à moi, monsieur! D'où vous est venue cette idée? Je n'ai pas donné lieu à votre hardiesse, ce me semble. De quoi s'agit-il entre vous et moi?

DORANTE. — De rien pour vous, madame; mais de tout pour un malheureux que vous accablez.

ANGÉLIQUE. — Voilà des expressions aussi déplacées qu'inutiles; je vous avertis que je ne les écoute point.

DORANTE. — Eh! de grâce, madame, n'ajoutez point la raillerie aux discours cruels que vous me tenez. Méprisez ma douleur; mais ne vous en moquez pas. Je ne vous exagère point ce que je souffre.

ANGÉLIQUE. — Vous m'empêchez de parler à Lisette, monsieur, ne m'interrompez point.

LISETTE. — Peut-on, sans être curieuse, vous demander à qui vous en avez?

ANGÉLIQUE. — A vous; je ne suis venue ici que parce que je vous cherchais; voilà ce qui m'amène.

DORANTE. — Voulez-vous que je me retire, madame?

ANGÉLIQUE. — Comme vous voudrez, monsieur.

DORANTE. — Ciel!

ANGÉLIQUE. — Attendez pourtant; puisque vous êtes là, je serai bien aise que vous sachiez ce que j'ai à vous dire. Vous m'avez écrit, vous avez lié conversation avec moi, vous pourriez vous en vanter, cela n'arrive que trop souvent; et je serai charmée que vous appreniez ce que j'en pense.

DORANTE. — Me vanter, moi, madame ! De quel affreux caractère me faites-vous là ? Je ne réponds rien pour ma défense, je n'en ai pas la force. Si ma lettre vous a déplu, je vous en demande pardon ; n'en présumez rien contre mon respect ; celui que j'ai pour vous m'est plus cher que la vie, et je vous le prouverai en me condamnant à ne vous plus revoir, puisque je vous déplais.

ANGÉLIQUE. — Je vous ai déjà dit que je m'en tenais à l'indifférence. Revenons à Lisette.

LISETTE. — Voyons, puisque c'est mon tour pour être grondée. Je ne saurais me vanter de rien, moi ; je ne vous ai écrit ni rencontrée ; quel est mon crime ?

ANGÉLIQUE. — Dites-moi ; il n'a pas tenu à vous que je n'eusse des dispositions favorables pour monsieur ; c'est par vos soins qu'il a eu avec moi toutes les entrevues où vous m'avez amenée, sans me le dire ; car c'est sans me le dire ; en avez-vous senti les conséquences ?

LISETTE. — Non, je n'ai pas eu cet esprit-là.

ANGÉLIQUE. — Si monsieur, comme je l'ai déjà dit, et à l'exemple de presque tous les jeunes gens, était homme à faire trophée d'une aventure dont je suis tout à fait innocente, où en serais-je ?

LISETTE, *à Dorante*. — Remerciez, monsieur.

DORANTE. — Je ne saurais parler.

ANGÉLIQUE. — Si, de votre côté, vous êtes de

ces filles intéressées qui ne se soucient pas de faire tort à leurs maîtresses pourvu qu'elles y trouvent leur avantage, que ne risquerais-je pas?

LISETTE. — Oh! je répondrai, moi; je n'ai pas perdu la parole : si monsieur est un homme d'honneur à qui vous faites injure; si je suis une fille généreuse, qui ne gagne à tout cela que le joli compliment dont vous m'honorez, où en est avec moi votre reconnaissance, hein?

ANGÉLIQUE. — D'où vient donc que vous avez si bien servi Dorante? Quel peut avoir été le motif d'un zèle si vif? Quels moyens a-t-il employés pour vous faire agir?

LISETTE. — Je crois vous entendre; vous gageriez, j'en suis sûre, que j'ai été séduite par des présents? Gagez, madame, faites-moi cette galanterie-là; vous perdrez, et ce sera une manière de donner tout à fait noble.

DORANTE. — Des présents, madame! Que pourrais-je lui donner qui fût digne de ce que je lui dois?

LISETTE. — Attendez, monsieur; disons pourtant la vérité. Dans vos transports, vous m'avez promis d'être extrêmement reconnaissant, si jamais vous aviez le bonheur d'être à madame; il faut convenir de cela.

ANGÉLIQUE. — Eh! je serais la première à vous donner moi-même.

DORANTE. — Que je suis à plaindre d'avoir livré mon cœur à tant d'amour!

LISETTE. — J'entre dans votre douleur, monsieur ; mais faites comme moi. Je n'avais que de bonnes intentions ; j'aime ma maîtresse, tout injuste qu'elle est ; je voulais unir son sort à celui d'un homme qui lui aurait rendu la vie heureuse et tranquille ; mes motifs lui sont suspects, et j'y renonce. Imitez-moi, privez-vous de votre côté du plaisir de voir Angélique, sacrifiez votre amour à ses inquiétudes ; vous êtes capable de cet effort-là.

ANGÉLIQUE. — Soit.

LISETTE, *à Dorante, à part.* — Retirez-vous pour un moment.

DORANTE. — Adieu, madame ; je vous quitte, puisque vous le voulez. Dans l'état où vous me jetez, la vie m'est à charge ; je pars pénétré d'une affliction mortelle, et je n'y résisterai point ; jamais on n'eut tant d'amour, tant de respect que j'en ai pour vous ; jamais on n'osa espérer moins de retour. Ce n'est point votre indifférence qui m'accable, elle me rend justice ; j'en aurais soupiré toute ma vie sans m'en plaindre ; et ce n'était point à moi, ce n'est peut-être à personne à prétendre à votre cœur ; mais je pouvais espérer votre estime, je me croyais à l'abri du mépris, et ni ma passion ni mon caractère n'ont mérité les outrages que vous leur faites. (*Il sort.*)

SCÈNE IV. — ANGÉLIQUE, LISETTE, LUBIN.

ANGÉLIQUE. — Il est parti ?

LISETTE. — Oui, madame.

ANGÉLIQUE, *un moment sans parler, et à part.* — J'ai été trop vite. Ma mère, avec toute son expérience, en a mal jugé ; Dorante est un honnête homme.

LISETTE, *à part.* — Elle rêve, elle est triste ; cette querelle-ci ne nous fera point de tort.

LUBIN, *à Angélique.* — J'aperçois par là-bas un passant qui viant envars nous : voulez-vous qu'il vous regarde ?

ANGÉLIQUE. — Eh ! que m'importe ?

LISETTE. — Qu'il passe ; qu'est-ce que cela nous fait ?

LUBIN, *à part.* — Il y a du bruit dans le ménage ; je m'en retorne donc. (*Haut.*) Je vas me mettre pus près par rapport à ce que je m'ennuie d'être si loin, j'aime à voir le monde ; vous me sarvirez de récriation, n'est-ce pas ?

LISETTE. — Comme tu voudras ; reste à dix pas.

LUBIN. — Je les compterai en conscience. (*A part.*) Je sis pus fin qu'eux ; j'allons faire ma forniture de nouvelles pour la bonne mère. (*Il s'éloigne.*)

SCÈNE V. — ANGÉLIQUE, LISETTE, LUBIN, *éloigné.*

LISETTE. — Vous avez furieusement maltraité Dorante !

ANGÉLIQUE. — Oui ; vous avez raison, j'en suis fâchée ; mais laissez-moi, car je suis outrée contre vous.

LISETTE. — Vous savez si je le mérite.

ANGÉLIQUE. — C'est vous qui êtes cause que je me suis accoutumée à le voir.

LISETTE. — Je n'avais pas dessein de vous rendre un mauvais service, et cette aventure-ci n'est triste que pour lui. Avez-vous pris garde à l'état où il est ? C'est un homme au désespoir.

ANGÉLIQUE. — Je n'y saurais que faire, pourquoi s'en va-t-il ?

LISETTE. — C'est aisé à dire à qui ne se soucie pas de lui ; mais vous savez avec quelle tendresse il vous aime.

ANGÉLIQUE. — Et vous prétendez que je ne m'en soucie pas, moi ? Que vous êtes méchante !

LISETTE. — Que voulez-vous que j'en croie ? Je vous vois tranquille, et il versait des larmes en s'en allant.

ANGÉLIQUE. — Lui ?

LISETTE. — Eh ! sans doute.

ANGÉLIQUE. — Et malgré cela, il part !

LISETTE. — Eh ! vous l'avez congédié. Quelle perte vous faites !

ANGÉLIQUE, *après avoir rêvé*. — Qu'il revienne donc, s'il y est encore ; qu'on lui parle, puisqu'il est si affligé.

LISETTE. — Il ne peut être qu'à l'écart dans ce

bois ; il n'a pu aller loin, accablé comme il l'était. Monsieur Dorante! monsieur Dorante!

SCÈNE VI. — DORANTE, ANGÉLIQUE, LISETTE, LUBIN, *éloigné.*

DORANTE. — Est-ce Angélique qui m'appelle?

LISETTE. — Oui ; c'est moi qui parle ; mais c'est elle qui vous demande.

ANGÉLIQUE. — Voilà de ces faiblesses que je voudrais bien qu'on m'épargnât.

DORANTE. — A quoi dois-je m'attendre, Angélique? Que souhaitez-vous d'un homme dont vous ne pouvez plus supporter la vue?

ANGÉLIQUE. — Il y a une grande apparence que vous vous trompez.

DORANTE. — Hélas! vous ne m'estimez plus.

ANGÉLIQUE. — Plaignez-vous, je vous laisse dire ; car je suis un peu dans mon tort.

DORANTE. — Angélique a pu douter de mon amour!

ANGÉLIQUE. — Elle en a douté pour en être plus sûre ; cela est-il si désobligeant?

DORANTE. — Quoi! j'aurais le bonheur de n'être point haï?

ANGÉLIQUE. — J'ai bien peur que ce ne soit tout le contraire.

DORANTE. — Vous me rendez la vie.

ANGÉLIQUE. — Où est cette lettre que j'ai refusé

de recevoir? S'il ne tient qu'à la lire, on le veut bien.

DORANTE. — J'aime mieux vous entendre.

ANGÉLIQUE. — Vous n'y perdez pas.

DORANTE. — Ne vous défiez donc jamais d'un cœur qui vous adore.

ANGÉLIQUE. — Oui, Dorante, je vous le promets; voilà qui est fini. Excusez tous deux l'embarras où se trouve une fille de mon âge, timide et vertueuse. Il y a tant de piéges dans la vie! j'ai si peu d'expérience! serait-il si difficile de me tromper si on voulait? Je n'ai que ma sagesse et mon innocence pour toute ressource, et quand on n'a que cela, on peut avoir peur; mais me voilà bien rassurée. Il ne me reste plus qu'un chagrin. Que deviendra cet amour? Je n'y vois que des sujets d'affliction. Savez-vous bien que ma mère me propose un époux que je verrai dans un quart d'heure? Je ne vous disais pas tout ce qui m'agitait; il m'était bien permis d'être fâcheuse, comme vous voyez.

DORANTE. — Angélique, vous êtes toute mon espérance.

LISETTE. — Mais si vous avouiez votre amour à cette mère qui vous aime tant, serait-elle inexorable? Il n'y a qu'à supposer que vous avez connu monsieur à Paris, et qu'il y est.

ANGÉLIQUE. — Cela ne mènerait à rien, Lisette, à rien du tout; je sais bien ce que je dis.

DORANTE. — Vous consentirez donc d'être à un autre?

ANGÉLIQUE. — Vous me faites trembler.

DORANTE. — Je m'égare à la seule idée de vous perdre, et il n'est point d'extrémité pardonnable que je ne sois tenté de vous proposer.

ANGÉLIQUE. — D'extrémité pardonnable!

LISETTE. — J'entrevois ce qu'il veut dire.

ANGÉLIQUE. — Quoi! me jeter à ses genoux? c'est bien mon dessein. Lui résister? j'aurai bien de la peine, surtout avec une mère aussi tendre.

LISETTE. — Bon! tendre; si elle l'était tant, vous gênerait-elle là-dessus? Avec le bien que vous avez, vous n'avez besoin que d'un honnête homme, encore une fois.

ANGÉLIQUE. — Tu as raison; c'est une tendresse fort mal entendue, j'en conviens.

DORANTE. — Ah! belle Angélique, si vous aviez tout l'amour que j'ai, vous auriez bientôt pris votre parti : ne me demandez point ce que je pense, je me trouble, je ne sais où je suis.

ANGÉLIQUE, *à Lisette*. — Que de peines! Tâche donc de lui remettre l'esprit; que veut-il dire?

LISETTE. — Eh bien! monsieur, parlez; quelle est votre idée?

DORANTE, *se jetant à ses genoux*. — Angélique, je meurs; que voulez-vous?

ANGÉLIQUE. — Non! levez-vous et parlez; je vous l'ordonne.

DORANTE. — J'obéis ; votre mère sera inflexible, et dans le cas où nous sommes.....

ANGÉLIQUE. — Que faire ?

DORANTE. — Si j'avais des trésors à vous offrir, je vous le dirais plus hardiment.

ANGÉLIQUE. — Votre cœur en est un ; achevez, je le veux.

DORANTE. — A notre place, on se fait son sort à soi-même.

ANGÉLIQUE. — Et comment ?

DORANTE. — On s'échappe.....

LUBIN, *de loin*. — Au voleur !

ANGÉLIQUE. — Après ?

DORANTE. — Une mère s'emporte ; à la fin elle consent ; on se réconcilie avec elle, et on se trouve uni avec ce qu'on aime.

ANGÉLIQUE. — Mais ou j'entends mal, ou cela ressemble à un enlèvement. En est-ce un, Dorante ?

DORANTE. — Je n'ai plus rien à dire.

ANGÉLIQUE, *le regardant*. — Je vous ai forcé de parler, et je n'ai que ce que je mérite.

LISETTE. — Pardonnez quelque chose au trouble où il est ; le moyen est dur, et il est fâcheux qu'il n'y en ait point d'autre.

ANGÉLIQUE. — Est-ce là un moyen, est-ce un remède qu'une extravagance ? Ah ! je ne vous reconnais pas à cela, Dorante ; je me passerai mieux de bonheur que de vertu. Me proposer d'être insensée, d'être méprisable? Je ne vous aime plus.

DORANTE. — Vous ne m'aimez plus! Ce mot m'accable, il m'arrache le cœur.

LISETTE. — En vérité, son état me touche.

DORANTE. — Adieu, belle Angélique ; je ne survivrai pas à la menace que vous m'avez faite.

ANGÉLIQUE. — Mais, Dorante, êtes-vous raisonnable ?

LISETTE. — Ce qu'il vous propose est hardi ; mais ce n'est pas un crime.

ANGÉLIQUE. — Un enlèvement, Lisette !

DORANTE. — Ma chère Angélique, je vous perds. Concevez-vous ce que c'est que vous perdre ? et si vous m'aimez un peu, n'êtes-vous pas effrayée vous-même de l'idée de n'être jamais à moi ! Et parce que vous êtes vertueuse, en avez-vous moins de droit d'éviter un malheur? Nous aurions le secours d'une dame qui n'est heureusement qu'à un quart de lieue d'ici, chez qui je vous mènerais.

LUBIN, *de loin*. — Aïe ! aïe !

ANGÉLIQUE. — Non, Dorante ; laissons là votre dame. Je parlerai à ma mère, elle est bonne ; je la toucherai peut-être ; je la toucherai, je l'espère, Ah!

SCÈNE VII. — LUBIN, LISETTE, ANGÉLIQUE, DORANTE.

LUBIN. — Èh! vite, eh! vite, qu'on s'éparpille; v'là ce grand monsieur que j'ons vu une fois à Paris, cheux vous, et qui ne parle point.
(*Il s'écarte.*)

ANGÉLIQUE. — C'est peut-être celui à qui ma mère me destine. Fuyez, Dorante; nous nous reverrons tantôt; ne vous inquiétez point. (*Dorante sort.*)

SCÈNE VIII. — ANGÉLIQUE, LISETTE, ERGASTE.

ANGÉLIQUE, *en le voyant*. — C'est lui-même. Ah! quel homme!

LISETTE. — Il n'a pas l'air éveillé.

ERGASTE, *marchant lentement*. — Je suis votre serviteur, madame; je devance madame votre mère, qui est embarrassée; elle m'a dit que vous vous promeniez.

ANGÉLIQUE. — Vous le voyez, monsieur.

ERGASTE. — Et je me suis hâté de venir vous faire la révérence.

LISETTE, *à part*. — Appelle-t-il cela se hâter?

ERGASTE. — Ne suis-je pas importun?

ANGÉLIQUE. — Non, monsieur.

LISETTE, *à part*. — Ah! cela vous plaît à dire.

ERGASTE. — Vous êtes plus belle que jamais.

ANGÉLIQUE. — Je ne l'ai jamais été.

ERGASTE. — Vous êtes bien modeste.

LISETTE, *à part*. — Il parle comme il marche.

ERGASTE. — Ce pays-ci est fort beau.

ANGÉLIQUE. — Il est passable.

LISETTE, *à part*. — Quand il a dit un mot, il est si fatigué qu'il faut qu'il se repose.

ERGASTE. — Et solitaire.

ANGÉLIQUE. — On n'y voit pas grand monde.

LISETTE. — Quelque importun par-ci par-là.

ERGASTE. — Il y en a partout. (*On est du temps sans parler.*)

LISETTE, *à part*. — Voilà la conversation tombée ; ce ne sera pas moi qui la relèverai.

ERGASTE. — Ah ! bonjour, Lisette.

LISETTE. — Bonsoir, monsieur. Je vous dis bonsoir, parce que je m'endors. Ne trouvez-vous pas qu'il fait un temps pesant?

ERGASTE. — Oui, ce me semble.

LISETTE. — Vous vous en retournez sans doute?

ERGASTE. — Rien que demain. Madame Argante m'a retenu.

ANGÉLIQUE. — Et monsieur se promène-t-il?

ERGASTE. — Je vais d'abord à ce château voisin, pour y porter une lettre qu'on m'a prié de rendre en main propre, et je reviens ensuite.

ANGÉLIQUE. — Faites, monsieur ; ne vous gênez pas.

ERGASTE. — Vous me le permettez donc?

ANGÉLIQUE. — Oui, monsieur.

LISETTE. — Ne vous pressez point; quand on a des commissions, il faut y mettre tout le temps nécessaire. N'avez-vous que celle-là ?

ERGASTE. — Non, c'est l'unique.

LISETTE. — Quoi! pas le moindre petit compliment à faire ailleurs ?

ERGASTE. — Non.

ANGÉLIQUE. — Monsieur y soupera peut-être ?

LISETTE. — Et à la campagne, on couche où l'on soupe.

ERGASTE. — Point du tout; je reviens incessamment, madame. (*A part, en s'en allant.*) Je ne sais que dire aux femmes, même à celles qui me plaisent. (*Il sort.*)

SCÈNE IX. — ANGÉLIQUE, LISETTE.

LISETTE. — Ce garçon-là a de grands talents pour le silence; quelle abstinence de paroles! Il ne parlera bientôt plus que par signes.

ANGÉLIQUE. — Il a dit que ma mère allait venir, et je m'éloigne. Je ne saurais lui parler dans le désordre d'esprit où je suis; j'ai pourtant dessein de l'attendrir sur le chapitre de Dorante.

LISETTE. — Et moi, je ne vous conseille pas de lui en parler; vous ne feriez que la révolter davantage, et elle se hâterait de conclure.

ANGÉLIQUE. — Oh! doucement! je me révolterais à mon tour.

LISETTE, *riant*. — Vous, contre cette mère qui dit qu'elle vous aime tant?

ANGÉLIQUE. — Eh bien! qu'elle aime donc mieux; car je ne suis point contente d'elle.

LISETTE. — Retirez-vous, je crois qu'elle vient. (*Angélique sort.*)

SCÈNE X. — MADAME ARGANTE, LISETTE, *qui veut s'en aller.*

MADAME ARGANTE, *à part*. — Voici cette fourbe de suivante. (*Haut.*) Un moment, où est ma fille? J'ai cru la trouver ici avec M. Ergaste.

LISETTE. — Ils y étaient tous deux tout à l'heure, madame; mais M. Ergaste est allé à cette maison d'ici près, remettre une lettre à quelqu'un; et mademoiselle est là-bas, je pense.

MADAME ARGANTE. — Allez lui dire que je serais bien aise de la voir.

LISETTE, *à part*. — Elle me parle bien sèchement. (*Haut.*) J'y vais, madame; mais vous me paraissez triste; j'ai eu peur que vous ne fussiez fâchée contre moi.

MADAME ARGANTE. — Contre vous? Est-ce que vous le méritez, Lisette?

LISETTE. — Non, madame.

MADAME ARGANTE. — Il est vrai que j'ai l'ai plus occupé qu'à l'ordinaire. Je veux marier ma fille à Ergaste, vous le savez; et je crains souvent qu'elle n'ait quelque chose dans le cœur; mais vous me le diriez, n'est-il pas vrai?

LISETTE. — Eh! mais, je le saurais.

MADAME ARGANTE. — Je n'en doute pas; allez, je connais votre fidélité, Lisette; je ne m'y trompe pas, et je compte bien vous en récompenser comme il faut. Dites à ma fille que je l'attends.

LISETTE, *à part*. — Elle prend bien son temps pour me louer! (*Elle sort.*)

MADAME ARGANTE. — Toute fourbe qu'elle est, je l'ai embarrassée.

SCÈNE XI. — LUBIN, MADAME ARGANTE.

MADAME ARGANTE. — Ah! tu viens à propos. As-tu quelque chose à me dire?

LUBIN. — Jarnigoi! si j'avons queuque chose! J'avons vu des pardons, j'avons vu des offenses, des allées, des venues, et pis des moyens pour avoir un mari.

MADAME ARGANTE. — Hâte-toi de m'instruire, parce que j'attends Angélique. Que sais-tu?

LUBIN. — Pisque vous êtes pressée, je mettrons tout en un tas.

MADAME ARGANTE. — Parle donc.

LUBIN. — Je sais une accusation, je sais une innocence, et pis un autre grand stratagème. Attendez, comment appelont-ils cela?

MADAME ARGANTE. — Je ne t'entends pas; mais

va-t-en, Lubin. J'aperçois ma fille, tu me diras ce que c'est tantôt; il ne faut pas qu'elle nous voie ensemble.

LUBIN. — Je m'en retorne donc à la provision. (*Il sort.*)

SCÈNE XII. — MADAME ARGANTE, ANGÉLIQUE.

MADAME ARGANTE, *à part*. — Voyons de quoi il sera question.

ANGÉLIQUE, *à part*. — Pas de confidence; Lisette a raison, c'est plus sûr. (*Haut.*) Lisette m'a dit que vous me demandiez, ma mère.

MADAME ARGANTE. — Oui; je sais que tu as vu Ergaste; ton éloignement pour lui dure-t-il toujours?

ANGÉLIQUE, *souriant*. — Ergaste n'a pas changé.

MADAME ARGANTE. — Te souvient-il qu'avant que nous vinssions ici, tu m'en disais du bien?

ANGÉLIQUE. — Je vous en dirai volontiers encore, car je l'estime; mais je ne l'aime point, et l'estime et l'indifférence vont fort bien ensemble.

MADAME ARGANTE. — Parlons d'autre chose. N'as-tu rien à dire à ta confidente?

ANGÉLIQUE. — Non, il n'y a plus rien de nouveau.

MADAME ARGANTE. — Tu n'as pas revu le jeune homme?

ANGÉLIQUE. — Oui, je l'ai retrouvé; je lui ai dit ce qu'il fallait, et voilà qui est fini.

MADAME ARGANTE, *souriant*. — Quoi! absolument fini ?

ANGÉLIQUE. — Oui, tout à fait.

MADAME ARGANTE. — Tu me charmes, je ne saurais t'exprimer la satisfaction que tu me donnes. Il n'y a rien de si estimable que toi, Angélique, ni rien aussi d'égal au plaisir que j'ai à te le dire; car je compte que tu me dis vrai; je me livre hardiment à ma joie. Tu ne voudrais pas m'y abandonner, si elle était fausse : ce serait une cruauté dont tu n'es pas capable.

ANGÉLIQUE, *d'un ton timide*. — Assurément.

MADAME ARGANTE. — Va, tu n'as pas besoin de me rassurer, ma fille; tu me ferais injure, si tu croyais que j'en doute. Non, ma chère Angélique, tu ne verras plus Dorante; tu l'as renvoyé, j'en suis sûre. Ce n'est pas avec un caractère comme le tien qu'on est exposé à la douleur d'être trop crédule. N'ajoute donc rien à ce que tu m'as dit; tu ne le verras plus, tu m'en assures, et cela suffit. Parlons de la raison, du courage et de la vertu que tu viens de montrer.

ANGÉLIQUE, *d'un air interdit, à part*. — Que je suis confuse!

MADAME ARGANTE. — Grâce au ciel, te voilà donc encore plus respectable, plus digne d'être aimée, plus digne que jamais de faire mes délices. Que tu me rends glorieuse, Angélique!

ANGÉLIQUE, *pleurant*. — Ah! ma mère, arrêtez, de grâce.

MADAME ARGANTE. — Que vois-je? Tu pleures, ma fille; tu viens de triompher de toi-même, tu me vois enchantée, et tu pleures!

ANGÉLIQUE, *se jetant à ses genoux*. — Non, ma mère, je ne triomphe point. Votre joie et vos tendresses me confondent, je ne les mérite point.

MADAME ARGANTE *la relève*. — Relève-toi, ma chère enfant. D'où te viennent ces mouvements où je te reconnais toujours? Que veulent-ils dire?

ANGÉLIQUE. — Hélas! c'est que je vous trompe.

MADAME ARGANTE. — Toi? (*Un moment sans rien dire*.) Non, tu ne me trompes point; puisque tu me l'avoues. Achève; voyons de quoi il est question.

ANGÉLIQUE. — Vous allez frémir! On m'a parlé d'enlèvement.

MADAME ARGANTE. — Je n'en suis point surprise. Je te l'ai dit; il n'y a rien dont ces étourdis-là ne soient capables; et je suis persuadée que tu en as plus frémi que moi.

ANGÉLIQUE. — J'en ai tremblé, il est vrai; j'ai pourtant eu la faiblesse de lui pardonner, pourvu qu'il ne m'en parle plus.

MADAME ARGANTE. — N'importe; je m'en fie à tes réflexions; elles te donneront bien du mépris pour lui.

ANGÉLIQUE. — Eh! voilà encore ce qui m'afflige

dans l'aveu que je vous fais; c'est que vous allez le mépriser vous-même. Il est perdu; vous n'étiez déjà que trop prévenue contre lui; et cependant il n'est point si méprisable. Permettez que je le justifie : je suis peut-être prévenue moi-même; mais vous m'aimez, daignez m'entendre, portez vos bontés jusque-là. Vous croyez que c'est un jeune homme sans caractère, qui a plus de vanité que d'amour, qui ne cherche qu'à me séduire, et ce n'est point cela, je vous assure. Il a tort de m'avoir proposé ce que je vous ai dit; mais il faut regarder que c'est le tort d'un homme au désespoir, que j'ai vu fondre en larmes quand j'ai paru irritée; d'un homme à qui la crainte de me perdre a tourné la tête. Il n'a point de bien, il ne s'en est point caché, il me l'a dit. Il ne lui restait donc point d'autre ressource que celle dont je vous parle; ressource que je condamne comme vous, mais qu'il ne m'a proposée que dans la seule vue d'être à moi. C'est tout ce qu'il y a compris; car il m'adore, on n'en peut douter.

MADAME ARGANTE. — Eh! ma fille! il y en aura tant d'autres qui t'aimeront encore plus que lui.

ANGÉLIQUE. — Oui; mais je ne les aimerai pas, moi, m'aimassent-ils davantage; et cela n'est pas possible.

MADAME ARGANTE. — D'ailleurs, il sait que tu es riche.

ANGÉLIQUE. — Il l'ignorait quand il m'a vue; et

c'est ce qui devrait l'empêcher de m'aimer. Il sait bien que quand une fille est riche, on ne la donne qu'à un homme qui a d'autres richesses, tout inutiles qu'elles sont; c'est du moins l'usage; le mérite n'est compté pour rien.

MADAME ARGANTE. — Tu le défends d'une manière qui m'alarme. Que penses-tu donc de cet enlèvement? Dis-moi, tu es la franchise même; ne serais-tu point en danger d'y consentir?

ANGÉLIQUE. — Ah! je ne crois pas, ma mère.

MADAME ARGANTE. — Ta mère! Ah! le ciel la préserve de savoir seulement qu'on te le propose! Ne te sers plus de ce nom; elle ne saurait le soutenir dans cette occasion-ci. Mais pourrais-tu la fuir? te sentirais-tu la force de l'affliger jusque-là, de lui donner la mort, de lui porter le poignard dans le sein?

ANGÉLIQUE. — J'aimerais mieux mourir moi-même.

MADAME ARGANTE. — Survivrait-elle à l'affront que tu te ferais? Souffre à ton tour que mon amitié te parle pour elle. Lequel aimes-tu le mieux, ou de cette mère qui t'a inspiré mille vertus, ou d'un amant qui veut te les ôter toutes?

ANGÉLIQUE. — Vous m'accablez. Dites-lui qu'elle ne craigne rien de sa fille; dites-lui que rien ne m'est aussi cher qu'elle, et que je ne verrai plus Dorante, si elle me condamne à le perdre.

MADAME ARGANTE. — Et que perdras-tu dans un individu qui n'a rien ?

ANGÉLIQUE. — Tout le bonheur de ma vie. Ayez la bonté de lui dire aussi que ce n'est point la quantité de biens qui rend heureuse, que j'en ai plus qu'il n'en faudrait avec Dorante, que je languirais avec un autre. Rapportez-lui ce que je vous dis là, et que je me soumets à ce qu'elle en décidera.

MADAME ARGANTE. — Si tu pouvais seulement passer quelque temps sans le voir ? Le veux-tu bien ? Tu ne me réponds pas ; à quoi songes-tu ?

ANGÉLIQUE. — Vous le dirai-je ? Je me repens d'avoir tout dit ; mon amour m'est cher, je viens de m'ôter la liberté d'y céder, et peu s'en faut que je ne la regrette ; je suis même fâchée d'être éclaircie ; je ne vois rien de tout ce qui m'effraye et me voilà plus triste que je ne l'étais.

MADAME ARGANTE. — Dorante me connaît-il ?

ANGÉLIQUE. — Non, à ce qu'il m'a dit.

MADAME ARGANTE. — Eh bien ! laisse-moi le voir ; je lui parlerai sous le nom d'une tante à qui tu auras tout confié, et qui veut te servir. Viens, ma fille ; et laisse à mon cœur le soin de conduire le tien.

ANGÉLIQUE. — Je ne sais ; mais ce que vous inspire votre tendresse m'est d'un bon augure.

ACTE TROISIÈME

—

SCÈNE I. — MADAME ARGANTE, LUBIN.

MADAME ARGANTE. — Personne ne nous voit-il?

LUBIN. — On ne peut pas nous voir, drès que nous ne voyons parsonne.

MADAME ARGANTE. — C'est qu'il me semble avoir aperçu là-bas M. Ergaste qui se promène.

LUBIN. — Qui? ce nouviau venu? Il n'y a pas de danger avec li; ça ne regarde rin; ça dort en marchant.

MADAME ARGANTE. — N'importe, il faut l'éviter. Voyons ce que tu avais à me dire tantôt et que tu n'as pas eu le temps de m'achever. Est-ce quelque chose de conséquence?

LUBIN. — Jarni, si c'est de conséquence! il s'agit tant seulement que cet amoureux veut détourner voute fille.

MADAME ARGANTE. — Qu'appelles-tu la détourner?

LUBIN. — La loger ailleurs, la changer de chambre? v'là c'en que c'est.

MADAME ARGANTE. — Qu'a-t-elle répondu?

LUBIN. — Il n'y a encore rien de décidé; car voute fille a dit : « Comment, ventregué! un enlèvement, monsieur, avec une mère qui m'aime tant! — Bon! belle amiquié! » a dit Lisette. Voute fille a reparti que c'était une honte, qu'alle vous parlerait, vous émouverait, vous embrasserait les jambes; et pis chacun a tiré de son côté, et moi du mian.

MADAME ARGANTE. — Je saurai y mettre ordre. Dorante va-t-il se rendre ici?

LUBIN. — Tatigué, s'il viendra! Je li ons donné l'ordre de la part de noute demoiselle; il ne peut pas manquer d'être obéissant, et la chaise de poste est au bout de l'allée.

MADAME ARGANTE. — La chaise!

LUBIN. — Et! voirement oui! avec une dame entre deux âges, qu'il a mêmement descendue dans l'hôtellerie du village.

MADAME ARGANTE — Et pourquoi l'a-t-il amenée?

LUBIN. — Pour à celle fin qu'alle fassé compagnie à noute demoiselle si elle veut faire un tour dans la chaise; et pis de là, aller souper en ville, à ce qui m'est avis, selon queuques paroles que j'avons attrapées et qu'ils disiont tout bas.

MADAME ARGANTE. — Voilà de furieux desseins! Adieu, je m'éloigne; et surtout ne dis point à Lisette que je suis ici.

LUBIN. — Je vas donc courir après elle; mais faut que chacun soit content. Je sis leur commissionnaire itou à ces enfants. Quand vous arriverez, leur dirai-je que vous venez?

MADAME ARGANTE. — Tu ne leur diras pas que c'est moi, à cause de Dorante qui ne m'attendait pas; mais seulement que c'est quelqu'un qui approche. *(A part.)* Je ne veux pas le mettre entièrement au fait.

LUBIN. — Je vous entends; rien que queuqu'un, sans nommer parsonne. Je ferai voute affaire, noute maîtresse; enfilez le taillis, stapendant que je reste pour la manigance.

SCÈNE II. — LUBIN, ERGASTE.

LUBIN. — Morgué! je gaigne bien ma vie avec l'amour de ste jeunesse. Bon! à l'autre. Qu'est-ce qu'il viant roder ici sti-là?

ERGASTE, *rêveur*. — Interrogeons ce paysan; il est de la maison.

LUBIN, *chantant en se promenant*. — La, la, la.

ERGASTE. — Bonjour, l'ami.

LUBIN. — Serviteur. La, la.

ERGASTE. — Y a-t-il longtemps que vous êtes ici?

LUBIN. — Il n'y a que l'horloge qui en sait le compte; moi, je n'y regarde pas.

ERGASTE. — Il est brusque.

LUBIN. — Les gens de Paris passont-ils leur chemin queuquefois? Restez-vous là, monsieur?

ERGASTE. — Peut-être.

LUBIN. — Oh! que nanni! la civilité ne vous le parmet pas.

ERGASTE. — Et d'où vient?

LUBIN. — C'est que vous me portez de l'incommodité. J'ons besoin de ce chemin-ci pour une confarence en cachette.

ERGASTE. — Je te laisserai libre; je n'aime à gêner personne; mais dis-moi, connais-tu un nommé M. Dorante?

LUBIN. — Dorante? Oui-da.

ERGASTE. — Il vient quelquefois ici, je pense, et connaît Mlle Angélique?

LUBIN. — Pourquoi non? Je la connais bian, moi.

ERGASTE. — N'est-ce pas lui que tu attends?

LUBIN. — C'est à moi à savoir ça tout seul. Si je vous disais oui, nous le saurions tous deux.

ERGASTE. — C'est que j'ai vu de loin un homme qui lui ressemblait.

LUBIN. — Eh bien! cette ressemblance, ne faut pas que vous l'aperceviez de près, si vous êtes honnête.

ERGASTE. — Sans doute; mais j'ai compris d'abord qu'il était amoureux d'Angélique, et je ne me suis approché de toi que pour en être mieux instruit.

LUBIN. — Mieux! Eh! par la sambille, allez donc oublier ce que vous savez déjà. Comment instruire un homme qui est aussi savant que moi?

ERGASTE. — Je ne te demande plus rien.

LUBIN. — Voyez qu'il a de peine! Gageons que vous savez itou qu'elle est amoureuse de li?

ERGASTE. — Non; mais je l'apprends.

LUBIN. — Oui, parce que vous le saviez; mais transportez-vous plus loin, faites-li place, et gardez le secret, monsieur; ça est de conséquence.

ERGASTE. — Volontiers, je te laisse. *(Il sort.)*

LUBIN, *le voyant partir*. — Queu sorcier d'homme! Dame, s'il n'ignore de rin, ce n'est pas ma faute.

SCÈNE III. — DORANTE, LUBIN.

LUBIN. — Bon, vous êtes homme de parole. Mais dites-moi, avez-vous souvenance de connaître un certain M. Ergaste, qui a l'air d'être gelé, et qu'on dirait qu'il ne va ni ne grouille, quand il marche?

DORANTE. — Un homme sérieux?

LUBIN. — Oh! si sérieux que j'en sis tout triste.

DORANTE. — Vraiment oui! je le connais, s'il s'appelle Ergaste. Est-ce qu'il est ici?

LUBIN. — Il y était tout présentement; mais je li avons finement persuadé d'aller être ailleurs.

DORANTE. — Explique-toi, Lubin. Que fait-il ici?

LUBIN. — Oh! jarniguenne, ne m'amusez pas, je n'ons pas le temps de vous acouter dire; je suis pressé d'aller avartir Angélique; ne démarrez pas.

DORANTE. — Mais, dis-moi auparavant...

LUBIN, *en colère*. — Tantôt je ferai le récit de ça. Pargué! allez; j'ons bian le temps de l'entamer de la manière. (*Il sort.*)

SCÈNE IV. — DORANTE, ERGASTE.

DORANTE, *un moment seul*. — Ergaste! dit-il; connaît-il Angélique dans ce pays-ci?

ERGASTE, *rêvant*. — C'est Dorante lui-même.

DORANTE. — Le voici. Me trompé-je? Est-ce vous, monsieur?

ERGASTE. — Oui, mon neveu.

DORANTE. — Par quelle aventure vous trouvé-je dans ce pays-ci?

ERGASTE. — J'y ai quelques amis que j'y suis venu voir; mais qu'y venez-vous faire vous-même? Vous m'avez tout l'air d'y être en bonne fortune; je viens de vous y voir parler à un domestique qui vous apporte quelque réponse, ou qui vous y ménage quelque entrevue.

DORANTE. — Je ferais scrupule de vous rien déguiser. Il y est question d'amour, monsieur, j'en conviens.

ERGASTE. — Je m'en doutais. On parle ici d'une très aimable fille, qui s'appelle Angélique. Est-ce à elle que s'adressent vos vœux?

DORANTE. — C'est à elle-même.

ERGASTE. — Vous avez donc accès chez la mère?

DORANTE. — Point du tout, je ne la connais pas; et c'est par hasard que j'ai vu sa fille.

ERGASTE. — Cet engagement-là ne vous réussira pas, Dorante; vous y perdez votre temps; car Angélique est extrêmement riche : on ne la donnera pas à un homme sans bien.

DORANTE. — Aussi la quitterais-je, s'il n'y avait que son bien qui m'arrêtât; mais je l'aime et j'ai le bonheur d'en être aimé.

ERGASTE. — Vous l'a-t-elle dit positivement?

DORANTE. — Oui, je suis sûr de son cœur.

ERGASTE. — C'est beaucoup; mais il vous reste encore un autre inconvénient; c'est qu'on dit que sa mère a pour elle actuellement un riche parti en vue.

DORANTE. — Je ne le sais que trop, Angélique m'en a instruit.

ERGASTE. — Et dans quelle disposition est-elle là-dessus?

DORANTE. — Elle est au désespoir! Et dit-on quel homme est ce rival?

ERGASTE. — Je le connais; c'est un honnête homme.

DORANTE. — Il faut du moins qu'il soit bien peu délicat s'il épouse une fille qui ne pourra le souffrir; et puisque vous le connaissez, monsieur, ce serait en vérité lui rendre service, aussi bien qu'à moi, que de lui apprendre combien on le hait d'avance.

ERGASTE. — Mais on prétend qu'il s'en doute un peu.

DORANTE. — Il s'en doute et ne se retire pas! Ce n'est pas là un homme estimable.

ERGASTE. — Vous ne savez pas encore le parti qu'il prendra.

DORANTE. — Si Angélique veut m'en croire, je ne le craindrai plus; mais, quoi qu'il arrive, il ne peut l'épouser qu'en m'ôtant la vie.

ERGASTE. — Du caractère dont je le connais, je ne crois pas qu'il voulût vous ôter la vôtre, ni que vous fussiez d'humeur à attaquer la sienne; et si vous lui disiez poliment vos raisons, je suis persuadé qu'il y aurait égard. Voulez-vous le voir?

DORANTE. — C'est risquer beaucoup. Peut-être avez-vous meilleure opinion de lui qu'il ne mérite. S'il allait me trahir? Et d'ailleurs, où le trouver?

ERGASTE. — Oh! rien de plus aisé; car le voilà tout porté pour vous entendre.

DORANTE. — Quoi! c'est vous, monsieur?

ERGASTE. — Vous l'avez dit, mon neveu.

DORANTE. — Je suis confus de ce qui m'est échappé; et vous avez raison, votre vie est bien en sûreté.

ERGASTE. — La vôtre ne court pas plus de hasard, comme vous voyez.

DORANTE. — Elle est plus à vous qu'à moi; je vous dois tout, et je ne dispute plus Angélique.

ERGASTE. — L'attendez-vous ici ?

DORANTE. — Oui, monsieur; elle doit y venir; mais je ne la verrai que pour lui apprendre l'impossibilité où je suis de la revoir davantage.

ERGASTE. — Point du tout, allez votre chemin. Ma façon d'aimer est plus tranquille que la vôtre; j'en suis plus le maître, et je me sens touché de ce que vous me dites.

DORANTE. — Quoi ! vous me laissez la liberté de poursuivre ?

ERGASTE. — Liberté tout entière. Continuez, vous dis-je; faites comme si vous ne m'aviez pas vu, et ne dites ici à personne qui je suis; je vous le défends bien. Voici Angélique; elle ne m'aperçoit pas encore; je vais lui dire un mot en passant, ne vous alarmez point.

SCÈNE V. — DORANTE, ERGASTE; ANGÉLIQUE,
apercevant Ergaste, veut se retirer.

ERGASTE. — Ce n'est pas la peine de vous retirer, madame; je suis instruit. Je sais que monsieur vous aime, qu'il n'est qu'un cadet; Lubin m'a tout dit, et mon parti est pris. Adieu, madame.
(*Il sort.*)

SCÈNE VI. — DORANTE, ANGÉLIQUE

DORANTE. — Voilà notre secret découvert. Cet homme-là, pour se venger, va tout dire à votre mère.

ANGÉLIQUE. — Et malheureusement il a du crédit sur son esprit.

DORANTE. — Il y a apparence que nous nous voyons ici pour la dernière fois, Angélique ?

ANGÉLIQUE. — Je n'en sais rien. Pourquoi Ergaste se trouve-t-il ici ? (*A part.*) Ma mère aurait-elle quelque dessein ?

DORANTE. — Tout est désespéré ; le temps nous presse. Je finis par un mot : m'aimez-vous ? m'estimez-vous ?

ANGÉLIQUE. — Si je vous aime ! Vous dites que le temps presse, et vous faites des questions inutiles !

DORANTE. — Achevez de m'en convaincre. J'ai une chaise au bout de la grande allée : la dame dont je vous ai parlé, et dont la maison est à un quart de lieue d'ici, nous attend dans le village. Hâtons-nous de l'aller trouver et vous rendre chez elle.

ANGÉLIQUE. — Dorante, ne songez plus à cela ; je vous le défends.

DORANTE. — Vous voulez donc me dire un éternel adieu ?

ANGÉLIQUE. — Encore une fois je vous le défends. Mettez-vous dans l'esprit que, si vous aviez le malheur de me persuader, je serais inconsolable ; je dis le malheur, car n'en serait-ce pas un pour vous de me voir dans cet état ? Je crois qu'oui

Ainsi, qu'il n'en soit plus question ; ne nous effrayons point, nous avons une ressource.

DORANTE. — Et quelle est-elle ?

ANGÉLIQUE. — Savez-vous à quoi je me suis engagée ? A vous montrer à une dame de mes parentes.

DORANTE. — De vos parentes ?

ANGÉLIQUE. — Oui, je suis sa nièce ; et elle va venir ici.

DORANTE. — Et vous lui avez confié notre amour ?

ANGÉLIQUE. — Oui.

DORANTE. — Et jusqu'où l'avez-vous instruite ?

ANGÉLIQUE. — Je lui ai tout conté pour avoir son avis.

DORANTE. — Quoi ! la fuite même que je vous ai proposée ?

ANGÉLIQUE. — Quand on ouvre son cœur aux gens, leur cache-t-on quelque chose ? Tout ce que j'ai mal fait, c'est que je ne lui ai pas paru effrayée de votre proposition autant qu'il le fallait ; voilà ce qui m'inquiète.

DORANTE. — Et vous appelez cela une ressource ?

ANGÉLIQUE. — Pas trop, cela est équivoque ; je ne sais plus que penser.

DORANTE. — Et vous hésitez encore de me suivre ?

ANGÉLIQUE. — Non-seulement j'hésite, mais je ne le veux point.

DORANTE. — Non, je n'écoute plus rien. Venez, Angélique, au nom de notre amour ; venez, ne nous quittons plus, sauvez-moi ce que j'aime, conservez-vous un homme qui vous adore.

ANGÉLIQUE. — De grâce, laissez-moi, Dorante ; épargnez-moi cette démarche, c'est abuser de ma tendresse : en vérité, respectez ce que je vous dis.

DORANTE. — Vous nous avez trahis ; il ne nous reste qu'un moment à nous voir, et ce moment décide de tout.

ANGÉLIQUE, *combattue*. — Dorante, je ne saurais m'y résoudre.

DORANTE. — Il faut donc vous quitter pour jamais.

ANGÉLIQUE. — Quelle persécution ! Je n'ai point Lisette, et je suis sans conseil.

DORANTE. — Ah ! vous ne m'aimez point.

ANGÉLIQUE. — Pouvez-vous le dire ?

SCÈNE VII. — DORANTE, ANGÉLIQUE, LUBIN.

LUBIN, *passant au milieu d'eux sans s'arrêter*. — Prenez garde ; reboutez le propos à une autre fois ; voici queuqu'un.

DORANTE. — Et qui ?

LUBIN. — Queuqu'un qui est fait comme une mère.

DORANTE, *fuyant avec Lubin*. — Votre mère ! Adieu, Angélique, je l'avais prévu; il n'y a plus d'espérance.

ANGÉLIQUE, *voulant le retenir*. — Non, je crois qu'il se trompe, c'est ma parente. Il ne m'écoute point; que ferai-je ? Je ne sais où j'en suis.

SCÈNE VIII. — MADAME ARGANTE, ANGÉLIQUE.

ANGÉLIQUE, *allant à sa mère*. — Ah! ma mère.

MADAME ARGANTE. — Qu'as-tu donc, ma fille ? d'où vient que tu es si troublée ?

ANGÉLIQUE. — Ne me quittez point, secourez-moi; je ne me reconnais plus.

MADAME ARGANTE. — Te secourir ? Et contre qui, ma chère fille ?

ANGÉLIQUE. — Hélas ! contre moi, contre Dorante et contre vous, qui nous séparez peut-être. Lubin est venu dire que c'était vous. Dorante s'est sauvé, il se meurt; et je vous conjure qu'on le rappelle, puisque vous voulez lui parler.

MADAME ARGANTE, *à part*. — Sa franchise me pénètre. (*Haut.*) Oui, je te l'ai promis, et j'y consens; qu'on le rappelle. Je veux devant toi le forcer lui-même à convenir de l'indignité qu'il te proposait. (*Elle appelle Lubin.*) Lubin, cherche Dorante, et dis-lui que je l'attends ici avec ma nièce.

LUBIN. — Voute nièce ! Est-ce que vous êtes itou la tante de voute fille ? (*Il sort.*)

MADAME ARGANTE. — Va, ne t'embarrasse point. Mais j'aperçois Lisette; c'est un inconvénient; renvoie-la comme tu pourras, avant que Dorante arrive. Elle ne me reconnaîtra pas sous cet habit, et je me cache avec ma coiffe.

SCÈNE IX. — MADAME ARGANTE, ANGÉLIQUE LISETTE.

LISETTE, *à Angélique*. — Apparemment que Dorante attend plus loin. (*A Mme Argante.*) Que je ne vous sois point suspecte, madame; je suis du secret, et vous allez tirer ma maîtresse d'une dépendance bien dure et bien gênante; sa mère aurait infailliblement forcé son inclination. (*A Angélique*). Pour vous, madame, ne vous faites pas un monstre de votre fuite. Que peut-on vous reprocher, dès que vous fuyez avec madame?

MADAME ARGANTE, *se découvrant*. — Retirez-vous.

LISETTE, *fuyant*. — Oh!

MADAME ARGANTE. — C'était le plus court pour nous en défaire.

ANGÉLIQUE. — Voici Dorante; je frissonne. Ah! ma mère, songez que je me suis ôté tous les moyens de vous déplaire; et que cette pensée vous attendrisse un peu pour nous.

SCÈNE X. — DORANTE, MADAME ARGANTE, ANGÉLIQUE, LUBIN.

ANGÉLIQUE. — Approchez, Dorante. Madame n'a que de bonnes intentions; je vous ai dit que j'étais sa nièce.

DORANTE, *saluant*. — Je vous croyais avec madame votre mère.

MADAME ARGANTE. — C'est Lubin qui s'est mal expliqué d'abord.

DORANTE. — Mais ne viendra-t-elle pas ?

MADAME ARGANTE. — Lubin y prendra garde. Retire-toi, et nous avertis si Mme Argante arrive.

LUBIN, *riant par intervalles*. — Mme Argante ? allez, allez, n'appréhendez rin plus, je la défie de vous surprendre. Alle pourra arriver, si le diable s'en mêle. (*Il sort en riant.*)

SCÈNE XI. — MADAME ARGANTE, ANGÉLIQUE, DORANTE.

MADAME ARGANTE. — Eh bien ! monsieur, ma nièce m'a tout conté, rassurez-vous ; il me paraît que vous êtes inquiet.

DORANTE. — J'avoue, madame, que votre présence m'a d'abord un peu troublé.

ANGÉLIQUE, *à part*. — Comment le trouvez-vous, ma mère ?

MADAME ARGANTE, *à part*. — Doucement. (*Haut.*) Je ne viens ici que pour écouter vos raisons sur l'enlèvement dont vous parlez à ma nièce.

DORANTE. — Un enlèvement est effrayant, madame ; mais le désespoir de perdre ce qu'on aime rend bien des choses pardonnables.

ANGÉLIQUE. — Il n'a pas trop insisté ; je suis obligée de le dire.

29

DORANTE. — Il est certain qu'on ne consentira pas à nous unir. Ma naissance est égale à celle d'Angélique; mais la différence de nos fortunes ne me laisse rien à espérer de sa mère.

MADAME ARGANTE. — Prenez garde, monsieur; votre désespoir de la perdre pourrait être suspect d'intérêt; et quand vous dites que non, faut-il vous en croire sur votre parole?

DORANTE. — Ah! madame, qu'on retienne tout son bien, qu'on me mette hors d'état de l'avoir jamais. Le ciel me punisse si j'y songe!

ANGÉLIQUE. — Il m'a toujours parlé de même.

MADAME ARGANTE. — Ne nous interrompez point, ma nièce. (*A Dorante.*) L'amour seul vous fait agir, soit; mais vous êtes, m'a-t-on dit, un honnête homme, et un honnête homme aime autrement qu'un autre. Le plus violent amour ne lui conseille jamais rien qui puisse tourner à la honte de sa maîtresse. Vous voyez; reconnaissez-vous ce que je dis là, vous qui voulez engager Angélique à une démarche aussi déshonorante.

ANGÉLIQUE, *à part.* — Ceci commence mal.

MADAME ARGANTE. — Pouvez-vous être content de votre cœur? Et supposons qu'elle vous aime, le méritez-vous? Je ne viens point ici pour me fâcher, et vous avez la liberté de me répondre; mais n'est-elle pas bien à plaindre d'aimer un homme aussi peu jaloux de sa gloire, aussi peu touché des intérêts de sa vertu, qui ne se sert de sa tendresse que pour égarer sa raison, que pour lui fermer les yeux sur tout ce qu'elle se doit à-elle-même, que pour l'étourdir sur l'affront irréparable qu'elle va se faire? Appelez-vous cela de l'amour; et la puniriez-vous plus cruellement du sien, si vous étiez son ennemi mortel?

DORANTE. — Madame, permettez-moi de vous le dire, je ne vois rien dans mon cœur qui ressemble à ce que je viens d'entendre. Un amour infini, un respect qui m'est peut-être encore plus cher et plus précieux que cet amour même, voilà tout ce que je sens pour Angélique. Je suis d'ailleurs incapable de manquer d'honneur; mais il y a des réflexions austères qu'on n'est point en état de faire quand on aime. Un enlèvement n'est pas un crime, c'est une irrégularité que le mariage efface. Nous nous serions donné notre foi mutuelle, et Angélique, en me suivant, n'aurait fui qu'avec son époux.

ANGÉLIQUE, à part. — Elle ne se payera pas de ces raisons-là.

MADAME ARGANTE. — Son époux, monsieur! suffit-il d'en prendre le nom pour l'être? Et de quel poids, s'il vous plaît, serait cette foi mutuelle dont vous parlez? Vous vous croiriez donc mariés, parce que, dans l'étourderie d'un transport amoureux, il vous aurait plu de vous dire: « Nous le sommes? » Les passions seraient bien à leur aise, si leur emportement rendait tout légitime.

ANGÉLIQUE. — Juste ciel!

MADAME ARGANTE. — Songez-vous que de pareils engagements déshonorent une fille; que sa réputation en demeure ternie, qu'elle en perd l'estime publique, que son époux peut réfléchir un jour qu'elle a manqué de vertu; que la faiblesse honteuse où elle est tombée doit la flétrir à ses yeux mêmes, et la lui rendre méprisable?

ANGÉLIQUE, *vivement*. — Ah! Dorante, que vous étiez coupable! Madame, je me livre à vous, à vos conseils; conduisez-moi, ordonnez; que faut-il que je devienne? Vous êtes la maîtresse; je fais moins cas de la vie que des lumières que vous venez de me donner. Et vous, Dorante, tout ce que je puis à présent pour vous, c'est de vous pardonner une proposition qui doit vous paraître affreuse.

DORANTE. — N'en doutez pas, chère Angélique; oui, je me rends, je la désavoue. Ce n'est pas la crainte de voir diminuer mon estime pour vous qui me frappe, je suis sûr que cela n'est pas possible; c'est l'horreur de penser que les autres ne vous estimeraient plus, qui m'effraye. Oui, je le comprends, le danger est sûr. Madame vient de m'éclairer à mon tour, je vous perdrais; et qu'est-ce que c'est que mon amour et ses intérêts, auprès d'un malheur aussi terrible?

MADAME ARGANTE. — Et d'un malheur qui aurait entraîné la mort d'Angélique, parce que sa mère n'aurait pu le supporter.

ANGÉLIQUE. — Hélas! jugez combien je dois l'aimer, cette mère! Rien ne nous a gênés dans nos entrevues. Eh bien! Dorante, apprenez qu'elle les savait toutes, que je l'ai instruite de votre amour, du mien, de vos desseins, de mes irrésolutions.

DORANTE. — Qu'entends-je?

ANGÉLIQUE. — Oui, je l'avais instruite. Ses bontés, ses tendresses m'y avaient obligée; elle a été ma confidente, mon amie; elle n'a jamais gardé que le droit de me conseiller; elle ne s'est reposée de ma conduite que sur ma tendresse pour elle, et m'a laissée la maîtresse de tout. Il n'a tenu qu'à moi de vous suivre, d'être une ingrate envers elle, de l'affliger impunément, parce qu'elle avait promis que je serais libre.

DORANTE. — Quel respectable portrait me faites-vous d'elle! Tout amant que je suis, vous me mettez dans ses intérêts mêmes; je me range de son parti, et me regarderais comme le plus indigne des hommes, si j'avais pu détruire une aussi belle, aussi vertueuse union que la vôtre.

ANGÉLIQUE, *à part*. — Ah! ma mère, lui dirai-je qui vous êtes?

DORANTE. — Oui, belle Angélique, vous avez raison. Abandonnez-vous toujours à ces mêmes bontés qui m'étonnent, et que j'admire. Continuez de les mériter, je vous y exhorte. Que mon amour y perde ou non, vous le devez. Je serais au désespoir, si je l'avais emporté sur elle.

MADAME ARGANTE, *après avoir rêvé quelque temps.* — Ma fille, je vous permets d'aimer Dorante.

DORANTE. — Vous, madame, la mère d'Angélique !

ANGÉLIQUE. — C'est elle-même. En connaissez-vous qui lui ressemble ?

DORANTE. — Je suis si pénétré de respect......

MADAME ARGANTE. — Arrêtez ; voici M. Ergaste.

SCÈNE XII. — ERGASTE, LES PRÉCÉDENTS.

ERGASTE. — Madame, quelques affaires pressantes me rappellent à Paris. Mon mariage avec Angélique était comme arrêté ; mais j'ai fait quelques réflexions ; je craindrais qu'elle ne m'épousât par pure obéissance, et je vous remets votre parole. Ce n'est pas tout ; j'ai un époux à vous proposer pour Angélique, un jeune homme riche et estimé. Elle peut avoir le cœur prévenu ; mais n'importe.

ANGÉLIQUE. — Je vous suis obligée, monsieur ; ma mère n'est pas pressée de me marier.

MADAME ARGANTE. — Mon parti est pris, monsieur, j'accorde ma fille à Dorante que vous voyez. Il n'est pas riche ; mais il vient de me montrer un caractère qui me charme, et qui fera le bonheur d'Angélique. Dorante, je ne veux que le temps de savoir qui vous êtes.

(Dorante veut se jeter aux genoux de Mme Argante, qui le relève.)

ERGASTE. — Je vais vous le dire, madame ; c'est mon neveu, le jeune homme dont je vous parle, et à qui j'assure tout mon bien.

MADAME ARGANTE. — Votre neveu !

ANGÉLIQUE, *à Dorante, à part*. — Ah ! que nous avons d'excuses à lui faire !

DORANTE. — Eh ! monsieur, comment payer vos bienfaits ?

ERGASTE. — Point de remercîments. Ne vous avais-je pas promis qu'Angélique n'épouserait point un homme sans bien ? Je n'ai plus qu'une chose à dire ; j'intercède pour Lisette, et je demande sa grâce.

MADAME ARGANTE. — Je lui pardonne. Que nos jeunes gens la récompensent ; mais qu'ils s'en défassent.

LUBIN. — Et moi, pour bian faire, faut qu'en me récompense, et qu'en me garde.

MADAME ARGANTE. — Je t'accorde les deux.

FIN

TABLE DES MATIÈRES

ÉTUDE SUR MARIVAUX

DÉDICACE.	v
I. — Une soirée chez Araminte. Le monde de Marivaux	3
II. — Jeunesse de Marivaux.	11
III. — Son théâtre	31
IV. — Le *Spectateur français*.	61
V. — La *Vie de Marianne*	67
VI. — Le *Paysan parvenu*	101
VII. — Derniers écrits.	127

MORCEAUX CHOISIS

EXTRAITS DU SPECTATEUR FRANÇAIS.	143
Le solliciteur.	143
La passion est sans pitié.	146
Le savetier philosophe	155
L'amateur de gros in-folio.	157
Quelques mots sur les *Lettres persanes*	161
Lettre d'un père qui se plaint de l'ingratitude de son fils.	162
L'art de se faire payer d'un mauvais débiteur.	172

Réflexions sur l'éducation................. 175.
Une bonne mère...................... 178
La vie du courtisan (*Entretien d'un père avec son fils*)............................ 180
La vie du laboureur (*suite de l'entretien*).... 187
Entre beaux-esprits (*scène de salon*)....... 189
Aux riches......................... 196

Extraits des PIÈCES DÉTACHÉES............ 198

Première lettre à madame ***, contenant des réflexions sur la populace, les bourgeois et les marchands, les hommes et les femmes de qualité, à Paris.................... 198
De la populace...................... 199
Des bourgeois et des marchands.......... 207
Des personnes de qualité............... 213
Paris fourmille de beaux-esprits........... 221

Extraits du CABINET DU PHILOSOPHE........ 228

De l'ambition...................... 228
De l'athéisme...................... 229
Il n'est question que de sacrifices dans la vie.. 230
Marivaux plaide spirituellement sa propre cause............................. 231
Trop de vanité chez la plupart des prédicateurs............................. 232
L'homme fier, le glorieux, le fanfaron...... 235
Réflexions sur le style singulier........... 237

Extraits de l'INDIGENT PHILOSOPHE. 242

   Que de charges s'imposent aux riches. 242
   Les Français. 245
   Le méchant 247
   L'homme à l'habit brodé d'or et le mendiant. . 252
   Le bon sens est tout chez l'écrivain 253
   Vanité des auteurs. 253
   La fausse modestie. 257
   Les usages de table. 263

La MÈRE CONFIDENTE, *comédie en trois actes et en prose* 267

FIN

DIJON, IMPRIMERIE DARANTIERE, RUE CHABOT-CHARNY.

ERRATA

Page 28, ligne 11, *lire* mes ennemis *au lieu de* nos ennemis.

Page 60, ligne 2, *lire* Sainte-Beuve *au lieu de* M. de Sainte-Beuve.

Page 66, ligne 4, *lire* Courier *au lieu de* Courrier.

www.ingramcontent.com/pod-product-compliance
Lightning Source LLC
Chambersburg PA
CBHW050803170426
43202CB00013B/2545